Sigmund Freud zur Einführung

Zum Andenken an John Forrester

Für David

Andreas Mayer

Sigmund Freud zur Einführung

JUNIUS

Junius Verlag GmbH
Stresemannstraße 375
22761 Hamburg
www.junius-verlag.de

Umschlaggestaltung: Florian Zietz
Titelbild: © Freud Museum London
Satz: Junius Verlag GmbH
Printed in the EU 2022
ISBN 978-3-88506-090-1
3., ergänzte Aufl. 2022

Bibliografische Information der Deutschen Nationalbibliothek
Die Deutsche Nationalbibliothek verzeichnet diese Publikation in der Deutschen Nationalbibliografie; detaillierte bibliografische Daten sind im Internet über http://dnb.dnb.de abrufbar

Zur Einführung ...

... hat diese Taschenbuchreihe seit ihrer Gründung 1977 gedient. Zunächst als sozialistische Initiative gestartet, die philosophisches Wissen allgemein zugänglich machen und so den Marsch durch die Institutionen theoretisch ausrüsten sollte, wurden die Bände in den achtziger Jahren zu einem verlässlichen Leitfaden durch das Labyrinth der neuen Unübersichtlichkeit. Mit der Kombination von Wissensvermittlung und kritischer Analyse haben die Junius-Bände stilbildend gewirkt.

Seit den neunziger Jahren reformierten sich Teile der Geisteswissenschaften als Kulturwissenschaften und brachten neue Fächer und Schwerpunkte wie Medienwissenschaften, Wissenschaftsgeschichte oder Bildwissenschaften hervor. Auch im Verhältnis zu den Naturwissenschaften sahen sich die traditionellen Kernfächer der Geisteswissenschaften neuen Herausforderungen ausgesetzt. Diesen Veränderungen trug eine Neuausrichtung der Junius-Reihe Rechnung, die seit 2003 von der verstorbenen Cornelia Vismann und zwei der Unterzeichnenden (M.H. und D.T.) verantwortet wurde.

Ein Jahrzehnt später erweisen sich die Kulturwissenschaften eher als notwendige Erweiterung denn als Neubegründung der Geisteswissenschaften. In den Fokus sind neue, nicht zuletzt politik- und sozialwissenschaftliche Fragen gerückt, die sich produktiv mit den geistes- und kulturwissenschaftlichen Problemstellungen vermengt haben. So scheint eine erneute Inventur der Reihe sinnvoll, deren Aufgabe unverändert darin besteht, kompetent und anschaulich zu vermitteln, was kritisches Denken und Forschen jenseits naturwissenschaftlicher Zugänge heute zu leisten vermag.

Zur Einführung ist für Leute geschrieben, denen daran gelegen ist, sich über bekannte und manchmal weniger bekannte Autor(inn)en und Themen zu orientieren. Sie wollen klassische Fragen in neuem Licht und neue Forschungsfelder in gültiger Form dargestellt sehen.

Zur Einführung ist von Leuten geschrieben, die nicht nur einen souveränen Überblick geben, sondern ihren eigenen Standpunkt markieren. Vermittlung heißt nicht Verwässerung, Repräsentativität nicht Vollständigkeit. Die Autorinnen und Autoren der Reihe haben eine eigene Perspektive auf ihren Gegenstand, und ihre Handschrift ist in den einzelnen Bänden deutlich erkennbar.

Zur Einführung ist in der Hinsicht traditionell, dass es den Stärken des gedruckten Buchs – die Darstellung baut auf Übersichtlichkeit, Sorgfalt und reflexive Distanz, das Medium auf Handhabbarkeit und Haltbarkeit – auch in Zeiten liquider Netzpublikationen vertraut.

Zur Einführung bleibt seinem ursprünglichen Konzept treu, indem es dic Zirkulation von Ideen, Erkenntnissen und Wissen befördert.

Michael Hagner
Ina Kerner
Dieter Thomä

Inhalt

Anhang

Vorwort: Freud lesen

»if often he was wrong and, at times, absurd,
to us he is no more a person
now but a whole climate of opinion
under whom we conduct our different lives«

W. H. Auden, *In Memory of Sigmund Freud* (1939)

Wer sich um ein Verständnis der Kulturen der westlichen Welt des 20. Jahrhunderts bemüht, wird eine Auseinandersetzung mit dem Werk von Sigmund Freud schwerlich vermeiden können. Kaum ein anderer Mediziner hat eine so weitreichende Wirkung entfaltet wie jener Wiener Nervenarzt, der mit der Psychoanalyse nicht nur ein neues theoretisches Denkgebäude und ein neues psychotherapeutisches Verfahren, sondern auch eine weltweite Organisation begründet hat. Als der englische Dichter W. H. Auden 1939 in einem Gedicht die Bedeutung der Freud'schen Psychoanalyse zu bestimmen suchte, wählte er bezeichnenderweise den Vergleich mit einer allgemeinen Wetterlage: Der Name Freud bezeichne weniger eine Person als ein »Meinungsklima«, unter dessen Einfluss wir unsere verschiedenen Leben führen. Wie auch immer es um den Wahrheitsgehalt psychoanalytischer Theorien bestellt sein mag, es ist in der Tat unbestreitbar, dass viele Freud'sche Begriffe (»Ödipuskomplex«, »Narzissmus«, »Fixierung«, »Kastrationsangst« oder »Penisneid«, um nur einige zu nennen) bereits seit geraumer Zeit Allgemeingut geworden sind. Damit ist aber auch ein zentrales Problem benannt, dem eine Einführung in sein Werk zu begegnen hat. Angesichts des anhaltenden Interesses an der Biographie Freuds und der breit gestreuten Aufnahme seiner Theorien in der Presse, in der Literatur sowie in Film und Fernsehen stellt sich zuallererst die Frage, was eine solche Darstellung leisten soll, ja ob sie überhaupt eine Berechtigung hat. Man könnte die Frage auch so formulieren: Ist die nach wie vor gegebene Sättigung der Populärkultur mit psychoanalytischen Motiven womöglich ein Anzeichen dafür, dass die Lektüre von Freuds Schriften mittlerweile obsolet geworden ist?

Gelegentlich wird der populärkulturellen Dauerpräsenz psychoanalytischer Wissensbestände selbst eine reflexiv-kritische Funktion zugebilligt. Dann lieferte die beispiellose Karriere der Freud'schen Psychoanalyse in Hollywood, die ihrem Begründer von Beginn an zutiefst zuwider war, in ihren Etappen ein getreues Abbild davon, wie es um ihre Deutungsmacht in den Kulturen der westlichen Welt bestellt ist. Der Bogen spannt sich von Erfolgsmusicals wie *Lady in the Dark* (1944) und Alfred Hitchcocks *Spellbound* (1945), in denen Psychoanalytiker noch als unangefochtene moralische Instanzen fungieren, bis zu den Filmen Woody Allens der 1960er und 1970er Jahre, in denen der allwissende »shrink« zur Karikatur wird. Einen anderen Blick auf das Metier des Psychoanalytikers bieten in den letzten Dekaden TV-Serien, die den therapeutischen Prozess der *Talking Cure* selbst zum strukturierenden Element erheben. In der in New Jersey angesiedelten Mafia-Serie *The Sopranos* (HBO, 1999–2007) etwa verbürgt das psychoanalytische Setting keine stabile moralische Instanz mehr, sondern bietet den Hauptakteuren des organisierten Verbrechens vielmehr Gelegenheit zum Rechtfertigen ihres kriminellen Handelns.[1] Die TV-Serie *In Treatment* (*Der Therapeut*, HBO, 2007–2010) geht noch weiter, indem sie den Behandlungsraum zu ihrem einzigen Schauplatz erklärt und sich zyklisch in jeder Folge einem anderen Patienten desselben Therapeuten widmet, dessen eigenes Leben durch seine psychoanalytische Arbeit zunehmend aus der Bahn geworfen wird.

So zeugt das in Filmen oder in TV-Kultserien mobilisierte Wissen über Freud von einer Aneignung, die sich komisch oder ernsthaft mit der Psychoanalyse als gegenwärtigem gesellschaftlichem Phänomen und mit ihren Vertretern auseinandersetzt. Es führt vor, was aus der von Freud begründeten therapeutischen Schule mittlerweile geworden ist, während die ihr zugrunde liegenden Theorien in große historische Distanz gerückt scheinen. Angesichts dieser Lage ist eine erneute genauere Befassung mit den oft nur schematisch aufgerufenen Texten zweifellos vonnöten. Wie eine solche Lektüre von Freuds Werk unter der unbestreitbaren Voraussetzung seiner Historizität heute aussehen könnte, ist der Gegenstand dieser Einführung.

Wie bei allen Autoren, die zum Rang der Klassiker erhoben worden sind, stellt die Freud-Lektüre potenzielle Leser vor das Problem einer unüberschaubaren Fülle an Kommentaren und Sekundärtexten. Denn von Freuds Zeitgenossen bis in die Gegenwart hinein haben seine Werke in den Sozial- und Geisteswissenschaften auf jede Generation und beinahe jede Denkströmung in jeweils eigener Weise gewirkt. Die Liste ist lang und reicht, wollte man sich mit einer akademisch relevanten Auswahl begnügen, von den philosophischen Auseinandersetzungen bei Ludwig Wittgenstein, Karl Popper oder Adolf Grünbaum, den verschiedenen Lesarten in der französischen Theoriediskussion bei Jean-Paul Sartre, Maurice Merleau-Ponty, Jacques Lacan, Claude Lévi-Strauss, Jacques Derrida, Michel Foucault und Paul Ricœur, der vielfältigen Rezeption in der Literaturtheorie, den freudomarxistischen Spielarten der Frankfurter Schule über die feministische Kritik bis zu den anthropologischen und soziologischen Analysen von Autoren wie Philip Rieff oder Ernest Gellner.

Wer sich Freuds Texten über diese diversen Rezeptionslinien zu nähern sucht, dem bietet sich unweigerlich ein widersprüchliches Bild. Denn Freud scheint nicht selten Gewährsmann für sehr unterschiedliche theoretische Positionen zu sein: für hermeneutische oder phänomenologische Ansätze oder für eine positivistische Epistemologie; für strukturalistische oder dem Poststrukturalismus bzw. dem Dekonstruktivismus zugeordnete Spielarten der Theorie. Und schließlich gehen die Meinungen auch stark auseinander, wenn die Frage erhoben wird, inwiefern Freud als radikaler Kritiker kultureller Normen oder letztlich als konservativer Vertreter des Status quo anzusehen ist. Derartige Widersprüche erklären sich zum Teil aus selektiven Rezeptionsprozessen, die sich auch der je spezifischen Interessenlage disziplinärer Formationen und Schulen verdanken. So sehr diese partiellen und rivalisierenden Auslegungen des Freud'schen Werkes dessen Verständnis in vielen Aspekten bereichert haben, so sehr haben sie allerdings auch den Blick auf die Komplexität seiner eigenen Faktur verstellt.

Schließlich sollten bei der Diskussion von Rezeptionsphänomenen auch die jeweiligen nationalsprachlichen Eigenheiten nicht vergessen werden, die auf den immer wieder kritisch beleuchteten, doch in seiner umfassenden Dynamik bisher kaum erforschten Bereich der verschiedenen Übersetzungen verweisen. So gibt es etwa das Phänomen des durch die Literaturtheorie und Philosophie geprägten »französischen Freud«, der einem gänzlich anderen Universum anzugehören scheint als jener Autor, der in der angelsächsischen Welt durch die sogenannte *Standard Edition* von James Strachey verbreitet worden ist. Dass besonders einfache und eingängige Freud'sche Formeln wie »Der Traum ist eine Wunscherfüllung« oder »Wo Es war, soll Ich werden« etwa im Französischen als kaum übersetzbar gelten und zur Erfindung abenteuerlicher Neologismen geführt haben, deutet auf Strategien hin, den Text mithilfe esoterischer Begriffe im selben Zug philosophisch zu adeln und zu verrätseln. Die Übersetzungsproblematik in all ihren linguistischen, historischen und politischen Dimensionen zu thematisieren kann naturgemäß nicht Anliegen einer auf Deutsch verfassten Einführung sein. Sie nicht ganz aus den Augen zu verlieren ist jedoch insofern wertvoll, als sie auf die Spur von wesentlichen Eigenheiten der Freud'schen Theoriesprache und ihrer Lesbarkeit führen kann.[2]

Neben solchen Problemen steht noch ein weiteres bedeutendes Hindernis der Lektüre von Freuds Texten entgegen. Es handelt sich um den Umstand, dass diese bereits seit Lebzeiten ihres Autors zum Gegenstand einer Kanonisierung geworden sind, die sich vorwiegend institutionellen und therapiepolitischen Interessen verdankt. Dies hat dazu geführt, dass es bis heute keine nach philologisch verlässlichen Kriterien erstellte historisch-kritische Gesamtausgabe der Freud'schen Werke gibt. Für potenzielle Leser bietet sich daher ein eher verwirrendes Bild: Neben der deutschen Ausgabe der *Gesammelten Werke* (1940–52), die kurz nach Freuds Tod begonnen wurde, steht die mit dieser nicht textidentische in England herausgegebene kommentierte *Standard Edition* (1953–74). Darüber hinaus gibt es auf Deutsch die zum Teil auf dieser englischen Ausgabe aufbauende zehnbändige *Studienausgabe* (1969–75), die allerdings nur eine Auswahl von Freuds Schriften bietet, sowie eine Reihe von ebenfalls nicht vollständigen Taschenbuchausgaben, die zum Teil auch andere Texte enthalten. Keine dieser Ausgaben kann den Anspruch einer wirklichen Gesamtausgabe erheben, denn keine enthält alle Texte, die Freud verfasst hat. Während mittlerweile eine aufwendig erstellte Wortkonkordanz zu den in diesen Ausgaben erfassten Textkorpora existiert, befindet sich die historisch-kritische Befassung mit diesen Texten immer noch in ihren Anfängen.[3]

Diesem Rückstand in Sachen historischer und philologischer Textkritik entspricht auch eine allzu oft an traditionellen Mustern orientierte Freud-Historiographie, die meist biographisch verfährt oder sich an Institutionen und Schulen orientiert. Der Umstand, dass Freud sich selbst mit seiner Polemik *Zur Geschichte der psychoanalytischen Bewegung* (1914) zum ersten Historiker der Psychoanalyse erklärt hat, führte in dieser Literatur zudem auch zur Etablierung eines personalistisch gefärbten und oft polemischen Stils. Eine ganze Industrie widmet sich bereits seit Jahrzehnten der Demontage der »Freud-Legende«, die in den 1990er Jahren mit den sogenannten »Freud Wars« in den USA ihren journalistischen Höhepunkt gefunden und die in den letzten Jahren auch die europäische Medienlandschaft erreicht haben. Die Alternativen zwischen den Versionen der Freud-Verehrer und seiner beharrlichen Schmäher lassen wenig Raum für leise Zwischentöne und sanfte Übergänge: Entweder hat Freud in seiner Selbstanalyse und Patientenarbeit das Unbewusste entdeckt oder seine Ideen von einer Reihe von meist nicht ausgewiesenen Vorläufern bezogen; entweder hat er mit der Psychoanalyse eine neue revolutionäre Wissenschaft begründet, die dem modernen Menschen über seine prekäre Stellung in der Welt Auskunft zu geben vermag, oder er hat ein Gebäude aus Lügen und Selbsttäuschungen errichtet, seine eigene Neurose als Theorie ausgegeben und seinen Patienten aufgedrängt.[4] In Absetzung von dieser anhaltenden leidenschaftlichen Fokussierung auf das zu bewahrende oder zu stürzende Monument Freud haben sich jedoch in den letzten Jahren auch andere Ansätze zu einer kritisch-historischen Auseinandersetzung mit seinem Werk entwickelt.[5]

Die vorliegende Einführung in die zentralen Themen des Freud'schen Werkes wird versuchen, diesen Schwierigkeiten Rechnung zu tragen, soweit dies auf begrenztem Raum möglich ist. Sie wird nur punktuell auf spätere Rezeptionslinien eingehen und sich primär an die engeren wissenschafts- und kulturhistorischen Bezüge halten, unter Berücksichtigung der jeweiligen Kontroversen um einzelne Bestandteile der Theorien und Methoden Freuds. Ein solches Vorgehen kann sich auf Freud selbst berufen, denn dieser hat die Wahl einer historischen Perspektive als zentral für die Vermittlung der Psychoanalyse angesehen und in seinen eigenen Einführungstexten, wenn auch auf seine Weise, stets entsprechend berücksichtigt. In einer seiner letzten, nur fragmentarisch erhaltenen Vorlesungen beschrieb er die Exposition seiner eigenen Lehren als ein Wechselspiel von genetischer und dogmatischer Darstellungsweise. Die genetische »wiederholt den Weg, den der Forscher selbst gegangen ist«, mit allen Mühen und Schwierigkeiten, jedoch auf die Gefahr hin, dem Leser nur wenig zu imponieren; die dogmatische hingegen stellt ihre Resultate voran, »verlangt Aufmerksamkeit und Glauben für ihre Voraussetzungen, gibt wenig Auskünfte zu deren Begründung« (GW 17, 141 f.). Sie reizt allerdings die Skepsis des kritisch eingestellten Zuhörers – und, wie Freud sehr gut wusste, predigt man nur zu den bereits Bekehrten.

Im Folgenden wird eine genetische Form der Präsentation, die die historische Dimension der Freud'schen Theorien reflektiert, gegenüber der Dogmatik weitgehend privilegiert. Im Unterschied zu vielen einführenden Darstellungen gibt sie also weder der reinen Werkanalyse noch einem biographisch-psychologisierenden Zugang zum Werk den Vorzug, sondern erweitert zunächst den Radius auf das Netzwerk der Mentoren, Kollegen, Freunde und Patienten. Eine solche Erweiterung ist notwendig, um den über weite Strecken *kollektiven* Kontext des Freud'schen Werkes angemessen nachzuvollziehen. Die andere, ebenso wichtige Erweiterung betrifft die Texte selbst in ihrer jeweils besonderen Genese und sprachlichen Gestalt. Die Bedeutung zentraler Werke wie der *Traumdeutung*, der *Drei Abhandlungen zur Sexu-*

altheorie oder von *Jenseits des Lustprinzips* bleibt weitgehend unverstanden, wenn nicht wenigstens ansatzweise der radikale Wandel dieser Texte anhand ihrer verschiedenen Fassungen dargestellt wird. Es ist offensichtlich, dass ein solcher Zugang jene griffigen Formeln und Lehrsätze, auf die Freuds Theorien so oft gebracht werden, nicht als bequeme Endpunkte setzen kann: Vielmehr bilden diese die Ausgangspunkte für sich öffnende Problemfelder. Dabei kommt die Prozesshaftigkeit zahlreicher wichtiger begrifflicher Prägungen in ihrem ganzen Umfang zum Tragen. Vielfach sind es die in den Endversionen sedimentierten komplexen Revisionsvorgänge, welche die Freud-Lektüre so schwierig gestalten. Eine genetische Perspektive, die die Spuren des konfliktreichen historischen Prozesses an den Texten selbst aufzeigt, versteht sich somit primär im Dienst eines Lesbarmachens.

1. *Anfänge*: Vom Labor zur Couch

»La théorie, c'est bon, mais ça n'empêche pas d'exister.«
Jean-Martin Charcot, zit. in Freud, *Charcot* (GW 1, 24)

Sigmund Freud, der als Begründer der Psychoanalyse weltberühmt wurde, begann seine Laufbahn als wissenschaftlicher Autor im physiologischen Labor. 1873 hatte er sich an der Wiener Universität zum Medizinstudium eingeschrieben, ohne jedoch, wie er im Rückblick unmissverständlich feststellte, »eine besondere Vorliebe für die Stellung und Tätigkeit des Arztes« verspürt zu haben:

»Eher bewegte mich eine Art von Wißbegierde, die sich aber mehr auf menschliche Verhältnisse als auf natürliche Objekte bezog und auch den Wert der Beobachtung als eines Hauptmittels zu ihrer Befriedigung nicht erkannt hatte. Indes, die damals aktuelle Lehre Darwins zog mich mächtig an, weil sie eine außerordentliche Förderung des Weltverständnisses versprach, und ich weiß, daß der Vortrag von Goethes schönem Aufsatz ›Die Natur‹ in einer populären Vorlesung kurz vor der Reifeprüfung die Entscheidung gab, daß ich Medizin inskribierte.« (GW 14, 34)

Dass der spätere Psychoanalytiker in seiner *Selbstdarstellung* (1925) die Entscheidung für die Medizin zugleich auf die Begeisterung für die Lehren Darwins und die Bekanntschaft mit einem Goethe zugeschriebenen Hymnus auf die Natur zurückführt, ist zweifellos eine nachträgliche Konstruktion, die als emblematisch zu lesen ist. Für Freud transzendieren beide Namen die Enge des herkömmlichen Fächerkanons und deuten damit bereits auf das künftige Schicksal der von ihm begründeten Psychoanalyse hin: Denn diese beansprucht, nicht allein eine Therapie zur Heilung von Neurosen zu sein, sondern in erster Linie eine *Wissenschaft*, die mit ihren Theorien und empirischen Beobachtungen eine neue Sichtweise auf die Verfassung des modernen Menschen erlauben soll. In diesem Sinn insistiert Freud, dass sie nicht als eine neue Subdisziplin aufzufassen sei, im Sinne einer »Hilfswissenschaft der Psychopathologie« (GW 14, 73), sondern als »Ansatz zu einer neuen und gründlicheren Seelenkunde, die auch für das Verständnis des Normalen unentbehrlich wird« (GW 14, 73).

Als wissenschaftliche Psychologie vom Unbewussten, die mit der Aufdeckung von unangenehmen Wahrheiten alle Lebensbereiche zu durchdringen sucht, fordert die Psychoanalyse – ähnlich wie einige Jahrzehnte zuvor die Lehren Darwins – den Widerstand der Welt heraus. Freud wird sich denn auch zeitlebens mit seinen Theorien in Opposition zu den herrschenden kulturellen, wissenschaftlichen und religiösen Institutionen seiner Zeit wissen und diese Haltung auf das antisemitische Klima in Wien und die ihm »verweigerte Volksgemeinschaft« zurückführen (GW 14, 34). Dementsprechend ist sein Selbstbild davon geprägt, als Außenseiter und Störenfried früh in die Isolation geraten zu sein – eine Einschätzung, die teils zutreffend ist, jedoch nicht unkritisch absolut gesetzt werden sollte (wie es in vielen späteren Biographien geschehen ist). Der Parcours Freuds, innerhalb dessen seine zentralen Werke entstanden, führte unweigerlich durch eine Reihe von akademischen und klinischen Institutionen. Und trotz der Selbstwahrnehmung, dass viele seiner wichtigsten Einsichten sich einer Art der »splendid isolation« verdankten, ist die Entstehung der Psychoanalyse ohne den intellektuellen Austausch Freuds mit Lehrern, Kollegen, Freunden, Patientinnen und Patienten undenkbar. In diesem Sinne ist die Freud'sche Psychoanalyse gerade in ihrer spezifischen Singularität auch als ein eminent kollektives Unternehmen zu begreifen.

Die prägenden Begegnungen der ersten beiden Jahrzehnte von Freuds Karriere vollziehen sich im Rahmen oder im Umkreis von bedeutenden neurologischen und psychiatrischen Forschungsinstitutionen. Bereits während seiner Studienzeit tritt Freud 1876 in das Physiologische Institut von Ernst Wilhelm von Brücke ein, wo er sich mit einer Reihe von Physiologen befreundet, unter anderem mit Josef Breuer, der einer seiner wichtigsten Förderer wird. In den nächsten sechs Jahren publiziert er hauptsächlich histologische Arbeiten zum Nervensystem der Fische, besucht aber auch Vorlesungen und Seminare des Philosophen Franz Brentano und übersetzt für den Philologen Theodor Gomperz einen Band der Gesamtausgabe von John Stuart Mill. Auch nachdem er 1882 auf Brückes Anraten vom physiologischen Labor als Sekundararzt ans Wiener Allgemeine Krankenhaus wechselt, widmet er sich, von dem Psychiater und Gehirnanatomen Theodor Meynert gefördert, Forschungsarbeiten im Gebiet der Neuroanatomie. Nach Erlangung der Privatdozentur für Neuropathologie im Jahr 1885 und einer folgenreichen Studienreise nach Paris zu dem berühmten Neurologen Jean-Martin Charcot im selben Jahr begreift sich der junge Wiener Mediziner fortan als dessen Schüler (GW 1, 475) und übersetzt zwei Bücher Charcots ins Deutsche. 1886 eröffnet Freud schließlich nicht nur seine Privatpraxis, wo er die Hypnose als therapeutisches Instrument in der Klinik der Nervenkrankheiten einsetzt (und somit Charcots Kontrahenten Hippolyte Bernheim aus Nancy folgt, den er ebenfalls übersetzt), sondern tritt auch eine Stelle als Vorstand der Abteilung für Neurologie am neu gegründeten Ersten öffentlichen Kinder-Krankeninstitut von Max Kassowitz in Wien an.

Hier betreut und veröffentlicht er eine Reihe von Forschungsarbeiten im Bereich der pathologischen Physiologie, die zwischen 1891 und 1897 erscheinen und ihm Ansehen in der medizinischen Fachwelt verschaffen. Im selben Zeitraum legt er seine Studie *Zur Auffassung der Aphasien* (1891) vor, die eine Kritik an den gehirnanatomischen Lokalisationstheorien von Theodor Meynert und Carl Wernicke liefert, veröffentlicht gemeinsam mit Josef Breuer die *Studien über Hysterie* (1895), die auf der Basis der »kathartischen Methode« eine neue Form der Psychotherapie präsentieren, und legt in einer Reihe von Aufsätzen die Grundzüge seiner ersten Neurosenlehre dar.

Wie sich allein anhand dieser wichtigsten Wegmarken der ersten zwanzig Jahre von Freuds Karriere ersehen lässt, ist die Psychoanalyse schrittweise »auf einem engbegrenzten Boden erwachsen« (GW 13, 405), nämlich im Rahmen verschiedener Ansätze der Neuropathologie und -anatomie. Insofern muss jede nachträgliche Grenzziehung zwischen dem »Neurologen« und dem »Psychologen« Freud als willkürlich erscheinen.[6] Auch seine erste Auseinandersetzung mit der Philosophie und der Assoziationspsychologie, wie sie in der Studienzeit erfolgt, steht bereits weitgehend im Zeichen der Physiologie und der Lebenswissenschaften. Damit wird bereits eines deutlich: Die Freud'sche Psychoanalyse hat nicht einen, sondern mehrere Anfänge. Die Entstehung ihrer Theorien und Praktiken lässt sich nicht im Rahmen einer einfachen Ursprungsgeschichte erzählen, wie es oft geschehen ist. Diese sind zwar, weitaus mehr als im Fall anderer wissenschaftlicher und theoretischer Projekte, eng mit der Biographie ihres Autors verknüpft, jedoch nur um den Preis der entstellenden Verkürzung darauf reduzierbar. Im Folgenden sollen daher die wichtigsten Stationen von Freuds Studium und seiner ersten Karriere als Neuropathologe skizziert werden, in denen er seine ersten Theorien innerhalb verschiedener Institutionen und Arbeitsgemeinschaften – und zunehmend in Abgrenzung zu diesen – entwickelt hat.

Zwischen Physiologie und Philosophie

1873 begann Freud sein Medizinstudium an der Wiener Universität. Neben den im Lehrplan vorgesehenen Vorlesungen über Anatomie, Physiologie, Chemie, Physik und Zoologie unternahm er aber auch bald Ausflüge in die Philosophie und belegte Lehrveranstaltungen bei Franz Brentano (1838–1917). In dessen Unterricht wurden in ungewöhnlicher Weise Themen wie »ausgewählte metaphysische Fragen« im Werk von Aristoteles, Auguste Comtes positive Philosophie oder der Utilitarismus John Stuart Mills behandelt (ES, 78). Dieses eklektische Programm erklärt, warum Brentano manchen Zeitgenossen als Scholastiker, anderen als Positivist galt. Sein Bekenntnis zur positiven Wissenschaft war jedoch hauptsächlich im Sinne einer Ablehnung des deutschen Idealismus und jeglicher Form von spekulativer Philosophie zu verstehen.[7] Freud fand in diesem Philosophen einen »merkwürdigen« und »in vielen Hinsichten idealen Menschen«, wie er an seinen Jugendfreund Eduard Silberstein schrieb: »er ist Gottesgläubiger, Telelog (!) und Darwinianer« (ES, 109). Die Versuche Brentanos, das »Dasein Gottes« im Rahmen seiner Urteilslehre schlüssig nachzuweisen, forderten den Medizinstudenten, der sich als »gottloser Empiriker und Mediziner« begriff (ES, 82), zum Widerspruch heraus. Freud fasste in dieser Zeit sogar vorübergehend den Plan, ein Doktorat in Philosophie zu erwerben, verwarf ihn allerdings letztlich.

Diese erste Auseinandersetzung mit philosophischen Problemen ereignete sich in dem vielleicht ersten für Freud relevanten intellektuellen Kollektiv: im »Leseverein der deutschen Studenten Wiens«, in dem zwischen 1871 und 1878 regelmäßig philosophische und politische Diskussionen stattfanden.[8] Sein Studienfreund Josef Paneth (1857–1890), der sich in dieser Periode als »deutschnational zum Exzess« bezeichnete, beschrieb den Leseverein als einen Ort »hochverräterischer Reden«, wo »viel getrunken und geraucht, Unsinn und Vernünftiges durcheinander geredet« wurde.[9] Im engeren Kreis um Freud, der auch kurzzeitig eine eigene Zeitschrift herausgab, fanden sich neben Paneth die Studienfreunde Emanuel Loewy (1857–1938), der später Professor für Kunstgeschichte und Archäologie werden und zeitlebens ein enger Freund Freuds bleiben sollte, und Siegfried (ursprünglich Salomon) Lipiner, der mit Richard Wagner, Gustav Theodor Fechner und Friedrich Nietzsche in Kontakt stand. Lipiner und Paneth spielten eine wesentliche Rolle in der frühen Wiener Rezeption Friedrich Nietzsches, gegen dessen ausführlichere Lektüre Freud in späteren Jahren einen starken Widerstand verspüren sollte (WF, 438).[10] Während über Freuds eigene Lektüre kaum etwas bekannt ist, finden sich die ersten Spuren einer nicht zu unterschätzenden indirekten Rezeption bereits in der Studienzeit. So ist verbürgt, dass er nicht nur über Nietzsches Schriften, sondern auch über die Person durch Paneth gut informiert war, denn dieser war seit 1884 mit dem Philosophen in Kontakt und dokumentierte die Gespräche, die er mit diesem in Nizza führte, ausführlich – Nietzsche erschien dem jungen Medizinstudenten Freud als »unzugängliche Vornehmheit« (AZ, 89). Im Leseverein studierte er gemeinsam mit seinem Studienkollegen eine Reihe von religionskritischen Schriften, insbesondere Ludwig Feuerbach, der in seinem Buch *Das Wesen des Christentums* (1841) die »Vernichtung einer Illusion« zu seinem Programm gemacht hatte.

In den Jahren 1876 bis 1882 wurde das Physiologische Institut von Ernst Wilhelm von Brücke (1819–1892) zum prägenden Ort für Freud, der ebenso wie sein Freund Paneth die Physiologie vor allem deshalb wählte, um eine Forscherlaufbahn als »Theoretiker« einschlagen zu können.[11] Für einen ehrgeizigen jungen Mediziner war die Wahl der Physiologie durchaus nicht ungewöhnlich. Denn die physikalistische Physiologie, die mit den Namen von Heinrich von Helmholtz, Carl Ludwig, Emil Du Bois-Reymond oder Ernst Wilhelm von Brücke verbunden war, begriff sich als eine der Leitwissenschaften der zweiten Hälfte des 19. Jahrhunderts. Mit der Anwendung des von Helmholtz formulierten Satzes von der Erhaltung der Kraft in einem geschlossenen System auf tierische und menschliche Organismen positionierte sie sich gegen die Annahme eines speziellen Lebensprinzips, wie es durch ältere vitalistische Physiologien postuliert worden war. In der Folge dehnten die Vertreter dieser neuen wissenschaftlichen Physiologie ihren Anwendungsbereich auf sämtliche Bereiche menschlichen und tierischen Lebens sowie auf zahlreiche kulturelle und ästhetische Phänomene aus.[12] Der modernen wissenschaftlichen Weltanschauung zufolge, der Freud sich verschrieb, erschien das physiologische Laboratorium folgerichtig als einer der Orte, von dem aus sich die Herrschaft über die menschliche Natur *und* Kultur erlangen ließ.

In seiner Zeit als Famulus wurde Freud zunächst von dem Vergleichenden Anatomen und Zoologen Carl Claus (1835–1899) sowie im Weiteren zunehmend von Brücke gefördert, den er später als die »größte Autorität, die je auf mich gewirkt hat«, bezeichnen sollte (GW 14, 290). Die ihm gestellten Aufgaben betrafen Arbeiten an Fischen, die ihm auch zu seinem ersten Forschungsaufenthalt an der neu gegründeten österreichischen Station für Meereszoologie in Triest verhalfen. Nach einer Studie zu »Beobachtungen über Gestaltung und feineren Bau der als Hoden beschriebenen Lappenorgane des Aals«, die als ein Gesellenstück zu betrachten ist (GW 1, 463),[13] wendete sich Freud unter Brückes Leitung histologischen Arbeiten zum Nervensystem niederer Meerestiere zu. Im Physiologischen Institut lernte er eine Reihe von Kollegen kennen, die im weiteren Verlauf seiner Karriere eine wichtige Rolle spielen sollten, »Personen, die ich respektieren und zu Vorbildern nehmen konnte« (GW 14, 35). Dazu zählten insbesondere Sigmund Exner und Ernst Fleischl von Marxow, die Assistenten Brückes, sowie der um einiges ältere Arzt Josef Breuer (1842–1925), der auch bereits mit bedeutenden Arbeiten als Physiologe hervorgetreten war.[14] Insbesondere Fleischl und Breuer, mit denen Freud sich befreundete, förderten in den nächsten Jahren seine wissenschaftliche Karriere, sowohl durch die Überweisung von ersten Privatpatienten als auch durch finanzielle Unterstützung. Freud bekam auf diese Weise Zugang zu einem Netzwerk von großbürgerlichen und aristokratischen Familien, die als Mentoren, Patienten, Diskussionspartner, schließlich auch als erste Leser und Kritiker die Anfänge der Psychoanalyse wesentlich mitprägten. So wurde er etwa in die Familie des bekannten Hellenisten Theodor Gomperz eingeführt, der ihn 1879 mit der Übersetzung des letzten Bandes seiner deutschsprachigen Gesamtausgabe der Werke von John Stuart Mill betraute und von dem er auch erste Anregungen zur Beschäftigung mit antiken Traumtheorien empfing.[15]

Obwohl Freud 1882 auf Anraten Brückes das Physiologische Institut verließ und als Aspirant in das Wiener Allgemeine Krankenhaus eintrat, wo er in den folgenden drei Jahren in verschiedenen Abteilungen arbeitete, gab er seine Forschungstätigkeit nicht auf.[16] So erarbeitete er im hirnanatomischen Institut von Theodor Meynert mit dessen Assistent Alexander Holländer eine neue Goldfärbetechnik zum Studium des Faserverlaufs im Gehirn und Zentralnervensystem. Die Arbeit, die auch das Aufsehen Fleischls und Brückes erregte (BB 2, 370 f.), erschien 1884 in einer englischen Übersetzung in *Brain*, einer der führenden neurologischen Zeitschriften (GW 1, 466). Auch angesichts seiner schlechten finanziellen Lage erhoffte sich Freud, bald als »ein glücklicher Entdecker, der nicht umsonst gelebt hat«, zu gelten, wie er seiner Verlobten Martha Bernays schrieb (BB 2, 373). In diesem Kontext sind auch die zur selben Zeit unternommenen Versuche mit Kokain zu sehen. Die Schrift *Über Coca* (1884, SK) fußt neben einem detaillierten Literaturstudium hauptsächlich auf Freuds Selbstbeobachtungen über die euphorisierende Wirkung der Substanz, die er über mehrere Wochen in jeweils kleineren Dosen einnahm. Eine Reihe von therapeutischen Anwendungen erschien ihm als vielversprechend, insbesondere bei nervösen und psychischen Schwächezuständen, bei Magen- und Verdauungsstörungen, Asthma, Potenzschwierigkeiten, aber auch als Mittel zum Entzug bei Alkoholismus oder Morphiumsucht. Die bedeutendste medizinische Anwendung des Kokains gelang allerdings nicht Freud, sondern einem Wiener Freund und Kollegen, dem Augenarzt Carl Koller, der ausgehend von dessen *Coca*-Schrift nach wenigen Wochen die lokalanästhetische Wirkung der Substanz am Auge erfolgreich testete. Nichtsdestotrotz setzte Freud seine Selbstversuche mit Kokain noch einige Zeit lang fort. Er unternahm Reaktionsversuche mit Apparaturen aus dem physiologischen Labor, um an sich selbst die Dauer und Gleichförmigkeit der erzielten motorischen Leistungsfähigkeit zu messen (SK, 87–98). Das therapeutische Experiment mit Suchtkranken erwies sich letztlich als Fehlschlag mit fatalen Folgen: Der morphinabhängige Physiologe Ernst Fleischl von Marxow, der einstige Lehrer und nun befreundete Gönner, der sich »mit der Hast des Ertrinkenden« auf das Kokainexperiment eingelassen hatte (BB 3, 316), wurde bald auch kokainsüchtig und ging in den folgenden Jahren elend zugrunde. Dass Freud beharrlich am Erfolg dieses Therapieversuchs festhielt und die entsprechenden Passagen in seiner Publikation nicht revidierte, ist wohl nicht einem bewussten Täuschungsversuch, sondern eher der Hoffnung zuzuschreiben, sowohl den Freund zu retten, als auch rasch zu Berühmtheit und Geld zu gelangen.

Freuds Kokainstudien sind nachträglich sehr unterschiedlich bewertet worden: Während Freud selbst sich rückblickend eher distanziert oder ironisch über diese Arbeiten äußerte (GW 14, 38 f.; GWN, 756), haben andere Autoren in ihnen einen Schüssel für die spätere Entwicklung der Psychoanalyse finden wollen. Es erscheint jedoch nicht plausibel, dass die Selbstversuche mit Kokain in den 1880er Jahren Vorboten der zehn Jahre später an Träumen und Versprechern unternommenen »Selbstanalyse« darstellen (vgl. Kap. 2).[17] Bei den Kokainstudien handelt es sich vielmehr um Formen psychologischen Experimentierens, die im institutionellen und apparativen Kontext des physiologischen Labors anzusiedeln sind. Diesen Rahmen wird Freud jedoch, wie wir sehen werden, schrittweise verlassen. Eine wesentliche Rolle in diesem Prozess, der zur Ausbildung der Psychoanalyse führte, spielten die zur selben Zeit in der Neuropathologie und Psychiatrie unternommenen Versuche, die Hypnose zu einer neuen Technik der Experimentalpsychologie herauszubilden.

Versuche mit Hypnose

Dass der Stellenwert der Hypnose für die Entstehungsgeschichte der Psychoanalyse nicht hoch genug einzuschätzen sei, hat Freud selbst immer wieder betont: »In theoretischer wie therapeutischer Hinsicht verwaltet die Psychoanalyse ein Erbe, das sie vom Hypnotismus übernommen hat.« (GW 13, 407) Grundlegend war dabei die *experimentelle* Demonstration von psychischen Vorgängen im klinischen Labor, die nicht dem Bewusstsein zugänglich waren: »Das ›Unbewußte‹ stand zwar schon seit langem als Begriff bei den Philosophen zur Diskussion, aber hier in den Erscheinungen des Hypnotismus wurde es zuerst leibhaft, handgreiflich und Gegenstand des Experiments.« (GW 13, 407)

Einer der zentralen Akteure dieser Experimentalisierung des Unbewussten im Raum der neuropathologischen Klinik war Jean-Martin Charcot (1825–1893). Der berühmte französische Neurologe arbeitete an der Pariser Salpêtrière bereits seit mehreren Jahren mit einer Reihe von Schülern an einer Klassifikation der Nervenkrankheiten, insbesondere der Hysterie, die auf die experimentelle Herstellung von klar abgrenzbaren somatischen Zuständen und Symptomen gegründet war. Entgegen älteren und zeitgenössischen psychiatrischen Konzeptionen war die Forschungspraxis Charcots beim Studium der traumatischen Neurosen, die als Folgen von Unfällen und Schockeinwirkungen untersucht wurden, zunächst strikt neurologisch orientiert. Der Neurologe richtete sich entschieden gegen die weitverbreitete Auffassung, die Hysterie sei eine vorwiegend weibliche Krankheit, deren körperliche Symptome und Gedächtnisstörungen bloß vorgetäuscht seien. Gegen seine Kritiker, die in der Hysterikerin eine geisteskranke oder ›perverse‹ Simulantin erkannten, suchte er die Echtheit der hysterischen Symptomatologie sowohl an den Körpern von Frauen als auch von Männern aufzuweisen.[18] So identifizierte er eine Reihe von »hysterogenen Zonen», durch deren Berührung quasi automatisch eine »hysterische Krise» ausgelöst werden konnte.

Zur Erklärung der Hysterie und anderer Nervenkrankheiten stützte sich Charcot einerseits auf die Annahme einer hereditären Veranlagung, deren Aufdeckung er bei seinen Patienten mithilfe verschiedener Techniken zu erzielen suchte. Andererseits verfügte er in seiner Klinik über ein Labor, in dem die körperlichen Zustände der Patientinnen und Patienten mit den avanciertesten physiologischen Apparaturen gemessen und kontrolliert wurden. Als neues Experimentalverfahren führte er die Hypnose ein, wobei er die älteren Verfahren des tierischen Magnetismus, wie sie die Anhänger von Franz Anton Mesmer und James Braid im Laufe des 19. Jahrhunderts in einem außerklinischen Bereich praktiziert hatten, in seinem klinischen Labor neu konfigurierte. Der »große Hypnotismus« wurde in der Salpêtrière als ein Ensemble von pathologischen »Nervenzuständen« behandelt, von klinischen Typen, die sich jeweils durch optische, akustische oder taktile Reize produzieren ließen. Die enge Verknüpfung zwischen dem Krankheitsbild Hysterie und der Hypnose als neuem experimentellen Verfahren wurde zur Doktrin der Schule Charcots.

Für Freud, der im Winter 1885 für mehrere Monate mit einem Reisestipendium nach Paris kam, wurde der Forschungsaufenthalt bei Charcot zum Wendepunkt in seiner Karriere. Zwar war er mit der Literatur zum Hypnotismus bereits vertraut, doch ohne über Patienten zu verfügen, an denen er mit den neuen Verfahren experimentieren konnte. Freud begründete in seinem Bericht die Studienreise daher nicht nur mit den Mitteln, die ihm in Wien nicht zur Verfügung standen (insbesondere mit dem reichhaltigen und auf einen Ort konzentrierten »Krankenmaterial« Charcots), sondern auch mit dem Vorhaben, die »teils höchst merkwürdigen (Hypnotismus), teils praktisch wichtigen (Hysterie) Funde der französischen Schule« (GWN, 35) durch eigene Anschauung auf ihre Tatsächlichkeit hin zu prüfen. Im Jahr 1885 war die publizistische Auseinandersetzung Charcots und seiner Schule mit seinen Kritikern, insbesondere mit Hippolyte Bernheim aus Nancy, in vollem Gang. Letzterer hatte die komplizierten experimentellen Maschinerien an der Salpêtrière für weitgehend wirkungslos erklärt und die verbale oder gestisch vermittelte Suggestion als alleinige Ursache des »großen Hypnotismus« erklärt. Andere skeptische Beobachter (wie etwa der belgische Gelehrte Joseph Delbœuf) gingen noch weiter und behaupteten, die Versuchspersonen Charcots handelten in der Hypnose nicht unter dem Einfluss der jeweilig induzierten Reize, sondern vor allem aus Gefälligkeit den Ärzten gegenüber. War der Hypnotismus ein Ensemble von Tatsachen, von scharf gesonderten pathologischen und auf eine hereditäre Disposition verweisenden Nervenzuständen oder bloß Resultat von raffinierten, bewusst oder unbewusst erfolgten Täuschungen, ein kulturelles Artefakt? Freud wies die letztere Kritik zurück und bekannte sich zu Charcots Auffassung, die von ihm in der Salpêtrière beobachteten Phänomene des experimentellen Hypnotismus seien »grob sinnfällige, in keiner Weise anzuzweifelnde Dinge« (GWN, 42).

Freud kehrte 1886 nach Wien zurück, wo er für die medizinische Öffentlichkeit zunächst vor allem als Übersetzer und Schüler Charcots galt. Er machte sich zum Befürworter der klinischen Praxis der französischen Neurosenforschung, von einem Typus auszugehen, der sich nur in wenigen Fällen ausprägt, und die davon ausgehenden Abweichungen zu konstatieren. Der weiteren Rezeption von Charcots Hysterielehre stellte sich jedoch in Wien eine Reihe von praktischen Problemen entgegen: Die Herstellung von ›Typen‹ neurotischer Krankheitsbilder war an die lokalen Strukturen und Ressourcen des Forschungszentrums in der Salpêtrière gebunden, das der Neurologe nicht umsonst als ein »Museum klinischer Fakten« bezeichnete.[19] In Wien verfügte Freud weder über das nötige Instrumentarium noch über ein klinisches Archiv von Knochen, Gehirnen, Moulagen und Bild- und Textzeugnissen, wie sie Charcot und seine Schüler über die Jahre gesammelt hatten. Mangels Patienten und Instrumenten beschränkte sich Freud in seinem später zu Berühmtheit gelangten Vortrag »Über männliche Hysterie« 1886 vor der Wiener Gesellschaft der Ärzte auf eine Falldarstellung von Charcots Typus der großen Hysterie, den er den von ihm übersetzten *Vorlesungen über die Krankheiten des Nervensystems* entnahm. Die Aufnahme war dementsprechend skeptisch.[20]

Freuds Transfer des neuen klinischen Sehens der französischen Kliniker, das er in Paris gelernt hatte (B, 228), vollzog sich in der Wiener medizinischen Kultur somit zunächst weitgehend durch eine literarische Rezeption. Mehr als praktische Demonstrationen waren es seine Übersetzungen der Bücher Charcots und Bernheims, die ihm eine wichtige Position bei der Verbreitung der französischen Klinik der Nervenkrankheiten verschafften und die er dementsprechend auch in seinem wissenschaftlichen Publikationsverzeichnis aufführte (GW 1, 488). Freud deklarierte seinen eigenen Standpunkt jeweils in eigens für die deutsche Ausgabe verfassten Vorworten und in Fußnoten, die entweder Bekräftigungen oder Kritik der Theorien der beiden französischen Ärzte enthielten. Bernheims Erklärung der Hypnose-Experimente Charcots als Folgen einer diffus wirkenden Suggestion erschien ihm »einseitig«, vor allem weil sie hauptsächlich als eine Variante der »Simulationstheorie« erschien (WF, 10 f.). In Wien begab sich Freud, der zugleich den experimentellen Ansatz der Salpêtrière-Schule und den therapeutischen Einsatz der Hypnose der Anhänger Bernheims verteidigte, damit in Opposition zu seinem früheren Mentor Theodor Meynert und einer Reihe von anderen Neurologen und Psychiatern. Nicht umsonst bezeichnete er die Debatten rückblickend als einen »erbitterten literarischen Streit« (TD, 251), da diese hauptsächlich in Fachzeitschriften ausgetragen wurden.

Mit der Anwendung der hypnotischen Suggestionstherapie, wie sie Freud ab 1886 in seiner Privatpraxis vornahm, war der Wiener Arzt jedoch keineswegs allein oder isoliert. Unter der Ägide des Schweizer Psychiaters Auguste Forel, dessen Handbuch über den Hypnotismus Freud enthusiastisch rezensierte (GWN, 125–139), formierte sich in ganz Europa eine Bewegung von Ärzten, die ab 1892 auch eine eigene Zeitschrift herausgab: die »Zeitschrift für Hypnotismus, Suggestionstherapie, Suggestionslehre und verwandte psychologische Forschungen«. Hier publizierte Freud, dessen Name neben vielen anderen auf der Titelseite als Mitarbeiter aufgeführt wurde, auch seinen ersten »Fall von hypnotischer Heilung« (GW 1, 1–19), der vor allem die Schwierigkeiten der Behandlung mit Suggestion thematisiert.[21] Wenige Jahre zuvor hatte Freud die Technik der hypnotischen Suggestion noch in Analogie zum physiologischen Labor gesetzt, als er schrieb, dass der Arzt mit diesem Verfahren einen »ungeahnten Einfluß auf das psychische Leben eines anderen Menschen ausübte und mit einer Menschenseele wie sonst nur mit einem Tierleib experimentieren konnte« (GWN, 135). Ab 1892 erschien ihm die Physiologie jedoch weder in praktischer, d.h. experimenteller, noch in theoretischer Hinsicht als geeigneter Referenzrahmen für die Hypnosebehandlung. Die Gründe für diesen Wandel sind sowohl in epistemischen als auch sozialen Faktoren zu finden: Erstens ließ der Verzicht auf die Überprüfung von somatischen Zeichen am Körper des Patienten die Frage nach dessen psychischem Zustand offen. Der auf seine eigenen Beobachtungen und die Aussagen seiner Patienten angewiesene Arzt war nicht selten mit widersprüchlichen Angaben konfrontiert, die »seine Autorität erschüttern müssen«. Zweitens schien die Technik nicht dosierbar und überdies von »der zufälligen Reaktion des Patienten« abzuhängen (GWN, 147). Das dritte, daraus resultierende Problem zeigte sich im raschen Ermüden des Arztes und des Kranken angesichts »des Kontrastes zwischen den absichtlich rosig gehaltenen Suggestionen und der trüben Wirklichkeit«. Der Arzt musste daher »stets eine neue Anknüpfung für seine Suggestion, einen neuen Beweis für seine Macht, eine neue Abänderung der hypnotisierenden Prozedur erfinden. Darin liegt auch für ihn, der vielleicht innerlich am Erfolge zweifelt, eine große und endlich erschöpfende Anstrengung.« (GWN, 149) Die Hypnose ähnelte damit nicht mehr dem Tierexperiment im physiologischen Labor, sondern verwies eher in die Sphäre des Zirkus: Freud erschien sie nun als »eine Art von Tierbändigertum, das man bei sonstiger Beschäftigung auf die Dauer nicht verträgt« (GWN, 174).

»ein höchst kompliziertes Denkobjekt«: *Studien über Hysterie*

Die schrittweise Abwendung von der Hypnose als Behandlungstechnik und vom physiologischen Labor als Referenzpunkt führte Freud bald selbst in einem Buch vor, das er 1895 gemeinsam mit Josef Breuer publizierte: Die *Studien über Hysterie* gelten aus diesem Grund oft als die erste eigentliche psychoanalytische Veröffentlichung, ungeachtet des Umstands, dass Freud erst ein Jahr später die hier präsentierte Technik als »die mühselige, aber vollkommen verläßliche Methode der Psychoanalyse« bezeichnete (GW 1, 379). In der 1893 publizierten »vorläufigen Mitteilung« *Über den psychischen Mechanismus hysterischer Phänomene* präsentierten die beiden Wiener Ärzte eine therapeutische Methode zur Beseitigung hysterischer Symptome, die auf der Ausforschung unterdrückter traumatischer Erlebnisse in der Hypnose und dem anschließenden Abreagieren des damit verbundenen Affekts durch Aussprechen beruht (SH, 27–41). Dieses neue Verfahren wurde von Freud zwar schon 1888 in einem Handbuchartikel als eine Alternative zur Suggestionstechnik erwähnt (GWN, 89), doch erst in den sieben Jahre später publizierten *Studien über Hysterie* als »kathartische Methode« erstmals genauer an einem Fall dargestellt.

Die erste Krankengeschichte, der Fall der einundzwanzigjährigen »Anna O.«, den Breuer dreizehn Jahre nach der Behandlung seiner Patientin Bertha Pappenheim publizierte, beruhte auf der Erforschung von deren »bewußtseinsunfähigen Vorstellungen« im Zustand der Hypnose. Die Symptomatik war in vielem den Fällen Charcots und seiner Schüler aus der Zeit des »experimentellen Hypnotismus« verwandt: Breuers Patientin bildete nach und nach eine Form des »Wachträumens« aus, ihr eigenes »Privattheater« (SH, 42), in dem sie gänzlich von Halluzinationen, Wutausbrüchen sowie schweren Seh-, Sprach- und Schreibstörungen beherrscht wurde. In dem zweiten Bewusstseinszustand, in den sie unmerklich und rasch eintreten konnte, erkannte sie ihre Umgebung nicht mehr, schien kein Deutsch mehr zu verstehen und redete nur noch Englisch. Ähnlich wie manche Anhänger Charcots (etwa Pierre Janet oder Alfred Binet) ging Breuer von der Annahme aus, seine Patientin sei in »zwei Persönlichkeiten zerfallen, von denen die eine psychisch normal und die andere geisteskrank war« (SH, 65), und fasste diese unter dem Konzept der »Hypnoidhysterie«, das an die klinische Kultur der französischen Neuropathologie anschloss.[22]

Angesichts dieser Umstände mag es merkwürdig erscheinen, dass der Fall »Anna O.« nachträglich immer wieder als erster Fall der Freud'schen Psychoanalyse präsentiert worden ist. Dabei sollte jedoch zweierlei berücksichtigt werden: Einerseits hat Freud wiederholt die Erfindung der psychoanalytischen Technik anderen zugeschrieben. Damit erscheint Breuer wenn nicht selbst als eigentlicher Erfinder der Psychoanalyse, so zumindest als einer ihrer Vorläufer und die Krankengeschichte Bertha Pappenheims als Material, das im Lichte späterer Theorien Freuds (aber auch anderer Psychoanalytiker) stets neu interpretiert werden konnte (vgl. GW 8, 1–26). So lässt sich erklären, dass etwa die Bezeichnung »talking cure«, die die Patientin einmal für das sogenannte »Absprechen« der Symptome verwendete (SH, 50), zum Synonym für die psychoanalytische Therapie schlechthin geworden ist. Andererseits hat Freud jedoch bereits selbst in den *Studien über Hysterie* sehr deutlich eine Differenz seiner eigenen therapeutischen Praxis zur Breuer'schen Katharsis, aber auch zu den Hypnoseverfahren Charcots, Binets, Janets und der Suggestionstherapie Bernheims markiert. Dieser zweite Umstand, der in der späteren Literatur weitaus weniger Aufmerksamkeit erregt hat als die sogenannte ›Freud-Legende‹, ergibt sich aus der Struktur des Buches selbst und führt die Spezifik von Freuds Vorgehen am besten vor. In dieser Differenzierung kündigt sich auch jene schrittweise Verschiebung an, die vom Patientenkörper als Gegenstand der Beobachtung und Manipulation hin zu jenen vielfältigen sprachlichen Äußerungen führt, in denen Freud das Unbewusste aufzuspüren und dingfest zu machen sucht.

Freud verfasste für das gemeinsame Buch die restlichen vier Krankengeschichten sowie das lange abschließende Kapitel über die »Psychotherapie der Hysterie«. Diese Arbeitsteilung erlaubte es ihm, seine eigenen Fälle in einer von seinem Mitautor abweichenden Terminologie zu behandeln und damit die noch im Vorwort gemeinsam vertretene Position (die mit dem Aufsatz von 1893 identisch war) zu revidieren. Im letzten Kapitel, das er betont »vorwiegend im eigenen Namen« zeichnete (SH, 272), setzte Freud der Breuer'schen »Hypnoidhysterie« seine neue Theorie der »Abwehrhysterie« entgegen. Dieser Theorie zufolge entsteht die Hysterie »durch die Verdrängung einer unverträglichen Vorstellung aus dem Motive der Abwehr« (SH, 302). Die Annahme von zwei voneinander unabhängigen Persönlichkeiten oder Intelligenzen in den Kranken erweist sich damit als obsolet. Freud argumentiert, das Vorhandensein einer zweiten Persönlichkeit werde durch die Abspaltung psychischer Vorstellungen vom normalen Ich zwar »auf das täuschendste hergestellt« (SH, 304); doch seien die Vorgänge der Verdrängung und der zensierenden Abwehr ausreichend, um zu erklären, wie sich die Krankheitssymptome der Hysterie bilden. Während die verdrängten Vorstellungen im Gedächtnis als schwache Erinnerungsspuren erhalten bleiben, wird der von ihnen losgelöste Affekt Gegenstand einer »Konversion« ins Somatische. Nach Freuds neuer Theorie ist es folglich somit allein die *Verdrängung*, die die Vorstellungen zur Ursache der jeweiligen Symptome werden lässt.

Freud vergleicht das Gedächtnis seiner Patientinnen mit einem Archiv aus mehreren Schichten, die sich um die pathogene Idee als Kern herum lagern. Die ersten beiden dieser Schichten sind morphologisch organisiert: Die erste ordnet die Erinnerungen linear an, ähnlich wie ein Aktenbündel oder »Erinnerungsfaszikel«, nach den jeweiligen Themen in einer chronologischen Ordnung, allerdings in zeitlicher Umkehrung (SH, 305). Eine zweite Schicht bildet sich konzentrisch um den pathogenen Kern, entsprechend der Bewusstseinsfähigkeit der jeweiligen Erinnerungen: An der Peripherie befinden sich die leicht erinnerbaren Stücke, während in der Tiefe jene lagern, gegen die sich der größte Widerstand bildet. Die dritte und wesentlichste Schichtung jedoch stellt eine Anordnung »dynamischen Charakters« dar, die »dem Gedankeninhalte« folgt, und bezeichnet eine »Verknüpfung durch den bis zum Kerne reichenden logischen Faden, der in einem jeden Falle besonderen, unregelmäßigen und vielfach abgeknickten Weg entsprechen mag« (SH, 306). Sie bricht somit die konventionelle Analogie des Gedächtnisses mit einem Archiv auf, der die französische Neuropathologie implizit noch folgt. Aus dieser Differenz ergeben sich Folgen für die Repräsentation des Objekts: Die Darstellung dieser »zickzackförmig geknickten«, in »Knotenpunkten« zusammenlaufenden Assoziationsverläufe entzieht sich einer räumlich-schematischen Veranschaulichung »durch starre, bogenförmige und gerade Linien« (SH, 306), mit denen sich die beiden ersten Schichten fassen ließen.

Seine zunächst einfach anmutende Theorie der Abwehrhysterie, in der die Verdrängung als der kausale Faktor bei der Symptombildung gilt, reichert Freud somit durch eine Reihe von miteinander im Widerstreit liegenden Vergleichen zunehmend mit Komplexität an. Die Symptome erweisen sich zum einen als *»mehrfach determiniert, überbestimmt«* (SH, 307); zum anderen wird der *Widerstand* des Kranken nun zum zentralen Bestandteil der Theoretisierung therapeutischer Arbeit. Deutlich zeigt sich dies in der Kritik, mit der Freud den berühmten, im Vorwort gebrauchten Vergleich des psychischen Traumas mit einem »Fremdkörper« (SH, 30) bedenkt: Während ein Fremdkörper keine Verbindung mit den Gewebsschichten eingeht, obwohl er diese infiziert, lässt sich die »pathogene psychische Gruppe« nicht gleichsam chirurgisch aus dem normalen Ich herauslösen. Wo die Grenze zwischen den normalen und den krankhaften psychischen Vorstellungen verläuft, kann somit nicht sicher angegeben werden: Sie wird deshalb »rein konventionell bald hier, bald dort gesteckt« (SH, 307). Als wesentlich erscheint aber der neue Vergleich, den Freud für die therapeutische Arbeit einführt: »Die pathogene Organisation verhält sich nicht eigentlich wie ein Fremdkörper, sondern weit eher wie ein Infiltrat. Als das Infiltrierende muß in diesem Gleichnisse der Widerstand genommen werden. Die Therapie besteht ja auch nicht darin, etwas zu exstirpieren [...], sondern den Widerstand zum Schmelzen zu bringen und so der Zirkulation den Weg in ein bisher abgesperrtes Gebiet zu bahnen.« (SH, 307)

Die Inkonsistenzen der hier gebrauchten Vergleiche thematisiert Freud, indem er versichert, ihren Wert keineswegs zu überschätzen: »mich leitet die Absicht, ein höchst kompliziertes und noch niemals dargestelltes Denkobjekt von verschiedenen Seiten her zu veranschaulichen« (SH, 308). Wie diese Bemerkungen Freuds zur Rolle von Analogien deutlich machen, ist der Wandel der in den *Studien über Hysterie* eingesetzten Darstellungsmethode als ebenso bedeutend einzuschätzen wie der hier dargestellte Wandel der Therapiemethode selbst und der damit verbundenen theoretischen Konzeptionen (Konversion, Abwehr, Widerstand). Freud demonstriert hier, wie auch bereits in früheren Arbeiten (wie etwa der Aphasieschrift von 1891), zum einen eine kritisch-distanzierte Haltung gegenüber der Tendenz, psychische Phänomene oder Fähigkeiten im Nervensystem oder Gehirn mithilfe von Analogien zu lokalisieren: Das Gedächtnis der Hysterikerin mag als ein Archiv erscheinen, das Trauma als Fremdkörper, doch erweist sich die Vorstellung einer klar abgrenzbaren pathogenen Zone letztlich als unmöglich. Indem Freud die »Hysterie« als schwer darstellbares Denkobjekt begreift, entwickelt er aber zum anderen auch eine neue und ungewohnte Form der Krankengeschichte, die weder einer strikten Chronologie noch einer typologischen Struktur gehorcht. Er rechtfertigt sich in Bezug auf diesen literarisch anmutenden Stil, der »eine eingehende Darstellung der seelischen Vorgänge, wie man sie vom Dichter zu erhalten gewöhnt ist«, mit der »Anwendung einiger weniger psychologischer Formeln« (SH, 180). Damit steht jedoch mehr auf dem Spiel als ein bloß rhetorischer Einsatz, eine ›Literarisierung‹ medizinischen Schreibens, die auf die Gewinnung eines skeptischen Publikums zielt. Was Freud hier erstmals umschreibt, weist auf den zentralen Stellenwert des Fiktionalen für die Herausbildung der Psychoanalyse als wissenschaftlichem und therapeutischem Projekt hin.[23]

Psychologie für Neurologen

Im Anschluss an die *Studien über Hysterie* fällt auch die Formulierung von Freuds erster Neurosenlehre, mit der er sich nicht nur von Breuer, sondern auch schrittweise von Charcot abzugrenzen sucht. In dieser neuen Konzeption tritt nun die sexuelle Ätiologie an die Stelle der Heredität, und Freud kommt zu der Formulierung der sogenannten »Verführungstheorie«, die er öffentlich erst zehn Jahre später, kurz nach Erscheinen der *Drei Abhandlungen zur Sexualtheorie*, widerrufen wird (SA 5, 152). Demzufolge sind es unbewusste Erinnerungen an ein in der frühen Kindheit erfolgtes reales sexuelles Erlebnis, deren Wiederbelebung nach Eintreten der sexuellen Reife in der Pubertät als traumatische Ursache für die Hysterie wirksam wird. Wesentlich für die von Freud postulierte Ätiologie ist ihr besonderer zeitlicher Charakter: Erst die spätere Aktualisierung einer unbewussten, d.h. aus dem Bewusstsein verdrängten Erinnerung an eine frühkindliche sexuelle Verführungsszene führt zur Bildung eines hysterischen Symptoms. Das Krankheitsbild der Hysterie zeichnet sich somit durch eine Form der Zweizeitigkeit aus, der zufolge die jeweiligen Symptome stets solche »Abkömmlinge unbewußt wirkender Erinnerungen« sind (SA 6, 72). Entscheidend ist folglich nicht das reale sexuelle Erleben des Kindes zum Zeitpunkt der Verführung durch einen Erwachsenen oder durch Geschwister, sondern jenes Moment der unbewussten Erinnerung, gegen deren Bewusstwerden sich die Abwehr des Ichs sträubt.

Mit dieser Neufassung der Hysterielehre, deren zentrale Begriffe »Abwehr« und »Verdrängung« sind, sucht Freud die neurologische und hereditäre Konzeption der traumatischen Neurose Charcots weitgehend in psychologischen Termini zu reformulieren. Damit geht jedoch keinesfalls das Postulat einer infantilen Sexualität einher. Wie weit Freud von einer solchen Auffassung entfernt ist, zeigt seine Annahme, dass »ohne vorherige Verführung Kinder den Weg zu Akten sexueller Aggression nicht zu finden vermögen« (SA 6, 69). Charcots Rückführung der Hysterie auf die biologische Disposition wird dabei durch interfamiliäre Prozesse ersetzt, in denen eine Art Ansteckung der Kinder durch die Erwachsenen erfolgt, eine regelrechte *»Pseudoheredität«* (SA 6, 70): »Der Grund zur Neurose würde demnach im

Kindesalter immer von seiten Erwachsener gelegt, und die Kinder selbst übertragen einander die Disposition, später an Hysterie zu erkranken.« (SA 6, 69)

Bereits 1897 revidiert Freud seine Theorie jedoch dahingehend, dass er die Annahme einer in jedem Fall real stattgehabten sexuellen Handlung wieder fallenlässt. Angesichts der Einsicht, dass es »im Unbewußten ein Realitätszeichen nicht gibt, so daß man die Wahrheit und die mit Affekt besetzte Fiktion nicht unterscheiden kann« (WF, 283 f.), rückt der Begriff der »Phantasie« bzw. der »psychischen Realität« nun in den Vordergrund. Diese erst 1906 publik gemachte Revision der Verführungstheorie wendet sich somit von einer theoretischen Konzeption ab, die in der Entstehung der Neurosen den für real gehaltenen Verführungsszenen eine starke und exklusive Kausalität zuspricht (SA 5, 147–157).[24]

Freud war in dieser Zeit nicht völlig isoliert, wie er später oft behauptet hat. So arbeitete er neben seiner Tätigkeit in der Privatpraxis etwa zehn Jahre lang (1886–96) als Neurologe am von Max Kassowitz gegründeten Ersten öffentlichen Kinder-Krankeninstitut. Sein Rückzug aus der universitären Forschung war zwar fühlbar (er besuchte schon bald keine wissenschaftlichen Kongresse mehr und blieb auch anderen akademischen Versammlungen fern), doch hielt er in den 1890er Jahren alljährlich seine Vorlesungen über die »großen Neurosen« (Angstneurose, Zwangsneurose, Hysterie, Neurasthenie) an der Wiener Universität. Der wesentliche Kontext für die weitere intellektuelle Entwicklung Freuds verschob sich allerdings zunehmend in die private Korrespondenz mit einem anderen befreundeten Kollegen. Ähnlich wie bereits zuvor mit Breuer, zu dem er zunehmend auf Distanz ging, bildete Freud eine über mehrere Jahre andauernde intensive Arbeitsgemeinschaft mit dem Biologen und Hals-Nasen-Ohren-Arzt Wilhelm Fließ (1858–1929) aus, von der die Öffentlichkeit allerdings weitgehend keine Kenntnis hatte und die ihren

Niederschlag auch nicht in einer gemeinschaftlichen Publikation finden sollte. Der Berliner Arzt und Biologe gilt vielfach als das Alter Ego seines Wiener Freundes und wird von manchen sogar für den ersten Psychoanalytiker *avant la lettre* gehalten. Wenn diese Einschätzungen auch etwas übertrieben anmuten, so fällt dennoch dieser privaten Korrespondenz, von der nur die Seite Freuds erhalten ist, ein zentraler Stellenwert für die Ausarbeitung wichtiger theoretischer Gedankengänge zu.[25]

Das bedeutendste theoretische Element, das in Freuds späteren Arbeiten vielfach nachwirken sollte, war die sogenannte Periodenlehre, der zufolge alle Lebensvorgänge bei Menschen und Tieren von einer zweifachen bisexuellen Periodizität beherrscht werden. Diese Theorie ging aus Fließ' Annahme einer Verbindung von Nase und weiblichen Geschlechtsorganen hervor, die zu ungewöhnlichen therapeutischen Eingriffen bei der Behandlung von Menstruationsschmerzen führte. Die »nasale Reflexneurose« wurde durch Verätzen und Galvanisieren der an der Nase vermuteten »Genitalzonen« behandelt, unter anderem bei Freuds Patientin Emma Eckstein, aber auch bei diesem selbst. Fließ' intensive Beschäftigung mit dem weiblichen Menstruationszyklus führte diesen 1897 zur Aufstellung von zwei Perioden, einer 28-tägigen weiblichen und einer 23 Tage umfassenden männlichen. Damit wurde die konstitutionelle Bisexualität im Sinne einer »Doppelgeschlechtlichkeit« des Menschen postuliert, die sich je nach Vorherrschen der entsprechenden Perioden in ein männliches oder weibliches Geschlecht manifestiert. Die Freundschaft zwischen Freud und Fließ endete unrühmlich in einem Plagiatsstreit, der diese Theorie zum Gegenstand hatte. Im Anhang zu seinem Buch *Der Ablauf des Lebens* (1906) bezichtigte der Berliner Arzt sowohl Hermann Swoboda als auch den Philosophen Otto Weininger, sich seine Hauptthesen angeeignet zu haben, wobei er Freud als Zwischenträger verdächtigte.

In die Hochphase des Austausches mit Fließ fällt auch jenes unveröffentlichte Manuskript von 1895, das erst 1950 unter dem Titel »Project for a Scientific Psychology« (bzw. »Entwurf einer Psychologie«) erschien (SE 1, 283–398; GWN, 375–486). Bezeichnenderweise sprach Freud selbst in seinen Briefen an Fließ von einer »Psychologie für den Neurologen« (WF, 129). Spuren dieses aufgegebenen Projekts finden sich noch in der Theoretisierung des »psychischen Apparats« in der *Traumdeutung* und in den späteren Aufsätzen zur Metapsychologie.[26] Stellt man die Frage, wann und wie Freud die Psychoanalyse entwickelt hat, so kann man nur antworten, dies sei schrittweise in jenem vierjährigen Intervall geschehen, das zwischen der Publikation der *Studien über Hysterie* und der *Traumdeutung* liegt.

In einem Brief an Fließ aus dieser Zeit bekannte Freud, er sei nur widerwillig Therapeut geworden und habe »als junger Mensch keine andere Sehnsucht gekannt als die nach philosophischer Erkenntnis, und ich bin jetzt im Begriffe, sie zu erfüllen, indem ich von der Medizin zur Psychologie hinüberlenke» (2.4.1896; WF, 190). Die neue Psychologie Freuds nahm jedoch eine andere und spezifische Gestalt an, die sich von der Philosophie weit entfernte: Sie sollte nicht nur Krankheitsbilder (Hysterie, Neurasthenie, Angstneurose, Zwangsneurose) integrieren, die in der Neurologie und Psychiatrie dieser Zeit kontrovers klassifiziert wurden, sondern auch geringfügig erscheinende Dinge aus der Normalpsychologie des Alltagslebens wie Träume, Versprecher oder Witze ins Zentrum ihres Interesses rücken. In diesem Grenzbereich zwischen neurotischer Krankheit und scheinbarer Normalität fand Freud, in einem Wechselspiel von Selbst- und Fremdbeobachtung, sein Material für cine neue Psychologie unbewusster Vorgänge.

2. *Traumdeutung:* Schlüssel zum Unbewussten

»Bekennen wir uns nur zum Vorurteil
der Alten und des Volkes und treten wir in die
Fußstapfen der antiken Traumdeuter.«
*Neue Folge der Vorlesungen zur Einführung
in die Psychoanalyse* (SA 1, 105)

Als Freud 1909 an der Clark Universität seine Vorlesungen über Psychoanalyse hielt, ließ er keinen Zweifel daran, welches seiner Werke er als grundlegend für die weitere Ausbildung seiner noch jungen Wissenschaft ansah: »Die Traumdeutung ist in Wirklichkeit die Via Regia zur Kenntnis des Unbewußten, die sicherste Grundlage der Psychoanalyse und jenes Gebiet, auf welchem jeder Arbeiter seine Überzeugung zu gewinnen und seine Ausbildung anzustreben hat. Wenn ich gefragt werde, wie man Psychoanalytiker werden kann, so antworte ich, durch das Studium seiner eigenen Träume.« (GW 8, 32) Wie sehr Freud *Die Traumdeutung* als das eigentliche Fundament der Psychoanalyse ansah, belegt auch der Umstand, dass er den größten Abschnitt seiner zwischen 1915 und 1917 gehaltenen *Vorlesungen zur Einführung in die Psychoanalyse* allein dem Traum widmete. Dessen analytische Aufklärung galt ihm als »Schibboleth«, als untrügliches Erkennungszeichen, das künftig die echten von den falschen Psychoanalytikern sondern sollte. Und noch 1932, kurz nach Erscheinen der achten und letzten Auflage des Buches, betonte er diese Vorrangstellung der psychoanalytischen Traumlehre: sie sei »seither auch das Kennzeichnendste und Eigentümlichste der jungen

Wissenschaft geblieben, etwas wozu es kein Gegenstück in unserem sonstigen Wissen gibt, ein Stück Neuland, dem Volksglauben und der Mystik abgewonnen« (SA 1, 451).

Dieser unumstößlichen Ansicht Freuds steht der Umstand entgegen, dass die 1899 erschienene *Traumdeutung* von all seinen Werken dasjenige ist, das in einem Zeitraum von dreißig Jahren die meisten Eingriffe und Revisionen erlebt hat. Es handelt sich um einen Text, der bereits in seiner ersten Fassung nicht leicht lesbar ist und sich einer eindeutigen Einordnung hartnäckig entzieht.[27] Denn indem Freud den Traum zum zentralen Paradigma der Neurosenlehre erklärt (mit der durchaus paradoxen Formulierung, er sei ein »neurotisches Symptom«, das bei »allen Gesunden« vorzukommen pflege [SA 1, 101]), stellt er sein Buch zunächst in die Kontinuität zu seinen früheren Studien zur Nervenpathologie, insbesondere zu den *Studien über Hysterie*. Allerdings findet keine wirklich systematische Verknüpfung des Werkes mit diesen älteren Arbeiten statt, welche die noch im Entstehen begriffene Neurosenlehre betreffen. Statt an Traumanalysen seiner Patienten demonstriert Freud daher seine neue Theorie zunächst überwiegend an seinem eigenen Fall. Im Zentrum des theoretischen und therapeutischen Projekts steht folglich zunächst der Arzt selbst, dessen »Selbstanalysen« für weitere Leser modellhaft werden sollen. Aus dieser Besonderheit ergibt sich eine Reihe von Fragen und Problemen, die die vielfachen Funktionen des Textes betreffen.

Zunächst fungiert *Die Traumdeutung* als eine Art erstes Handbuch, nach dem die psychoanalytische Deutungstechnik zu lernen ist. Denn im Gegensatz zu den von Freud verfassten Kapiteln der *Studien über Hysterie*, die ausgehend von der hypnotischen Suggestionstherapie genetisch die Entwicklung der Technik der freien Assoziation schildern, enthält die *Traumdeutung* die erste und ausführlichste Darstellung der psychoanalytischen *Methode*.

Diese Präsentation erfolgt allerdings nicht im Sinne der herkömmlichen Lehrbücher, wie sie in der klinischen oder wissenschaftlichen Literatur verbreitet sind. Die Freud'schen »Selbstanalysen« nehmen mit ihrem gezielten Einsatz von autobiographischem Material auf andere Techniken der Selbstbeobachtung Bezug, wie sie sich in der Traumforschung des 19. Jahrhunderts herausgebildet haben. Auf einer zweiten Ebene entwickelt Freud in seinem Buch eine neue psychologische *Theorie* des Traumes, der zufolge dieser sich als Erfüllung eines aus der Kinderzeit stammenden und unterdrückten oder verdrängten Wunsches erweist. Seine berühmte Theorie der Wunscherfüllung wird Freud jedoch in einer permanenten Auseinandersetzung mit seinen Lesern, Patienten und Schülern durch mehrere Auflagen der *Traumdeutung* hindurch präzisieren und revidieren.

Selbstanalysen

Freud führte in der *Traumdeutung* an, er habe in seinen bisherigen psychoanalytischen Behandlungen mehr als tausend Träume zur Deutung gebracht (TD 70; SA 2, 124). Allerdings bevorzugte er für die Demonstration seiner neuen Deutungsmethode hauptsächlich Material, das er selber im Verlauf mehrerer Jahre gesammelt hatte: ein »reichliches und bequemes Material, das von einer ungefähr normalen Person herrührt und sich auf mannigfache Anlässe des täglichen Lebens bezieht« (TD, 71; SA 2, 125). Diese verschiedenen Anlässe erweisen sich allerdings als weniger harmlos, als es zunächst den Anschein haben mag: Freud rückt nicht umsonst mit dem berühmten Traum von »Irmas Injektion« einen Traum ins Zentrum des Buches, der die Fehlbehandlung einer Patientin einem anderen befreundeten Arzt unterzuschieben sucht. Anhand von autobiographischen Bruchstücken legte er somit die erste Einführung in die psychoanalytische Methode vor, indem er sich ein Stück weit selbst als modellhaften Fall präsentierte, der weitere Leser zur Überprüfung seiner Theorie anregen sollte.

1904 erschien eine zunächst anonym publizierte knappe Darstellung über »Die Freudsche psychoanalytische Methode« in Leopold Löwenfelds Buch *Die psychischen Zwangserscheinungen.* Freud betont hier, die »Details dieser Deutungs- oder Übersetzungstechnik« seien noch nicht veröffentlicht worden: »Ein umfangreiches Buch über die Traumdeutung, 1900 von Freud publiziert, ist als Vorläufer einer solchen Einführung in die Technik anzusehen.« (GW 5, 7) Diesen Vorläuferstatus sollte die Traumdeutung noch längere Zeit behalten. Denn Freud publizierte seine *Allgemeine Methodik der Psychoanalyse*, die er 1910 ankündigte (GW 8, 105), nie und begnügte sich stattdessen mit einer Reihe von verschiedenen kurzen Aufsätzen.[28] Den ersten Lesern und Kritikern stellte sich damit das Problem, auf welche Weise sich das Deuten von Träumen nach Freuds Methode überprüfen und erlernen ließ. Das primäre Zielpublikum des Buches wurde in der Vorbemerkung »im Umkreis neuropathologischer Interessen« verortet (SA 2, 21). Damit war nicht eine spezielle Disziplin angesprochen, sondern ein durchaus heterogenes Feld, in dem sich Philosophen, Neurologen und Psychiater am Ende des 19. Jahrhunderts um die Ausarbeitung einer wissenschaftlichen Psychologie bemühten. Die Form, in der sich der Autor der *Traumdeutung* an die Fachwelt richtete, war allerdings zweideutig gehalten, denn seine neue Methode sollte den Aberglauben der Laien gegenüber der Wissenschaft wieder ins Recht setzen: »Ich habe einsehen müssen, dass hier wiederum einer jener nicht seltenen Fälle vorliegt, in denen ein uralter, hartnäckig festgehaltener Volksglaube der Wahrheit der Dinge näher gekommen zu sein scheint als das Urtheil der heute geltenden Wissenschaft. Ich muß behaupten, dass der Traum wirklich eine Bedeutung hat, und dass ein wissenschaftliches Verfahren der Traumdeutung möglich ist.« (TD, 68; SA 2, 120)

Diese Selbstverortung erklärt den für ein fachwissenschaftliches Publikum provokant anmutenden Titel *Die Traumdeutung*, der unverhüllt auf die im 19. Jahrhundert noch weitverbreitete Textgattung der antiken Traumbücher verweist. (Bis zum Erscheinen bezeichnete Freud sein Buch demgemäß auch immer wieder als sein »Traumbuch«.) Diese hauptsächlich von der Lotterie- und Glücksspielindustrie produzierte Literatur, mit deren Hilfe Traumbilder in glückverheißende Zahlenreihen umgesetzt werden konnten, fußte auf Übersetzungsschlüsseln, die aus astrologischen, numerologischen und kabbalistischen Überlieferungen stammten. Die einzige explizite Referenz in Freuds Text auf diese Literatur verweist auf das *Traumbuch* des Artemidor von Daldis, das 1881 in einer deutschen Übersetzung von Friedrich S. Krauss (unter dem etwas irreführenden Titel *Symbolik der Träume*) erschienen war und das er vermutlich bereits früh kannte. Der Hellenist Theodor Gomperz, für den Freud während seiner Studienzeit John Stuart Mill übersetzt hatte, publizierte eine äußerst kritische Besprechung dieser Übersetzung, in der er sich recht abfällig über den wissenschaftlichen Wert der Methode des Artemidoros äußerte. In ihr erkannte er nicht viel mehr als eine raffinierte Form des Aberglaubens und das »schlaue Bemühen, einem wüsten Irrwahn den Schein der Wissenschaft anzutäuschen«.[29]

Freud bezog sich durchaus bewusst auf diesen verfemten Autor aus der Antike, um seine eigene Deutungstechnik von der symbolischen Chiffriermethode der älteren Traumdeutung, die sich eines universellen Übersetzungsschlüssels bediente, zugleich abzugrenzen und abzuleiten. Denn in Artemidoros' Methode erkannte Freud eine »interessante Abänderung dieses Chiffrirverfahrens, durch welche dessen Charakter als rein mechanische Uebertragung einigermassen corrigirt wird« (TD, 67; SA 2, 119). Dabei wird nicht nur auf den Trauminhalt, sondern auch auf die jeweilige träumende Person und deren konkrete Lebensumstände Rücksicht genommen. Das Wesentliche an diesem Verfahren besteht für Freud darin, dass »die Deutungsarbeit nicht auf das Ganze des Traumes gerichtet wird, sondern auf jedes Stück des Trauminhaltes für sich, als ob der Traum ein Conglomerat wäre, in dem jeder Brocken Gestein eine besondere Bestimmung verlangt« (TD, 68; SA 2, 119). In Anknüpfung daran zerlegt die psychoanalytische Deutungstechnik den Traumbericht ebenfalls in seine einzelnen Bestandteile, geht aber in ihrer Individualisierung in Bezug auf den Träumer selbst noch viel weiter: Dieser wird aufgefordert, zu jedem einzelnen Bruchstück frei zu assoziieren, um die sinnhaften Bezüge der oft als absurd oder konfus zusammengewürfelten Bilder und Gedanken zu erschließen. Im Vergleich zu den Methoden der antiken Traumbücher handelt es sich folglich um eine ziemlich langwierige und mühevolle Arbeit, die sich deren Typisierungen und Schematisierungen entzieht und vom Traumdeuter selbst eine bestimmte psychische Einstellung verlangt.

Diese besondere Einstellung erfordert eine Konzentration der Aufmerksamkeit, die mit dem weitgehenden Ausschalten von Kritik und Selbstzensur einhergeht: Auf diesem Wege können zahllose unwillkürliche Einfälle ins Bewusstsein treten, die ansonsten sogleich verworfen werden, ähnlich wie vor dem Einschlafen oder in der Hypnose. Dieses selbstanalytische Verfahren, das an die in den *Studien über Hysterie* beschriebene Assoziationstechnik anknüpft, bezeichnete Freud dementsprechend als eines der »kritiklosen Selbstbeobachtung« (TD, 70 f.; SA 2, 123 f.). Somit stellt die »Selbstanalyse« kein heroisches unwiederholbares Ereignis dar (wie etwa Freuds Biograph Ernest Jones und aus noch größerer historischer Distanz zahlreiche Schüler und Bewunderer behaupteten),[30] sondern etwas weitaus Profaneres. Wie bereits der Gebrauch im Plural und in Anführungszeichen andeutet (TD, 71; SA 2, 125), wird sie hier als eine Variante psychologischer Selbstbeobachtung eingeführt, bei der gegen die sich aufrichtenden inneren Widerstände vor allem Peinliches und Persönliches ausgebreitet wird.[31]

Kaum zufällig verweist Freud dabei auf die Maxime des belgischen Gelehrten Joseph Delbœuf, nach der »jeder Psychologe Bekenntnis über seine Schwächen ablegen muss, falls er dadurch ein dunkles Problem zu erhellen glaubt« (»Tout psychologiste est obligé de faire l'aveu même de ses faiblesses s'il croit par là jeter du jour sur quelque problème obscur«, TD, 71; SA 2, 125). Denn die *Traumdeutung* knüpft direkt an die Traumforschung des 19. Jahrhunderts an, die in der Regel auch den Schlaf als physiologisches Problem mitbehandelt und daher ebenfalls meist im Titel führt. Neben Delbœuf waren andere wichtige französische Vertreter dieser Literatur, die Freud ausführlich im ersten Kapitel seines Buches diskutiert, der Sinologe Hervey de Saint Denys und der Archäologe Alfred Maury (1817–1892), die beide am Pariser Collège de France lehrten. Maurys Buch *Le sommeil et les rêves* erlebte zwischen 1861 und 1878 vier Auflagen und stellte für viele Autoren die wichtigste Referenz dar.[32]

Wie allein diese beiden Beispiele zeigen, gehörten die Traumforscher des 19. Jahrhunderts ganz unterschiedlichen Disziplinen an und bewegten sich weitgehend außerhalb der medizinischen Fachwelt. Ihre nächtlichen Forschungen hatten dementsprechend kein therapeutisches Ziel, sondern sollten die rege und bizarre Aktivität der Einbildungskraft im Schlaf dokumentieren und beherrschbar machen. Die Aufzeichnung der Träume und der damit verwandten Erscheinungen geschah dabei entweder in der Nacht oder zu einem späteren Zeitpunkt aus dem Gedächtnis nach einem einfachen und unstrukturierten Verfahren. Maury etwa berichtete von den beim Übergang vom Wachen zum Schlafen aufsteigenden Bildern (den »hypnagogen Halluzinationen«), die er im Lehnstuhl beobachtete. Das Freud'sche Verfahren der »Selbstanalyse« präsentiert sich als eine Variante solcher Versuche, ein Wissen über den Traum durch systematische Selbstbeobachtung zu gewinnen. Die nachträgliche schriftliche Fixierung des Trauminhalts aus dem Gedächtnis bildet die Voraussetzung auch für die psychoanalytische Behandlung des Traums. Denn angesichts der immer wieder vorgebrachten Kritik, der Traum sei kein sicheres Objekt der Forschung, da er allein von der Erinnerung des Träumers abhänge, geht Freud von dem Postulat aus, *alles*, was der Träumer berichte, habe als Traum zu gelten, ungeachtet dessen, was er vergessen oder in der Erinnerung verändert haben mag (vgl. SA 1, 103).

In der Folge spezifizierte Freud seine Deutungstechnik »freien Assoziierens« immer wieder in Bezug auf andere Verfahren der Selbstbeobachtung, die auf eine Objektivierung eines so ungreifbaren Gegenstandes wie des Traumes zielten. Von der experimentellen Schlaf- und Traumforschung, wie sie in Europa und den USA vor allem im Anschluss an die physiologische Psychologie von Wilhelm Wundt betrieben wurde, setzt sich die *Traumdeutung* wiederholt ab (SA 2, 33). Freud verweist zwar den Leser, »der mich durch Nacharbeit an seinen eigenen Träumen controliren will« (TD, 306; SA 2, 500), auf die »Vorschrift, die Claude Bernard für den Experimentator im physiologischen Labor aufgestellt hat: Travailler comme une bête, d.h. so ausdauernd, aber auch so unbekümmert um das Ergebnis.« (TD, 306; SA 2, 500 f.). Doch bildet das hier präsentierte Verfahren eine Form von Experimentalismus aus, der nicht an klinische oder andere Fachlabore gebunden ist. So bezeichnet Freud sein eigenes Verfahren meist als »Einfallstechnik« (oder »gemeine Einfallstechnik«), um eine Abgrenzung zu systematischen und mit Zeitmessungen verbundenen Laborverfahren der Selbstbeobachtung zu markieren (wie etwa den auch bereits in psychiatrischen Kliniken eingeführten Assoziationstests). In diesem Zusammenhang sind auch Freuds zunehmende Hinweise auf die Abkunft der freien Einfallstechnik aus der Literatur zu verstehen: So schaltete er in die zweite Auflage der *Traumdeutung* (1909) eine lange Passage aus einem Brief Friedrich Schillers ein, der das »Zurückziehen der Wache von den Toren des Verstandes« als Grundbedingung für den Prozess der dichterischen Produktion ansieht (SA 2, 123). Die Stelle verweist auf einen grundlegenden Begriff der Freud'schen Traumtheorie: den einer entstellenden Zensur, der dem Wunsch als psychischem Erreger des Traumes entgegensteht.

Wunscherfüllungstheorie

Ins Zentrum seiner Traumtheorie stellt Freud eine Formel, die den Titel des dritten und kürzesten Kapitels der *Traumdeutung* bildet: »Der Traum ist eine Wunscherfüllung.« (SA 2, 141–150). Mit diesem lapidaren Satz sucht er die allgemeine Wahrheit zu bezeichnen, die er mithilfe seiner neuen Deutungstechnik aufgespürt hatte. Im folgenden Kapitel wird diese »Formel, die das Wesen des Traumes ausdrücken soll«, etwas präzisiert: *»Der Traum ist die (verkleidete) Erfüllung eines (unterdrückten, verdrängten) Wunsches.«* (SA 2, 175) Was ist aber nun genau unter »Wunsch« und »Wunscherfüllung« zu verstehen?

Zunächst erweist sich der Traumwunsch als ein äußerst vielgestaltiges Gebilde: Sein Spektrum reicht vom harmlosen Wunsch weiterzuschlafen (in den sogenannten »Bequemlichkeitsträumen«) über die reine Befriedigung von Hunger und Durst oder anderen im Schlaf auftretenden körperlichen Reizzuständen bis hin zu ethisch verwerflichen und anstößigen Regungen wie Todeswünschen oder sexuellen Begierden, die auch auf Freunde und nahe Verwandte zielen. Freud tendiert nun dazu, diese Vielgestaltigkeit sämtlich als »Äußerungen eines schranken- und rücksichtslosen Egoismus« aufzufassen (SA 1, 153). Folgerichtig wird der Formel vom Traum als Wunscherfüllung eine weitere hinzugefügt: »Träume sind absolut egoistisch.« (SA 2, 320) Dieser ›sacro egoismo‹ des Traumes, den Freud in Zusammenhang mit dem Abziehen des Interesses von der Außenwelt im Schlafzustand sieht, charakterisiert somit den ihm zugrunde liegenden Wunsch ganz allgemein. In diesem Sinn ist es auch zu verstehen, dass der Traum – im Vergleich zu anderen Manifestationen des Unbewussten wie den Fehlleistungen oder dem Witz – als »ein vollkommen asoziales seelisches Produkt« erscheint (SA 4, 167). Allerdings werden die jeweiligen Träume von Freud danach differenziert, wie sehr sie den jeweiligen Wunsch unverhüllt zum Ausdruck bringen. Während etwa die Kinderträume meist unentstellte Wunscherfüllungen darstellen und keiner ausführlichen Deutung bedürfen (SA 1, 139), gelten die Träume, die im Rahmen der psychoanalytischen Behandlung auftreten, als Resultate der Zensur und somit zahlreicher formaler Entstellungen. Dazu zählen Verdichtungen von Personen, Orten oder auch Worten zu Mischgebilden (wie etwa »Autodidasker«, einer Vermischung von »Autor«, »Autodidakt« und »Lasker«, SA 2, 300), Lücken im Traumbericht, fehlende logische Verknüpfungen, die Abwesenheit von Negationen und generell die Verschiebung von abstrakten in bildhafte Ausdrucksweisen (SA 2, 335).

Diese Umformungen des Traumes zum »Bilderrätsel« (SA 2, 280), die diesem sein fremdartiges Gepräge verleihen und ihn vordergründig sinnlos erscheinen lassen, fasst Freud unter den Begriff der *Traumarbeit*, deren Mechanismen das sechste Kapitel der *Traumdeutung* gewidmet ist. Hier nimmt Freud die für seine Theorie zentrale Unterscheidung zwischen manifestem und latentem Trauminhalt (oder Traumgedanken) vor: Während der durch die Erinnerung bewahrte manifeste Trauminhalt notgedrungen entstellt und lückenhaft ist, enthalten die Traumgedanken den unverstellten Wunsch. Auf das Auffinden dieses Wunsches über die Rekonstruktion des latenten Trauminhalts richtet sich die ganze Deutung, deren Arbeit auf das weitgehende Ausschalten der Zensur zielt. Sowohl die Theorie als auch die Technik der *Traumdeutung* folgen somit weitgehend einem Modell, das auf dem Gegensatzpaar von entstellender *Traumarbeit* und rekonstruierender *Deutungsarbeit* beruht. Als Indikator für die Wirkungsweise der Zensur gilt Freud folgerichtig der *Widerstand*, den der Träumer dem Deuter bzw. dessen Schlussfolgerungen aus den gewonnenen Assoziationen zu den Traumelementen entgegensetzt: »Was uns bei der Deutungsarbeit als Widerstand entgegentritt, das müssen wir nun als Traumzensur in die Traumarbeit eintragen. Der Deutungswiderstand ist nur die Objektivierung der Traumzensur.« (SA 1, 152)

Im Zuge seiner weiteren Theoretisierung des Wunsches stellt Freud allerdings noch eine weitere Formel auf: »*Der Wunsch, welcher sich im Traum darstellt, muß ein infantiler sein.*« (SA 2, 528) Den unzerstörbaren Charakter des aus der Kinderzeit stammenden verdrängten Wunsches, der sich in seinem Egoismus kundtut, leitet Freud weitgehend aus seiner allgemeinen Theorie des psychischen Apparats ab, die er bereits 1895 in seinem geschriebenen und verworfenen *Entwurf einer Psychologie* skizziert hatte. Dieser Theorie zufolge beruhen alle späteren Denkvorgänge des Erwachsenen auf der halluzinatorischen Wunscherfüllung des hilflosen Säuglings, die nach dessen ersten Befriedigungserlebnissen modelliert ist und die Wahrnehmungen mit Erregungen besetzt (SA 2, 539). Das Denken ist somit nichts als ein »Ersatz«

der Wunscherfüllung aus dieser primitiven Zeit eines psychischen Primärprozesses. Anders als das Denken, das als Resultat von hemmenden Sekundärvorgängen bestimmt wird (SA 2, 571), nimmt die Erregung im Traum den rückläufigen Weg der »Regression« und löst das »Gefüge der Traumgedanken« in jenes »Rohmaterial« auf, aus dem sie in der Kindheit hervorgegangen sind (SA 2, 519). Die Vorstellung eines »primitiven psychischen Apparats« bezeichnet Freud als eine »theoretische Fiktion« (SA 2, 568, 572), da dieser nur in Bezug auf die zeitlich später hinzukommenden und diese hemmenden Sekundärvorgänge gedacht werden kann. Der Rückgriff auf ältere Modelle aus der Gehirnphysiologie erfolgt so nicht nur mit gebotener Distanz, sondern wird auch durch eine Reihe von anderen Vergleichen relativiert, die in der Regel die Anknüpfung an die Alltagssprache oder die Mythologie suchen. So vergleicht Freud etwa die »immer regen, sozusagen unsterblichen Wünsche unseres Unbewußten« mit den »Titanen der Sage, auf denen seit Urzeiten die schweren Gebirgsmassen lasten, die einst von den siegreichen Göttern auf sie gewälzt wurden und die unter den Zuckungen ihrer Glieder noch jetzt von Zeit zu Zeit erbeben« (SA 2, 528). Wenn sich auch im späteren Projekt der Metapsychologie wiederholt Elemente aus der Sprache der Physiologie finden, in der der *Entwurf* noch abgefasst war, so wird immer wieder deutlich, dass Freud die spezifische Ökonomie des Wunsches nicht in einem privilegierten Register artikulieren kann:

»Es ist sehr wohl möglich, daß ein Tagesgedanke die Rolle des Unternehmers für den Traum spielt; aber der *Unternehmer*, der, wie man sagt, die Idee hat und der Drang, sie in Tat umzusetzen, kann doch ohne Kapital nichts machen; er braucht einen *Kapitalisten*, der den Aufwand bestreitet, und dieser Kapitalist, der den psychischen Aufwand für den Traum, beistellt, ist alle Male und unweigerlich, was auch immer der Tagesgedanke sein mag, *ein Wunsch aus dem Unbewußten.*« (SA 2, 534 f.)

Auch den für seine Theorie so zentralen Antagonismus von Wunsch und Zensur beschreibt Freud in mehreren Registern, am anschaulichsten sicherlich mit Rückgriff auf die politische Praxis der Briefzensur, die anstößige Stellen durch Überstreichen unlesbar macht (SA 2, 158 f., 507). Für die theorie- und texthistorische Dynamik der *Traumdeutung* erweist es sich als folgenreich, dass sie selbst in großen Teilen als Dramatisierung dieses Antagonismus angelegt ist. Wiederholt erteilt der Autor im Text kritischen Lesern oder »witzigen Patienten« das Wort, welche seine Theorie mit ihren Träumen auf die Probe stellen wollen: »Ganz regelmäßig erhebt sich der Widerspruch meiner Patienten gegen den Satz, daß die Träume sämtlich Wunscherfüllungen seien.« (SA 2, 162) In der zweiten Auflage seines Buches (1909) führt Freud sogar den Typus der »Gegenwunschträume« ein, um diesem Phänomen Rechnung zu tragen. In ihnen offenbare sich primär der »Wunsch, daß ich unrecht haben soll« (SA 2, 172). Was für die Patienten gilt, wird auch auf den Leser ausgedehnt: »er wird sich bereitwillig im Traume einen Wunsch versagen, um sich nur den Wunsch, daß ich unrecht habe, zu erfüllen« (SA 2, 173). Freud präsentiert sich somit selbst als der alleinige Adressat der Träume seiner potenziellen Leserschaft. Das antagonistische Modell verweist dabei sowohl auf die Entstehungsgeschichte der *Traumdeutung* als auch auf die weitere Rezeption. So testete Freud seine Wunscherfüllungstheorie zunächst im privaten Briefwechsel mit seinem Freund Wilhelm Fließ, dem er seine niedergeschriebenen Träume und Analysen zur kritischen Lektüre schickte, und fügte sich für die Endfassung des Buches auch dessen Zensur.[33] Aber auch bereits die ersten Leser, zu denen die Hörer seiner Vorlesungen, Patienten, Freunde und Familienmitglieder zählten, bezweifelten nicht, dass Träume auch Wünsche erfüllen könnten, allerdings ohne von der Universalität der Wunscherfüllungstheorie überzeugt zu sein. Indem Freud diese anhaltenden Einsprüche, die sich verschiedener Strategien und Argumente bedienten, in sein Modell integrierte, konnten sie fortan nur noch als Ausdruck des affektiv motivierten »Widerstands« gegen die psychoanalytische Traumdeutung erscheinen. Damit wird auch deutlich, wie sehr dieses dramatische und antagonistische Modell die weitere Rezeption und Transformation der Traumdeutung dominierte und dabei das metapsychologische, auf der Neurologie basierende Register in den Schatten stellte.[34]

Träumen im Kollektiv: die Traumsymbolik und die psychoanalytische Bewegung

Ab der dritten Auflage der *Traumdeutung* (1911) begann Freud seine »Grundformel« der Wunscherfüllungstheorie zu modifizieren und zu erweitern. Dabei bediente er sich nicht eigener Worte, sondern eines Zitates von Otto Rank, der über mehrere Auflagen hinweg zu einem der engsten Mitarbeiter an den weiteren Auflagen des Buches wurde: »Der Traum stellt regelmäßig auf der Grundlage und mit Hilfe infantil-sexuellen Materials aktuelle, in der Regel auch erotische Wünsche in verhüllter und symbolisch eingekleideter Form als erfüllt dar.« (SA 2, 175, Fn. 1) Die Erweiterung der theoretischen Formel auf den erotischen Charakter des Wunsches, die Bedeutung infantil-sexuellen Materials und der symbolisch verhüllten Form verdankte sich einem Prozess, in dem der Text der *Traumdeutung* zunehmend Passagen von anderen Autoren integrierte, die zumeist der frühen psychoanalytischen Bewegung angehörten. Wie sehr sich die Gestalt des Werkes veränderte, zeigt sich an der vierten Auflage (1914), in die ein neues umfangreiches Unterkapitel von fast fünfzig Seiten über die »Darstellung durch Symbole im Traume« und »weitere typische Träume« aufgenommen wurde (SA 2, 345–394).

Außerdem enthielt diese Auflage erstmals die beiden Beiträge über »Traum und Dichtung« und »Traum und Mythus« von Otto Rank (1884–1939), der als promovierter Philologe einer der bedeutendsten Laienanalytiker war und als Sekretär der 1908 gegründeten Wiener Psychoanalytischen Vereinigung fungierte.[35]

Das Integrieren von neuem Material kennzeichnete auch andere bekannte Werke Freuds, insbesondere die zwischen 1904 und 1924 zehnmal aufgelegte Buchversion der Studie *Zur Psychopathologie des Alltagslebens*, deren Text sich in diesem Zeitraum mehr als verdreifachte.[36] Auf den ersten Blick veranschaulicht diese quantitative Zunahme auch das rasche Anwachsen des kleinen Kreises um Freud von der Psychologischen Mittwochsgesellschaft (1902) zur Internationalen Psychoanalytischen Vereinigung (1910), in deren Rahmen sich der Erkenntnisprozess zunehmend kollektiv gestaltete. Dazu zählten neben dem intensiven Austausch über Korrespondenzen nun vor allem das Abhalten von Kongressen, die Gründung eigener Zeitschriften und schließlich auch eines eigenen Verlagshauses.[37] Wie bereits gezeigt wurde, war Freud jedoch auch vor der Institutionalisierung der psychoanalytischen Bewegung bei der Konzeption seiner Werke kein völlig isolierter Autor: Nicht nur seine Zusammenarbeit mit anderen befreundeten Ärzten wie Breuer und Fließ prägte seine Arbeiten, sondern auch seine Patientinnen und Patienten, die oft auch deren erste kritische Leserinnen und Leser waren.

Die erste Konzeption der *Traumdeutung* hatte in diesem Sinne auch das Grundmodell der Freud'schen Schule entworfen, wie es sich in der Folge in der psychoanalytischen Bewegung realisieren sollte. So war für die meisten Schüler eine (wenn auch meist nur kurze) Analyse mit Freud Voraussetzung zur Aufnahme in einen zunächst informellen Kreis, dessen Diskussionen bald stärker reglementiert und auch protokolliert wurden. Diese Form der Ausbildung war in der Anfangszeit zeitlich und räumlich flexibel geregelt: Sie bestand oft aus nur wenigen Sitzungen, in manchen Fällen wurde sie über größere räumliche Distanzen auf dem Weg der schriftlichen Korrespondenz durchgeführt. In diesen ersten Jahren standen Analysen von Träumen und Fehlleistungen im Vordergrund, welche als zusätzliches Beweismaterial in weitere Auflagen von Freuds Büchern aufgenommen wurden. Während die Textgeschichte der *Psychopathologie* weitgehend von einem solchen stetigen Anhäufen von Beispielen im Sinne der Bestätigung der Theorie gekennzeichnet ist, liegt der Fall der *Traumdeutung* jedoch anders. Mit der kollektiven Sammelforschung zum Traum kristallisierten sich in der Folge eine Reihe von theoretischen und therapeutischen Absetzbewegungen heraus, die zu den ersten großen und folgenreichen Spaltungen innerhalb der noch jungen psychoanalytischen Bewegung führen sollten. Der berüchtigte »Pansexualismus« der Psychoanalyse, der sich nun auch in der Doktrin von der sexuellen Natur des Traumwunsches niederzuschlagen schien, war dabei jedoch nur das vordergründige Thema.

Wie wir bereits gesehen haben, hatte Freud anfangs wesentliche Charakteristika seiner eigenen Methode der Traumdeutung von einer aus der Antike bezogenen Form abgeleitet, nämlich der »Chiffriermethode«, wie er sie im Traumbuch des Artemidor vorfand. Die »Einfallstechnik« des freien Assoziierens operierte auf der Grundlage einer möglichst weitgehenden Zerlegung des berichteten Traums in seine einzelnen Komponenten. Auf den wenigen Seiten, die er dem Thema der Traumsymbolik in der Erstausgabe der *Traumdeutung* widmete, stellte Freud sein eigenes Verfahren in Gegensatz zur »symbolischen Traumdeutung«. Während bei Letzterer »der Schlüssel der Symbolisirung vom Traumdeuter willkürlich gewählt« sei, galten ihm bei der psychoanalytischen Deutung »diese Schlüssel« als »allgemein bekannt und durch feststehende Sprachübung gegeben« (TD, 231; SA 2,

337). Allerdings musste er zugeben, dass sich »nur für wenige Materien [...] eine allgemein giltige Traumsymbolik herausgebildet« hatte (TD, 233; SA 2, 341). Innerhalb der frühen psychoanalytischen Bewegung wurde das Auffinden einer solchen universellen Symbolik nun zum kollektiven Projekt einer Sammelforschung, die vor allem von dem Wiener Sexualforscher Wilhelm Stekel (1868–1940) vorangetrieben wurde. Stekel zählte gemeinsam mit Alfred Adler (1870–1937) zu den wichtigsten Gründungsmitgliedern der Mittwochsgesellschaft und trug im ersten Jahrzehnt der Institutionalisierung der Psychoanalyse durch seine publizistische Tätigkeit wesentlich zu ihrer zunehmenden Bekanntheit bei einem breiteren gebildeten Publikum bei. Ab 1910 war er Vizepräsident der Wiener Psychologischen Vereinigung (WPV) und gründete gemeinsam mit deren Präsidenten Adler das *Zentralblatt für Psychoanalyse*, die erste allein auf Psychoanalyse spezialisierte Zeitschrift.

In seinem Buch *Die Sprache des Traumes* (1911) kehrte Stekel zur symbolischen Traumdeutung zurück und revidierte Freuds Methode in einem wesentlichen Punkt, indem er den manifesten Trauminhalt wieder aufwertete: Er behauptete eine allgemeine »Bipolarität« des Traumes, die er in der primären bisexuellen Anlage des Individuums verankert sah. Seine Deutung der Traumsymbole wurde von Freud teils als willkürlich und allein der »Intuition« geschuldet kritisiert, teils jedoch auch in die weiteren Auflagen seines eigenen Buches übernommen (SA 2, 345 ff.). Durch die Anerkennung einer fixen Symbolik, die »im unbewußten Vorstellen, speziell des Volkes« aufzufinden sei (SA 2, 346), gestaltete sich die Methode der Traumdeutung jedoch nicht unbedingt leichter. Freud plädierte deshalb in der vierten Auflage seines Buches (1914) für eine »kombinierte Technik«, welche »sich einerseits auf die Assoziationen des Träumers stützt, anderseits das Fehlende aus dem Symbolverständnis des Deuters einsetzt«.

Zugleich warnte er eindringlich vor den »Unsicherheiten« der Deutung von Traumsymbolen, die analog zu den Zeichen der »chinesischen Schrift« auf deren inhärenter »Vieldeutigkeit« und Kontextabhängigkeit beruhe (SA 2, 348).

Kritische Revisionen der Traumtheorie: Auseinandersetzung mit Adler und Jung

Die Bedeutung von Freuds Neupositionierung in der Frage der symbolischen Deutung erschließt sich erst ganz vor dem Hintergrund der großen theoretischen und institutionellen Konflikte dieser Zeit, welche die junge psychoanalytische Bewegung zu zerreißen drohten. Die erste große Revision der Freud'schen Traumtheorie legte 1910 Alfred Adler vor, als er die Funktion der Wunscherfüllung einer allgemeinen psychischen »Sicherungstendenz« unterordnen wollte. Nach dessen Theorie des »männlichen Protests« offenbart sich in den Träumen neurotischer Patienten in der Regel ein bisexueller Zwiespalt, in dem weibliche und männliche Tendenzen im Widerstreit liegen. Für Adler steht allerdings nicht die infantile Sexualität im Vordergrund, deren Rolle für die Neurosenlehre Freud ab 1905 schrittweise ausarbeitete und die in der Doktrin des Ödipuskomplexes gipfeln sollte (vgl. Kap. 3), sondern die Frage nach der Behauptung des Individuums in der sozialen Welt angesichts eines von Geburt an erfahrenen Minderwertigkeitsgefühls. Dementsprechend deutet er in seinem Hauptwerk *Über den nervösen Charakter* (1912) die Träume seiner Patienten nicht als Ausdruck von infantilen Wünschen, sondern als Formen einer Kompensation der erlebten Schwäche. Das Wesen des Traumes selbst liege somit in einer leitenden »Fiktion«, die der Sicherungstendenz des Individuums folgend eine Weiterentwicklung von einer weiblichen zu einer männlichen Position simuliere. In diesem Sinne versteht Adler alle Elemente der Freud'schen Traumlehre als Gleichnisse, die als Ausdruck des »männlichen Protests« zu deuten seien, mit denen das Individuum seine als »weiblich« und damit als »schwach« bewerteten Tendenzen zu überwinden sucht. Diese theoretische Revision schreibt dem Traum aber auch eine Art »vorausdenkende Funktion« und somit ein Konfliktlösungspotenzial für die Probleme des Wachlebens zu. Sie weicht damit von der Position Freuds ab, die dem Traum allein die Funktion des Hüters des Schlafes zuerkannte. Dieser sollte auch in den weiteren Auflagen der *Traumdeutung* daran festhalten und im Entwerfen von Lösungsversuchen keine »sekundäre Funktion« des Traumes erkennen: Derartige Versuche seien vielmehr unbewusste psychische Leistungen des Wachens, die sich »als ›Tagesrest‹ in den Schlafzustand fortsetzen und dann mit einem unbewußten Wunsch« zur Traumbildung führen können (SA 2, 552).

Die von Adler 1910 in der Mittwochsgesellschaft angestoßene Kontroverse führte zu seinem Austritt im darauffolgenden Jahr und der Gründung seiner »Gesellschaft für freie Psychoanalyse«, aus der bald die mit den Freudianern rivalisierende Schule der Individualpsychologie hervorging.[38] Betraf das Auseinanderdriften Adlers und Freuds vor allem theoretische und therapeutische Differenzen mit eher unmittelbaren Konsequenzen auf klinischem Terrain, so sollte sich der Bruch Freuds mit dem Schweizer Psychiater Carl Gustav Jung (1875–1961) institutionell und wissenschaftspolitisch als noch folgenreicher erweisen. Freuds Anknüpfung an die weltweit angesehene psychiatrische Klinik Burghölzli und seine Entscheidung, Jung zum Präsidenten der Internationalen Psychoanalytischen Vereinigung zu machen, waren für die Institutionalisierung der psychoanalytischen Bewegung innerhalb der ersten Dekade zentral. Sie produzierten jedoch auch ein Spannungsverhältnis zwischen zwei sehr unterschiedlichen Forschungskulturen, das weitreichende Auswirkungen auf die weitere Gestalt der *Traumdeutung* haben sollte. Jung hatte sich in seiner Assistenzzeit bei dem Psychiater Eugen Bleuler zunächst mit den *Diagnostischen Assoziationsstudien* einen Namen gemacht und trat für eine Verbindung von experimentalpsychologischen Verfahren und psychoanalytischer Traumdeutung ein. Er war ein ausgewiesener Antipode des publizistisch erfolgreichen Stekel, der ihm als unlauterer Popularisator erschien, und sah das von ihm selbst redigierte *Jahrbuch für psychoanalytische und psychopathologische Forschung* (1909–14) als Garant für wissenschaftliche Seriosität.

Aus der Perspektive des Schweizer Psychiaters erschien die Freud'sche *Traumdeutung* mit zahlreichen Mängeln behaftet, insbesondere aufgrund der nur unvollständig mitgeteilten Selbstanalyse, die Freud als modellhaft präsentiert hatte. Jung regte daher 1911 an, den Traum von »Irmas Injektion« sowie andere Träume Freuds durch restlos analysierte Patiententräume zu ersetzen (CGJ, 433). Doch hatte Letzterer bereits ab der zweiten Auflage 1909 seinem Buch einen völlig neuen Akzent verliehen, da er es nun stärker an die neue Doktrin des Ödipuskomplexes knüpfte und seine eigene Selbstanalyse im Vorwort nicht mehr allein als eine neue Methode bezeichnete, sondern als »meine Reaktion auf den Tod meines Vaters, also auf das bedeutsamste Ereignis, den einschneidendsten Verlust im Leben eines Mannes« (SA 2, 24). Wie diese Formulierung zeigt, war das Festhalten an der ursprünglichen Gestalt des Buches mit zahlreichen Träumen, die als autobiographische Bruchstücke gelesen werden konnten, nicht nur durch deren »subjektive Bedeutung« für den Autor Freud gegeben, sondern auch durch den objektiven Tatbestand der universellen Gültigkeit des Ödipuskomplexes. Diese zu erweisen wurde zu einem Projekt, mit dem Freud den Radius der Psychoanalyse zunehmend in Richtung der Literatur und der Mythologie verschob. Was als autobiographisch begründete psychologische Methode auf einem eng begrenzten Boden begonnen hatte, weitete sich so zur anthropologischen Theorie, die nun durch überwiegend »unpersönliches« Material aus Geschichte, Mythos und Literatur bestätigt werden sollte. Dies leitete einen Prozess ein, in dem die psychoanalytische Deutung für ihre Beweisführung zunehmend auf außerklinisches Material zurückgriff, ein Prozess, der zugleich mit dem Entwurf kühner spekulativer Thesen einherging (vgl. Kap. 4).

Im Verlauf der folgenden, zunehmend polemisch-persönlichen Auseinandersetzung um die Freud'sche Traumtheorie innerhalb der psychoanalytischen Bewegung wurde deutlich, wie sehr die Jung'sche Kritik an der Unvollständigkeit der *Traumdeutung* auch an jenen Zügen Anstoß nahm, in denen die meisten Schweizer Analytiker den »semitischen« Charakter der Freud'schen Psychoanalyse zu erkennen glaubten. Die in Wien geübte Analyse wurde als rückwärtsgerichtet und Freuds Schüler als in einem infantilen Vaterkomplex verstrickt angesehen, während die in Zürich geübte Synthese den Analysanden den Weg in die Zukunft bahnen sollte, ähnlich wie Adlers »prospektive« Traumdeutung es gefordert hatte. Die Vollständigkeit der Deutung und der Ruf nach einer »Synthese« wurden von den Zürchern so nicht nur in die entscheidende Frage über die Ziele der Therapie und der psychoanalytischen Ausbildung gemünzt. Wenn auch manche der Schweizer Analytiker einen vermittlenden Standpunkt suchten, indem sie (wie der damalige Präsident der Schweizer Vereinigung Alphonse Maeder) für eine Ergänzung von christlichen und jüdischen »Mentalitäten« plädierten, so verlief die Diskussion in Bahnen, in denen Freud und seine engeren Anhänger nur einen schlecht verdeckten Antisemitismus erkennen konnten.[39] So wie der Patient durch die prospektive und teleologische Deutung in die bessere Zukunft geleitet werden sollte, wollten die Schweizer innerhalb der psychoanalytischen Bewegung eine Entwicklung fördern, mit der sich diese besser an die soziale Realität anpassen sollte. Die Vorstellung von einer gelungenen Anpassung an die Außenwelt ging mit einer Praxis der Traumdeutung konform, die sich gegenüber dem ›analytischen‹ (vermeintlich ›historischen‹ rückwärtsgewandten) als der höhere ›synthetische‹ zukunftsorientierte Standpunkt verstand. Es ist offensichtlich, dass aus dieser Perspektive die *Traumdeutung* als das revisionsbedürftigste Werk Freuds erscheinen musste. Für die Schweizer war es Zeugnis seiner unabgeschlossenen persönlichen Selbstanalyse und konnte somit nur am Anfang eines kollektiven Entwicklungsprozesses der Psychoanalyse als einer nach objektiven Aussagen strebenden Wissenschaft stehen. Sie sollten damit als Erste die bald auch eingeführte »Lehranalyse« von Kandidaten durch bereits ausgebildete Analytiker fordern. Damit war neben dem Status der Selbstanalyse als Methode auch Freuds Rolle als der erste und exemplarische Traumdeuter grundlegend infrage gestellt.

Der endgültige Bruch Freuds mit Jung und den meisten Schweizer Anhängern im Jahr 1914, den er mit seiner Polemik *Zur Geschichte der psychoanalytischen Bewegung* öffentlich machte, erwies sich auf institutioneller, wissenschaftspolitischer und theoretischer Ebene als gleichermaßen entscheidend. Dabei bildete der Text der *Traumdeutung* einen der zentralen Kampfplätze zur Durchsetzung der reinen Lehre, die er im Rahmen dieser vielfachen Abgrenzungen zu präzisieren suchte, allerdings zunehmend auf Kosten der Lesbarkeit. Nach den massiven Überarbeitungen von 1914 nimmt sich *Die Traumdeutung* als ein schwerfälliges, mitunter überfrachtetes Buch aus, das den Leser vielfach mit Widersprüchen und offenen Fragen konfrontiert. Und diese betreffen nicht selten zentrale Bestandteile der Theorie, wie die Frage nach der erotischen Natur des Wunsches. Die weiteren theoretischen Revisionen, die Freud ab 1920 vornehmen sollte (etwa mit der Einführung des Todestriebs, vgl. Kap. 5), verschärften dieses Problem noch weiter und gingen nicht mehr direkt in den Text ein. Angesichts dieser Umstände nimmt es nicht wunder, dass die *Traumdeutung*, deren erste Version 1925 im Rahmen der ersten Gesamtausgabe von Freuds Schriften wieder aufgelegt wurde, ihrem Autor nun »als historisches Dokument« (SA 2, 27) entgegentrat. Wie aus kaum einem anderen Buch Freuds lässt sich aus ihr nicht nur die Geschichte seiner eigenen Denkbewegung, sondern auch diejenige der frühen sozialen und intellektuellen Bewegung ablesen, die sich um ihn bildete.

3. *Schicksale der Libido*: Sexualtheoretische Entwürfe

»Vielleicht gerade bei den abscheulichsten Perversionen muß man die ausgiebigste psychische Beteiligung zur Umwandlung des Sexualtriebes anerkennen. Es ist hier ein Stück seelischer Arbeit geleistet, dem man trotz seines greulichen Erfolges den Wert einer Idealisierung des Triebes nicht absprechen kann. Die Allgewalt der Liebe zeigt sich vielleicht nirgends stärker als in diesen ihren Verirrungen.«
Drei Abhandlungen zur Sexualtheorie (SA 5, 71)

Die 1905 erstmals erschienenen *Drei Abhandlungen zur Sexualtheorie* gelten nach der Traumdeutung als Freuds zweites Hauptwerk, das weit über die psychoanalytische Theoriebildung und Praxis hinaus ausgestrahlt hat. Keine andere Schrift hat der Psychoanalyse so sehr den Ruf des »Pansexualismus« eingetragen, den »unsinnigen Vorwurf, sie erkläre ›alles‹ aus der Sexualität«, wie Freud 1920 feststellte (SA 5, 46). Mit Ausnahme der *Traumdeutung* wurde aber auch kein anderer seiner Texte in der Folge so grundlegend erweitert und revidiert. Im Gegensatz zu jenem Buch, das im Verlauf mehrerer Auflagen zum kollektiven Projekt und Träger der frühen psychoanalytischen Bewegung wurde, vertrat Freud seine Sexualtheorie dezidiert allein. Die *Drei Abhandlungen* sind zwar ebenso schwer eindeutig einem Textgenre zuzuordnen, doch vermeiden sie jeglichen Bezug zur Selbstanalyse und präsentieren ihre Lehrsätze in einem weitgehend trockenen und unpersönlichen Stil. Freud entfernte sich damit merklich vom Duktus seiner Beiträge aus den 1890er Jahren, in denen er als abnorm klassifizierte sexuelle Praktiken noch vor allem pauschal als auslösende Faktoren verschiedener neurotischer Krankheitsbilder begriffen und kulturkritisch kommentiert hatte. So hatte er zunächst eine Auffassung von der Schädlichkeit der Masturbation oder des *coitus interruptus* vertreten, wie sie im Neurastheniediskurs des späten 19. Jahrhunderts geläufig war: »Die Masturbation ist bei erwachsenen Mädchen und reifen Männern weit häufiger, als man anzunehmen pflegt, und wirkt als Schädlichkeit nicht nur durch die Erzeugung der neurasthenischen Symptome, sondern auch, indem sie die Kranken unter dem Drucke eines als schädlich empfundenen Geheimnisses erhält.« (SA 5, 26).[40] Nachdem die Patienten zum Geständnis gebracht worden waren, erkannte Freud das nächste Ziel der psychoanalytischen Behandlung primär darin, sie wieder »dem normalen Geschlechtsverkehre zuzuführen« (SA 5, 27).

Nehmen sich diese Ansichten zur Behandlung der Neurasthenie bzw. der »Angstneurosen« noch durchaus konventionell aus, so skizzierte derselbe Aufsatz von 1898 jedoch auch eine andere Auffassung der Sexualität, die Freud in dieser Zeit zur Erklärung der »Psychoneurosen« entwickelte. Diese Ätiologie verweist auf die sexuellen Erlebnisse in der frühen Kindheit und sucht nach einer Antwort auf die Frage, warum diese Erlebnisse zu neurotischen Erkrankungen führen (zunächst noch in Form der Verführungstheorie, die Freud jedoch nach 1897 weitgehend aufgegeben hatte, vgl. Kap. 1). Die Hauptmomente dieser neuen Auffassung erkennt Freud in der *»nachträglichen Wirkung«* der kindlichen Sexualerlebnisse in späteren Perioden der Entwicklung sowie im »infantilen Zustand des Geschlechtsapparates und des Seeleninstrumentes« (SA 5, 31). So kündigt sich die »infantile Sexualität« als ein neuer theoretischer Gegenstand an, den Freud in seinen

Drei Abhandlungen ins Zentrum der Diskussion stellt. Dabei wird er ein neues Vokabular einführen, das weit über das schematische Evozieren eines »Seeleninstrumentes« und eines »somatischen Sexualapparates« (SA 5, 31) hinausgeht. Mit der Analyse einer großen Bandbreite von Handlungen, die das Liebesleben des Menschen von der Kindheit bis ins Erwachsenenalter umfassen, innerhalb einer neuen ökonomisch-technischen Begrifflichkeit (»Sexualobjekt«, »Sexualziel«, »Partialtriebe«) positioniert Freud seine neue Theorie gegen die »populäre Meinung«, die Sinn und Zweck des Geschlechtstriebs allein in der Fortpflanzung erkennt (SA 1, 300 ff.; SA 5, 47).

Wie sich im Folgenden zeigen wird, lassen sich Freuds Theorien zur Sexualität nur um den Preis einer Vergröberung schematisch fassen. Obwohl sie oft in Form einer Lehre oder Doktrin begriffen werden, bilden sie kein geschlossenes System, sondern eher eine spezifische Denkweise. Auch erweist sich die oftmals gestellte Frage, inwiefern Freuds theoretische Auffassungen jeweils als »revolutionär« oder »konservativ« zu bewerten sind, nur dann als sinnvoll, wenn seine jeweiligen Positionierungen in ihrem wissenschaftlichen und historischen Kontext gesehen werden.

Anthropologische Wende in der Sexualtheorie

Wie die Traumdeutung knüpfen auch die *Drei Abhandlungen* an ein Forschungsfeld an, das sich erst am Beginn des 20. Jahrhunderts sozial und institutionell schrittweise ausdifferenziert: Die Sexualwissenschaft, wie sie sich in verschiedenen Ausprägungen in den medizinischen Bestsellern von Richard von Krafft-Ebing (*Psychopathia sexualis*), den ebenfalls viel gelesenen Schriften zur Sexualhygiene und zur *Physiologie der Liebe* von Paolo Mantegazza sowie zur Jahrhundertwende bei Albert Moll, Iwan Bloch oder Magnus Hirschfeld artikuliert, sucht empirisch jenes Terrain zu vermessen, auf das sich Freud nun mit einem neuen theoretischen Anspruch begibt. Obwohl die Freud'sche Schrift mit einer ausführlichen Diskussion der »sexuellen Abirrungen« einsetzt – so der Titel der ersten Abhandlung –, versteht sie sich dezidiert nicht als Beitrag zur Sexualwissenschaft (dieser noch nicht geläufige Begriff wird bezeichnenderweise in diesem Zusammenhang auch kein einziges Mal verwendet). Die *Drei Abhandlungen* begeben sich in keine detaillierte Auseinandersetzung mit diesem vielgestaltigen Feld, sondern beschränken sich allenfalls auf punktuelle Erörterungen theoretischer Fragen. In der Tat erscheint das Verhältnis, in dem sich die psychoanalytische Theoretisierung der infantilen Sexualität zur zeitgenössischen Sexualwissenschaft bewegt, als keineswegs eindeutig: Einerseits stützt Freud sich fast ausschließlich auf die empirischen Befunde der sexologischen Literatur und entlehnt ihr selbst manche seiner zentralen Begriffe (»Autoerotismus«, »Fetischismus«, »Narzissmus«), andererseits organisiert sein Text dieses Feld nun in gänzlich anderer Form, indem er es von Beginn an nach einer neuen theoretischen Unterscheidung aufteilt, der Differenz von »Sexualziel« und »Sexualobjekt«. Insofern ist es kaum erstaunlich, dass man in der Rezeption der Freud'schen Sexualtheorie einander widersprechende Auffassungen vorfindet, die diese entweder als revolutionäre Leistung preisen oder ihre Originalität bestreiten, indem sie sie bloß als Resultat einer Reihe von Einflüssen aus der sexologischen Literatur begreifen können.[41]

Diese Widersprüche lösen sich allerdings weitgehend auf, wenn man sich von einer Fragestellung abwendet, die Freud als ›Entdecker‹ der infantilen Sexualität oder des Ödipuskomplexes verstehen will. Die *Drei Abhandlungen* sind ein Text, der keine fertig abgeschlossene Sexualtheorie präsentiert, sondern eine Reihe von Theoremen einführt, die eine neue Perspektivierung eines scheinbar vertrauten, mit zahlreichen Vorurteilen belasteten Bereichs erlauben. So führt Freud die Unterscheidung von »Sexualziel« und »Sexualobjekt« deshalb ein, um »die Verknüpfung zwischen Trieb und Objekt in unseren Gedanken zu lockern«, und kommt zu der Folgerung: »Der Geschlechtstrieb ist wahrscheinlich zunächst unabhängig von seinem Objekt und verdankt wohl auch nicht den Reizen desselben seine Entstehung.« (SA 5, 58) Die psychoanalytische Auffassung der Sexualität löst sich so von älteren Vorstellungen eines »Geschlechtssinnes« (*sens génital*) ab, denen allein die Fortpflanzung (und somit die Vereinigung der männlichen und weiblichen Geschlechtsorgane im Koitus) als dessen normale Funktion gilt. Die psychoanalytische Theoretisierung der »Perversionen«, die diese als diverse Abweichungen im Hinblick auf Sexualziel und -objekt fasst, kehrt die Perspektive in radikaler Weise um: Sie setzt die Anarchie einer an kein zentrales Organ gebundenen Sexualität, eine »polymorph-perverse« Pluralität, als die primäre und fundamentale Tatsache an den Beginn der menschlichen Entwicklung. Somit erscheint das als »normal« geltende Sexualverhalten, dessen Ziel in der heterosexuellen genitalen Vereinigung liegt, bei Freud als deren idealer, jedoch keinesfalls leicht zu erreichender Endpunkt.

Die Freud'sche Theoretisierung der Sexualität steht damit im Zeichen einer anthropologischen Wende, wie sie sich zeitgleich bei den Begründern der Sexualwissenschaft als einer neuen Disziplin (insbesondere bei Iwan Bloch) findet (SA 5, 51, Anm. 1).[42] In nüchternem Ton entwirft Freud eine geradezu ethnologische Sichtweise auf das menschliche Liebesleben: »Die Verwendung des Mundes als Sexualorgan gilt als Perversion, wenn die Lippen (Zunge) der einen Person mit den Genitalien der anderen in Berührung gebracht werden, nicht aber, wenn beider Teile Lippenschleimhäute einander berühren.« (SA 5, 62) Hätte streng genommen nicht der Kuss, jener Inbegriff der romantischen Liebe, somit »Anspruch auf den Namen eines perversen Aktes« (SA 1, 317), da sich hier an Stelle der Geschlechtsorgane zwei erogene Mundzonen vereinigen? Paradoxerweise wird er jedoch auf der Bühne »als gemilderte Andeutung des Sexualaktes zugelassen« (SA 1, 317). Wie willkürlich und schmal die Grenzen von »normal« und »pervers« sind, zeigt das Umschlagen von Lust in ihr Gegenteil an: »wer etwa mit Inbrunst die Lippen eines schönen Mädchens küßt, wird vielleicht das Zahnbürstchen desselben nur mit Ekel gebrauchen können, wenngleich kein Grund zur Annahme vorliegt, daß seine eigene Mundhöhle, vor der ihm nicht ekelt, reinlicher sei als die des Mädchens.« (SA 5, 62) Aus dieser anthropologischen Perspektive werden mithin die kulturell dominanten, wertenden Einschätzungen verschiedener sexueller Praktiken als »normal« oder »pervers« für hinfällig erklärt: »Bei keinem Gesunden dürfte irgendein pervers zu nennender Zusatz zum normalen Sexualziel fehlen, und diese Allgemeinheit genügt für sich allein, um die Unzweckmäßigkeit einer vorwurfsvollen Verwendung des Namens Perversion darzutun. Gerade auf dem Gebiete des Sexuallebens stößt man auf besondere, eigentlich derzeit unlösbare Schwierigkeiten, wenn man eine scharfe Grenze zwischen bloßer Variation innerhalb der physiologischen Breite und krankhaften Symptomen ziehen will.« (SA 5, 70)

Wie aber lassen sich nun diese mannigfaltigen Überschreitungen aus der genitalen Sphäre im menschlichen Sexualleben erklären, wenn sie sich nicht objektiv den reizvollen Eigenschaften der begehrten Person verdanken? Freud führt dazu die These von der »Überschätzung des Sexualobjekts« ein, die als zentrales subjektives Moment im menschlichen Liebesleben wirkt. Sie erlaubt letztlich jene Ausdehnung der »psychischen Wertschätzung« auf alle Körperzonen (SA 5, 61), wodurch der Sexualtrieb »seine Absicht verkündet, sich des Sexualobjekts nach allen Richtungen zu bemächtigen« (SA 5, 63). Wesentlich ist an dieser These jedoch der Zusatz, dass diese Überschätzung weit über das Körperliche hinausgeht und ebenso auf die intellektuelle und moralische Sphäre ausstrahlt: Sie »zeigt sich als logische Verblendung (Urteilsschwäche) angesichts der seelischen Leistungen und Vollkommenheiten des Sexualobjektes sowie als gläubige Gefügigkeit gegen die von letzterem ausgehenden Urteile. Die Gläubigkeit der Liebe wird so zu einer wichtigen, wenn nicht zur uranfänglichen Quelle der *Autorität.*« (SA 5, 61)

Es ist kein Zufall, dass Freud hier von »Gläubigkeit« spricht, jener »Suggerierbarkeit«, die Hippolyte Bernheim als charakteristisch für die Einstellung des Hypnotisierten gegenüber dem Hypnotiseur angesehen hat (vgl. Kap 1). Wenngleich hier quasi *en passant* eine psychoanalytische Erklärung für das Wesen der Hypnose geliefert werden soll (als »unbewußte Fixierung der Libido auf die Person des Hypnotiseurs« [SA 5, 61, Anm.1], eine Erklärung, die später in der Schrift *Massenpsychologie und Ich-Analyse* weiterwirken wird, vgl. Kap. 4), so verrät die Passage allerdings etwas anderes und weitaus Wesentlicheres: Freud zufolge gründet das menschliche Liebesleben in all seinen späteren Äußerungen in der Abhängigkeitsbeziehung von den allerersten Sexualobjekten, die der Säugling bei den Eltern oder Pflegepersonen findet. In erster Linie ist dieses Objekt die »Mutterbrust« (oder diejenige der Amme oder einer anderen Pflegeperson), die zunächst noch mit der Nahrungsaufnahme verbunden ist, ein Objekt, das unweigerlich das Vorbild für den späteren Prozess der »Objektfindung« abgibt: »Nicht ohne guten Grund ist das Saugen des Kindes an der Brust der Mutter vorbildlich für jede Liebesbeziehung geworden.« (SA 5, 126) Jede spätere »Objektfindung« oder »Objektwahl« gilt daher als »Wiederfindung« dieses primären Objekts.

Um die kulturell vorherrschende Vorstellung von sexuellen Perversionen aufzulösen und die infantile Sexualität als neues

Denkobjekt einzuführen, stellt Freud fortwährend ungewöhnliche Bezüge zwischen hoch bewerteten Formen der Liebe und als krankhaft oder sozial geächteten Erscheinungen (wie der Prostitution) her. Insbesondere in der ersten Fassung der *Drei Abhandlungen* präsentiert sich der Autor in den beiden ersten Teilen als kühner Relativist und Ikonoklast, als Genealog der Sexualmoral, der in nietzscheanischem Duktus nachzuweisen sucht, wie das »Höchste und das Niedrigste [...] in der Sexualität am innigsten« aneinanderhängen (SA 5, 71). So vergleicht Freud im Herzstück der zweiten Abhandlung die »polymorph-perverse Anlage« des Kindes auf drastische Weise mit derjenigen des »unkultivierten Durchschnittsweibs« und versteigt sich zu einer theoretischen Ableitung der Prostitution aus der infantilen Sexualität: »Die nämliche polymorphe, also infantile Anlage beutet dann die Dirne für ihre Berufstätigkeit aus, und bei der riesigen Anzahl der prostituierten Frauen und solcher, denen man die Eignung zur Prostitution zusprechen muß, obwohl sie dem Berufe entgangen sind, wird es endgültig unmöglich, in der gleichmäßigen Anlage zu allen Perversionen nicht das allgemein Menschliche und Ursprüngliche zu entdecken.« (SA 5, 97)

Ihre besondere polymorph-perverse Gestalt erhält die infantile Sexualität durch die zahlreichen »Partialtriebe«, ein Begriff, den Freud hier zum ersten Mal einführt, um zu bezeichnen, dass sich bestimmte Organe zur Lustbefriedigung jeweils auf verschiedene erregbare Körperzonen richten. Obwohl diese im Prinzip »wahrscheinlich jede Hautstelle und jedes Sinnesorgan« (SA 5, 135) umfassen können, bilden sich »prädestinierte erogene Zonen« heraus (SA 5, 90), als die Freud in der ersten Auflage neben den Lippen die After- und die Genitalzone bespricht. Nicht umsonst gebraucht er für diese Körperstellen die begriffliche Prägung »erogene Zonen«, die sich zwar bereits in der sexologischen Literatur findet, doch zunächst von den Hysteriestudien der

Schule Charcots herrührt (vgl. Kap. 1).[43] In Analogie zu den »hysterogenen Zonen« erweisen sich die erogenen Zonen am Körper des Säuglings als verschiebbar und nehmen jeweils, gemäß der Annahme der Sexualverdrängung, die Erregbarkeit der Genitalien an. Wie hier deutlich wird, ist die Freud'sche Theoretisierung der infantilen Sexualität nicht Resultat von Beobachtung an Kindern, sondern ein Postulat, das überwiegend aus der älteren klinischen Forschung (insbesondere zur Hysterie), der sexualwissenschaftlichen Literatur und der psychoanalytischen Behandlung der Neurosen gewonnen wird. Die Ausführungen zur Sexualtheorie schließen aber nicht nur an Freuds bisherige Auffassung von der sexuellen Ätiologie der Neurosen an, diese findet sich vielmehr um eine neue These erweitert: Die psychoneurotischen Symptome bilden sich nicht allein durch die Verdrängung als normal angesehener sexueller Handlungen, sondern zu einem guten Teil durch unterdrückte perverse Triebregungen. In diesem Sinne erweist sich, nach der berühmten Formel, die Neurose als *»das Negativ der Perversion«* (SA 5, 74).

Die anthropologische Betrachtungsweise der Perversionen, die Sexualwissenschaftler wie Iwan Bloch im Sinne einer Loslösung von einer psychiatrisch-pathologischen Auffassung verstanden, mündet somit bei Freud letztendlich unweigerlich wieder in eine Neubestimmung des Normalen und des Pathologischen. Die vielfachen Formen der kindlichen Masturbation an den erogenen Zonen, in denen sexuelle Spannungen entladen werden, gelten demnach im Entwicklungsprozess nur so lange als normal, wie sie nicht zu »Fixierungen« führen. Denn im dritten Stück der *Drei Abhandlungen* führt Freud mit der Unterscheidung von »Vorlust« und »Endlust« eine zwar vordergründig physiologisch begründete, aber letztlich ebenso moralisch aufgefasste Hierarchisierung ein. Allein die Endlust führe zur vollständigen Abfuhr sexueller Energie »durch die Herausbeförderung der Geschlechtsstoffe« (SA 5, 115), so das physiologische Argument. Darum sei derjenige, der den »Gefahren der Vorlust« erliegt und bei den »vorbereitenden Akten des Sexualvorganges« verweilt, als pervers zu bezeichnen. Die moralischen Obertöne dieser klinisch-physiologischen Beschreibung sind schwer zu überhören, wenn etwa vom »Fehlschlagen der Funktion des Sexualmechanismus durch die Schuld der Vorlust« die Rede ist (SA 5, 116). Freud erscheint es deshalb günstig für die spätere Entwicklung, »wenn das Primat der Genitalzonen gleichfalls bereits im infantilen Leben vorgezeichnet ist« (SA 5, 116). Die abschließenden Bemerkungen der dritten Abhandlung sind dementsprechend, mit ersten Anklängen an den später definierten »Ödipuskomplex«, den vielfachen Gefahren der naheliegenden inzestuösen Fixierung auf die allerersten Sexualobjekte und der »Verhütung der Inversion« gewidmet: »Eine bei der Objektwahl sich ergebende Aufgabe liegt darin, das entgegengesetzte Geschlecht nicht zu verfehlen. Sie wird, wie bekannt, nicht ohne einiges Tasten gelöst.« (SA 5, 132) Eine positive Überwindung der perversen Regungen erkennt Freud im Prozess der »Sublimierung«, die kulturelle und künstlerische Leistungen befördert, oder in der fortwährenden »Unterdrückung durch *Reaktionsbildung*«, die schließlich das ausbildet, was als der »Charakter« eines Menschen gilt: »Somit kann die allgemein perverse Sexualanlage der Kindheit als die Quelle einer Reihe unserer Tugenden geschätzt werden, insofern sie durch Reaktionsbildung zur Schaffung desselben Anstoß gibt.« (SA 5, 141)

In den *Drei Abhandlungen* setzt sich Freud, wie eine Reihe von zeitgenössischen Sexualwissenschaftlern, kritisch von einer Auffassung der sexuellen Perversionen als Formen der Degeneration ab und bezieht kulturelle und soziale Faktoren (wie die Erziehung) mit ein. Spezifisch und neu ist seine These von einer psychosexuellen, polymorph-perversen Konstitution des Kindes sowie den jeweiligen Fixierungen auf bestimmten Stufen, die die Entwicklung der Sexualität hemmen können: »Alle krankhaften Störungen des Geschlechtslebens sind mit gutem Rechte als Entwicklungshemmungen zu betrachten.« (SA 5, 113) Damit gelangt die Freud'sche Psychoanalyse zu einer neuen, differenzierteren Form des Determinismus: »Ein guter Teil der später beobachteten Abweichungen vom normalen Sexualleben ist so bei Neurotikern wie bei Perversen durch die Eindrücke der angeblich sexualfreien Kindheitsperiode von Anfang an festgelegt. In die Verursachung teilen sich das Entgegenkommen der Konstitution, die Frühreife, die Eigenschaft der erhöhten Haftbarkeit [der frühkindlichen Eindrücke] und die zufällige Anregung des Sexualtriebes durch fremden Einfluß.« (SA 5, 144 f.). Nicht mehr die Heredität gilt als das alleinige Schicksal, das über spätere Normalität oder Perversion entscheidet, sondern es sind die Schicksale der einzelnen Partialtriebe, in denen biologische Anlage und historische Zufälle zusammenwirken.

Traum, Sexualität und Hysterie: Der »Fall Dora«

Während das empirische Material, auf das Freud seine theoretischen Postulate in der ersten Version der *Drei Abhandlungen* stützt, noch kaum eindeutig identifiziert wird, sucht er im selben Jahr eine Reihe seiner Thesen anhand einer großangelegten Falldarstellung zu demonstrieren. Das »Bruchstück einer Hysterie-Analyse«, besser als der »Fall Dora« bekannt, erscheint im Herbst 1905 und somit ein Jahrzehnt nach den Fallgeschichten der *Studien über Hysterie*, obwohl Teile des Textes bereits 1901 niedergeschreiben wurden. Es ist bezeichnend, dass Freud den Text (mit dem Titel »Traum und Hysterie«) zunächst als »Fortsetzung des Traumbuches« konzipierte (WF, 476). In seiner endgültigen Gestalt bildet er nicht nur eine zentrale Gelenkstelle zwischen der *Traumdeutung* und den *Drei Abhandlungen*, sondern auch die erste ausführliche Darstellung einer psychoanalytischen Behandlung in Form einer Krankengeschichte. Der »Fall Dora« zählt zu den am meisten kritisch kommentierten Texten Freuds, nicht zuletzt deshalb, weil er die Konfrontation der rebellischen weiblichen Patientin mit dem männlichen Meisterdenker geradezu exemplarisch in Szene setzt, eine Konstellation, die für die spätere kulturelle Repräsentation der Psychoanalyse prägend werden sollte. Für die feministische Kritik gilt dieses »Bruchstück« einer Analyse als emblematisch, weil sich hier das Scheitern Freuds in der Theoretisierung der weiblichen Sexualität im Allgemeinen und der Homosexualität im Besonderen manifestiert.[44]

Mit zwei elaborierten Traumanalysen und der Beobachtung von diversen »Symptomhandlungen« präsentiert sich Freud in seiner Krankengeschichte als akribischer Meisterdetektiv, der seine Patientin anhand einer Reihe von Indizien der infantilen Masturbation zu überführen und den Wunsch nach einer sexuellen Vereinigung mit dem Vater als dominierende Triebkraft ihres Traumlebens freizulegen sucht.[45] Das soziale und sexuelle Beziehungsgeflecht, in dem sich diese Behandlung in den letzten drei Monaten des Jahres 1900 abspielte, ist äußerst verwickelt: In der Rekonstruktion ihrer bisherigen Lebensgeschichte erscheint die achtzehnjährige Patientin Ida Bauer, der Freud das Pseudonym »Dora« verleiht, weitgehend als Spielball innerhalb eines Quartetts von Personen, das aus ihrer reinlichkeitsbesessenen Mutter, ihrem sexuell unbefriedigten syphilitischen Vater, dessen Geliebter Frau K. sowie deren Mann besteht. Die von ihr zurückgewiesene Werbung des Letzteren und die erotisch aufgeladenen Gespräche mit dessen Frau (bezeichnenderweise über Lektüren von Büchern wie Mantegazzas *Physiologie der Liebe*) bringen die Pubertierende in ein kompliziertes Verhältnis zu dem Ehepaar. Freud deutet Doras beharrliche Ablehnung von Herrn K. im Hinblick auf eine verdrängte sexuelle infantile Fixierung auf den Vater, eine Deutung, die sie entrüstet zurückweist. Vielfach nehmen sich die Interpretationen des Materials wie narrative Illustrationen der in den *Drei Abhandlungen* vorgetragenen Thesen aus. So begreift etwa Freud den nervösen Husten Doras als Ausdruck des unterdrückten Wunsches, am Glied des Vaters zu saugen, eine »anstößige perverse Phantasie«, die jedoch den »harmlosesten Ursprung« habe: »sie ist die Umarbeitung eines prähistorisch zu nennenden Eindruckes vom Saugen an der Mutter- oder Ammenbrust, der gewöhnlich durch den Umgang mit gesäugten Kindern wieder belebt worden ist. Meist hat dabei das Euter der Kuh als passende Mittelvorstellung zwischen Brustwarze und Penis Dienste geleistet.« (SA 6, 126 f.) Ähnlich interpretiert er den Ekel Doras als Reaktion auf den Kuss des Herrn K. als »Verdrängungssymptom von der erogenen (durch infantiles Lutschen verwöhnten) Lippenzone« (SA 6, 107).

Freuds beharrliche Fixierung auf die Rolle des Vaters bei der Erklärung von Doras Symptomen führte ihn jedoch auf eine falsche Fährte, wie sich allerdings erst nach Abbruch der Therapie herausstellen sollte. Im Nachwort gestand er seinen »technischen Fehler« ein, der darin lag, nicht erkannt zu haben, dass Doras homosexuelle Bindung an Frau K. nicht eine bloße Nebenlinie, sondern letztendlich die Hauptlinie in ihrer Krankengeschichte war: »Ich hätte erraten müssen, daß keine andere Person als Frau K. die Hauptquelle für ihre Kenntnis sexueller Dinge sein konnte. Es war doch auffällig, daß sie alles Anstößige wußte und niemals wissen wollte, woher sie es wußte.« (SA 6, 184, Fn. 1) Damit wird nicht umsonst einer der wichtigsten Einsätze Freuds beim Verfassen dieser Fallgeschichte benannt: nämlich die Zurückweisung der Annahme, dass die »perversen Neigungen«

seiner Patientin auch Resultat von *Lektüren* sexualwissenschaftlicher Literatur sein könnten. Die Vorstellung einer Wechselwirkung von sexuellem Wissen und Verhalten (überdies im vertraulichen oralen Verkehr von zwei Frauen, wie die feministische Kritik nicht ohne Ironie bemerkt hat) stand Freuds Theorie einer infantilen sexuellen Konstitution und dem für die spätere Entwicklung wesentlichen Primat der Genitalzone naturgemäß entgegen. Entweder musste sie als Rückfall in die ältere Verführungstheorie erscheinen oder als Überschätzung von »akzidentellen Lebenseinflüssen« gegenüber den Fixierungen in der frühen Kindheit, die seine Auffassung von der Perversion als »*Entwicklungshemmung*« begründeten (SA 6, 125).

Die Übertragung und die analytische Situation

Freud zog Konsequenzen aus seinem Scheitern bei der Behandlung Ida Bauers, allerdings weniger auf der Ebene seiner Sexualtheorie als in Bezug auf die psychoanalytische Deutungstechnik, die er in der Krankengeschichte zum ersten Mal genauer vorführte. Der theoretische Gewinn (und zweifellos der Hauptgrund, warum der Text überhaupt publiziert wurde) lag in der Neubestimmung des Begriffs der Übertragung, der einer der grundlegendsten der »analytischen Situation« werden sollte, wie sie Freud schrittweise bis 1915 definierte.

Freud hatte den Ausdruck »Übertragung« zuerst 1895 verwendet, als er einige der Schwierigkeiten der aus der Hypnose hervorgegangenen »kathartischen Methode« in den *Studien über Hysterie* diskutierte. Aus der Beobachtung, dass während der Analyse seine Patientinnen erotische Phantasien in Bezug auf ihn selbst als behandelnden Arzt entwickelten, hatte Freud damals den Schluss gezogen, diese seien durch einen »Assoziationszwang«

bewirkte »falsche Verknüpfungen« (SH, 320). Mit dieser assoziationspsychologischen Auffassung von einem gesetzmäßig ablaufenden Automatismus von Seiten der Kranken war er noch weitgehend den Erklärungen einiger Schüler Charcots (wie Binet und Féré) gefolgt, die während ihrer Versuche mit Hypnose Ähnliches beobachtet hatten.[46] Die »Mesalliance«, die sich bei dieser Übertragung von Affekten auf die Person des Arztes vollzieht (SH, 320), gilt demzufolge als eine zwanghaft auftretende »Täuschung«, die als »Hindernis« der Behandlung ebenso wie andere krankhafte Symptome aufzulösen ist (SH, 321). Zehn Jahre später, in der Krankengeschichte Doras, kam Freud (bemerkenswerterweise ohne jeglichen Verweis auf die vorherige Behandlung des Themas in den *Studien*) auf diese Problematik zurück, indem er jedoch der Analyse der Übertragung eine zentrale Stellung für das Gelingen der Therapie zuwies: »Die Übertragung, die das größte Hindernis für die Psychoanalyse zu werden bestimmt ist, wird zum mächtigsten Hilfsmittel derselben, wenn es gelingt, sie jedesmal zu erraten und dem Kranken zu übersetzen.« (SA 6, 182) Sein Scheitern im Fall von Ida Bauer erklärte sich Freud nun durch den Übergang vom zunächst günstigen Stadium einer positiven Vaterübertragung zu einer Übertragung von negativen Gefühlen der Patientin, die eigentlich Herrn K. gegolten hatten. Gegenüber seiner ersten Theoretisierung wertete er die Übertragungen erheblich auf, wenn er sie als »Neuauflagen« und »Neubearbeitungen« von in der Analyse bewusst gemachten älteren Phantasien bezeichnete, durch die »eine ganze Reihe früherer psychischer Erlebnisse« nicht als »vergangen, sondern als aktuelle Beziehung zur Person des Arztes wieder lebendig« werde (SA 6, 180).

In der Folge erklärte Freud diese besondere »Dynamik der Übertragung« (1912) zum allgemeinen und grundlegenden Charakteristikum der »analytischen Situation«. Jeder Patient kommt demzufolge mit einer Liebesbereitschaft in die Kur, die durch seine besonderen Anlagen und frühkindlichen Erlebnisse zur Ausbildung eines spezifischen »Klischees« geführt hat, »welches im Laufe des Lebens regelmäßig wiederholt, neu abgedruckt wird« (SAE, 159). Die positiven oder negativen Gefühlsregungen, die dieser im Verlauf der Behandlung dem Psychoanalytiker entgegenbringt, werden von Freud somit nicht als spontane Äußerungen verstanden, sondern als ein Wiedererleben infantiler Liebes- oder Hassbeziehungen zu den ersten Objekten und »Vorbildern«, in der Regel zum Vater (SAE, 160). Ziel der psychoanalytischen Therapie ist die schrittweise Auflösung der Übertragung, im Sinne eines Überführens vom bloßen Ausagieren der unbewussten Gefühle durch den Patienten in eine intellektuelle Diskussion, die deren Einordnung in seine Lebensgeschichte ermöglicht, damit dieser sie einer »denkenden Betrachtung« unterordnen und »nach ihrem psychischen Werte« erkennen kann: »Dieser Kampf zwischen Arzt und Patienten, zwischen Intellekt und Triebleben, zwischen Erkennen und Agierenwollen spielt sich fast ausschließlich an den Übertragungsphänomenen ab. Auf diesem Felde muß der Sieg gewonnen werden, dessen Ausdruck die dauernde Genesung von der Neurose ist.« (SAE, 167)

Wie zahlreiche Fälle aus den ersten Analysen Freuds und der Mitglieder der psychoanalytischen Bewegung aus dieser Zeit dokumentieren, stellte sich der »Kampf« allerdings als weitaus komplizierter heraus, als Freud ihn in dieser noch etwas schematischen Form präsentierte. Wie sich bereits gezeigt hat (Kap. 2), hatte er der *Traumdeutung* zunächst die Funktion einer ersten Einführung in die Methode der Psychoanalye übertragen. Dabei wurde zwar die Bedeutung des »Widerstandes« ausführlich behandelt, doch noch nicht die der »Übertragung«, die nur in ihrem späteren technischen Sinn eher beiläufig erwähnt wurde (TD, 137; SA 2, 210). Dies war auch dem Umstand geschuldet, dass Freud die Bezüge zur Neurosenlehre und Sexualtheorie hier bewusst weitgehend ausgespart oder nur angedeutet hatte (SA 2, 574 f.). Dass Freud nach 1905 eine neue theoretische Bestimmung der psychoanalytischen Behandlung notwendig schien, die das Verhältnis von Übertragung und Widerstand ins Zentrum stellte, war jedoch nicht allein Resultat seiner eigenen praktischen Erfahrungen. Sie verdankte sich zu einem Großteil Problemen, die sich den ersten Anhängern der Psychoanalyse stellten, die heikle »Affären« mit Patientinnen betrafen, über die Freud auf brieflichem Wege meist genau unterrichtet war.[47]

Die Veröffentlichung von behandlungstechnischen »Ratschlägen« zur Handhabung der »Übertragungsliebe« erwies sich nicht allein aufgrund des technischen Eklektizismus vieler seiner frühen Anhänger als notwendig, sondern auch um »ethische Motive« gegen das »Nachgeben« des Therapeuten gegenüber den sexuellen Verführungsversuchen von Patientinnen in Anschlag zu bringen: »Er muß das Ziel im Auge behalten, daß das in seiner Liebesfähigkeit durch infantile Fixierungen behinderte Weib zur freien Verfügung über diese für sie unschätzbar wichtige Funktion gelange, aber sie nicht in der Kur verausgabe, sondern sie fürs reale Leben bereithalte.« (SAE, 228 f.) Freud, der die Technik der Psychoanalyse so weit wie möglich von ethischen Gesichtspunkten freizuhalten suchte, konnte hier nicht umhin, mit der Abstinenzregel für den Arzt eine ethische Maxime zu formulieren. Allerdings ging diese für ihn unzweideutig aus dem Ethos der Wissenschaft selbst hervor: Triebverzicht und »Überwindung des Lustprinzips« sollten die Patienten auf eine höhere Lebensstufe heben und ihnen ein »Mehr von seelischer Freiheit« zugänglich machen (SAE, 229).[48]

1915 sah Freud somit den Analytiker in Bezug auf die durch die analytische Situation provozierte »Übertragungsliebe« in einen dreifachen Kampf verstrickt: »in seinem Inneren gegen die Mächte, welche ihn von dem analytischen Niveau herabziehen möchten, außerhalb der Analyse die Gegner, die ihm die Bedeutung der sexuellen Triebkräfte bestreiten und es ihm verwehren, sich ihrer in seiner wissenschaftlichen Technik zu bedienen«, und nicht zuletzt auch gegen die Patienten selbst, »die sich anfangs wie die Gegner gebärden, dann aber die sie beherrschende Überschätzung des Sexuallebens kundgeben und den Arzt mit ihrer sozial ungebändigten Leidenschaftlichkeit gefangennehmen wollen« (SAE, 230).

Typen der Objektwahl: Ödipus und Leonardo

Die *Drei Abhandlungen*, die Freud in weiteren Auflagen um eine Reihe von Beiträgen erweitert und präzisiert hat, haben wesentlich dazu beigetragen, die Auffassung von der »normalen« Sexualität zu revidieren. Darin ging die Psychoanalyse durchaus mit den Zielsetzungen der meisten Vertreter der ebenfalls noch jungen Sexualwissenschaft parallel. Wie wir gesehen haben, stand Freuds theoretische Geste, die »Perversionen« an den Ursprung der menschlichen Sexualität zu setzen, im Zeichen jener anthropologisch-ethnologischen Wende, die von Autoren wie Iwan Bloch oder Havelock Ellis eingeleitet wurde und die zur Entpathologisierung von homosexuellen und anderen als deviant geltenden Sexualpraktiken beitragen sollte. Allerdings divergierten Freuds Auffassungen merklich von den theoretischen Konzeptionen der meisten Sexualwissenschaftler, insbesondere in der Frage des Verhältnisses von Hetero- und Homosexualität. Dies wird vor allem mit der kompletten Ausarbeitung der Doktrin vom Ödipuskomplex deutlich, wie sie sich ab 1910 in Freuds Beiträgen zur Sexualforschung der Kinder (SA 5, 169–184) und zu einer »Psychologie des Liebeslebens« niederschlägt (SA 5, 185–196; 192). Der Begriff selbst, der zweifellos zu Freuds berühmtesten gehört, findet sich weder in der *Traumdeutung*, wo er erstmals auf die Tragödie des Sophokles zu sprechen kommt, noch in den ersten drei Auflagen der *Drei Abhandlungen*. Erst in der vierten Auflage von 1920 findet sich in einer Fußnote der Passus, der darauf hinweist, dass »der Ödipuskomplex der Kernkomplex der Neurosen ist, das wesentliche Stück im Inhalt der Neurose. In ihm gipfelt die infantile Sexualität, welche durch ihre Nachwirkungen die Sexualität des Erwachsenen entscheidend beeinflußt. Jedem menschlichen Neuankömmling ist die Aufgabe gestellt, den Ödipuskomplex zu bewältigen; wer es nicht zustande bringt, ist der Neurose verfallen.« (SA 5, 129, Anm. 2 [1920])[49]

Die Festlegung auf einen einzigen zentralen »Kernkomplex« diente Freud zur Abgrenzung von der statistisch und assoziationspsychologisch orientierten Komplexpsychologie, wie sie C.G. Jung und zahlreiche Schweizer Psychoanalytiker vertraten. Im Gegensatz zu einer Vielfalt von Komplexen (Berufskomplex, religiöser Komplex, Ehekomplex, usw.), aus denen sich der Charakter des Patienten mithilfe des Assoziationstests aufschlüsseln lässt, bezeichnet der »Ödipuskomplex« eine universelle strukturale Phantasie in der Entwicklung jedes Menschen, die um die Triade Vater-Mutter-Kind organisiert ist. Diese Phantasie entsteht im Wesentlichen bei der Ausbildung des »Wißtriebes« des Kindes, der sich zunächst in der »infantilen Sexualforschung« an anderen Kindern, aber auch an Tieren betätigt. Dass Freud bei diesen »typischen Sexualtheorien der Kinder« allein von der männlichen Anatomie ausging und die anfängliche Zuschreibung des Penis *»allen Menschen, auch den weiblichen Personen«* (SA 5, 176) zu einem Schlüsselmoment (Auslöser der »Kastrationsangst« beim Knaben, »Penisneid« beim Mädchen) machte, war und ist eines der umstrittensten Elemente seiner Theorie (vgl. Kap. 6). Der »Wiß- und Forschertrieb«, den Freud postulierte, erschien ihm nur aus einer rein männlichen Perspektive denkbar. Kaum zufällig ist die erste und ausführlichste Fallstudie zum Ödipuskomplex keine Analyse im eigentlichen Sinne, sondern die nachträgliche Deutung der Tierphobie des »kleinen Hans«, die Freud auf der Grundlage von protokollierten Gesprächen zwischen dem Fünfjährigen mit seinem Vater Max Graf vornahm, einem unbedingten Anhänger der Psychoanalyse (SA 8).

Aus den jeweiligen Ausgängen des Ödipuskomplexes ergeben sich in der weiteren Entwicklung die spezifischen Formen der »Objektwahl«, die Freud zunehmend in Form von »extremen und scharf umschriebenen Typen« herauszustellen suchte (SA 5, 195). Neben dem heterosexuellen Ausgang, in dem der Sohn sich nach der anfänglichen Rivalität um die Mutter schließlich mit dem Vater identifiziert, begann Freud nun auch Typen der homosexuellen Objektwahl zu definieren. Als eine grundlegende Bedingung gilt zunächst die Fixierung der infantilen »Vorstellung des Weibes mit dem Penis« (SA 5, 177), die die spätere Anerkennung des weiblichen Genitals als Quelle der Lust unmöglich macht, da dieses dem Knaben allein im Licht einer vollzogenen Kastration als verstümmelt und somit grauenerregend erscheint. Ausgehend von dieser Konzeption errichtet Freud in der Folge seine weitere Theoretisierung der männlichen Homosexualität, deren wesentliche Elemente er in eine Fußnote einträgt, die in den weiteren Auflagen der *Drei Abhandlungen* von 1910 bis 1920 auf über drei Seiten anwächst (SA 5, 56–58).

1910 werden die Grundzüge des »psychischen Mechanismus« der Genese der Homosexualität dort folgendermaßen skizziert: »Wir haben bei allen untersuchten Fällen festgestellt, daß die später Invertierten in den ersten Jahren ihrer Kindheit eine Phase von sehr intensiver, aber kurzlebiger Fixierung an das Weib (meist an die Mutter) durchmachen, nach deren Überwindung sie sich mit dem Weib identifizieren und sich selbst zum Sexualobjekt nehmen, das heißt vom Narzißmus ausgehend jugendliche und der eigenen Person ähnliche Männer aufsuchen, die sie so lieben wollen, wie die Mutter sie geliebt hat.« (SA 5, 56, Anm. [1910]) Damit wird der Invertierte erstmals als ein psychoanalytischer »Typus« definiert, der die Wiederholung eines in der Kindheit entstandenen Mechanismus vorführt. Ein Zusatz, der aus allen späteren Auflagen gestrichen wurde, ist dabei allerdings wesentlich: nämlich der Hinweis, das Problem der Inversion sei »ein sehr verwickeltes« und umfasse »verschiedene Typen von sexueller Betätigung und Entwicklung«, sowie die einschränkende Bemerkung, dass »sich bisher nur ein Typus von Inversion der Psychoanalyse unterzogen hat, Personen mit allgemein verkümmerter Sexualbetätigung, deren Rest sich als Inversion darstellt«.[50]

Freud lokalisierte somit den aus der Klinik gewonnenen Typus ziemlich eindeutig als nur einen von mehreren möglichen. Wie kam es dazu, dass dieser Typus in der Folge unter den Psychoanalytikern als der *einzige* anerkannt wurde? Bei der Beantwortung dieser Frage erscheint es wesentlich, dass Freud (im Gegensatz etwa zu manchen seiner Schüler wie Isidor Sadger) in dieser Zeit keine Krankengeschichten von homosexuellen Patienten mitteilte. Der einzige Fall, an dem er diesen Typus einer »ideellen« oder sublimierten Homosexualität ausführlicher diskutierte (SA 10, 107), war kein realer Patient, sondern eine historische Person. In einem Essay, den er zunächst bei den Mittwochstreffen der Wiener Psychoanalytischen Gesellschaft vorgetragen hatte, widmete er sich der Interpretation einer »Kindheitserinnerung«, die er aus der Biographie des Künstlers und Wissenschaftlers Leonardo da Vinci schöpfte. Die Wahl eines solchen prominenten Beispiels für die Darstellung von Freuds neuen Überlegungen zur Homosexualität war durchaus strategisch. Sie stellte einen ersten Vorstoß psychoanalytischer Interpretation in den Bereich der Geisteswissenschaften und der Künste dar, die den Belangen des Trieblebens enthoben schienen. Das »Zusammentreffen des übermächtigen Forschertriebes bei Leonardo mit der Verkümmerung seines Sexuallebens« machten ihn für Freud zum »Musterfall« einer sublimierten Homosexualität, die keinen neurotischen Ausgang genommen hatte (SA 10, 107).

Es ist bemerkenswert, dass sich Freud auch im weiteren sträubte, klar abgegrenzte Typen der Homosexualität zu definieren, und auch längere Zeit keine ausführliche Fallstudie mitteilte. So komplettierte er zwar in der dritten Auflage der *Drei Abhandlungen* von 1915 seine Typologie des Homosexuellen um weitere Züge, wie die »*Festhaltung* der erotischen Bedeutung der *Analzone*«, den »Wegfall eines starken Vaters in der Kindheit« und Erfahrungen der »Versagung« durch eine »frühzeitige Sexualeinschüchterung«, zum anderen jedoch erklärte er die Unterscheidung von den extremeren und weniger ausgeprägten Typen für unbrauchbar (SA 5, 57, Anm. [1915]). Freuds weitere theoretische Position in diesen Fragen sollte sich aber letztlich nur wenig verändern und quer zu einer politisch engagierten Sexualwissenschaft (und vielfach auch den späteren *queer studies*) stehen. Mit seinem Festhalten an der These von der konstitutionellen Bisexualität des Menschen blieb die »gleich freie Verfügung über männliche und weibliche Objekte« das »Ursprüngliche« der menschlichen Sexualität, »aus dem sich durch Einschränkung nach der einen oder der anderen Seite der normale wie der Inversionstypus entwickeln« (SA 5, 56, Anm. [1915]). Wie die Leonardo-Studie paradigmatisch vorführt, ging es Freud nicht um den Nachweis einer manifesten homosexuellen Sexualbetätigung, sondern um eine gefühlsmäßige Einstellung. Mit seiner Theoretisierung gedachte er daher bewusst »den offiziellen Theorien der homosexuellen Wortführer grell« zu widersprechen (SA 10, 126). Dies zielte auf die Vorstellungen von sexualwissenschaftlichen Reformern wie Karl Heinrich Ulrichs von einem »dritten

Geschlecht«, bei dem eine weibliche Seele in einem männlichen Körper angenommen wurde, aber auch gegen Freud näherstehende Theorien wie diejenige der »sexuellen Zwischenstufen« von Magnus Hirschfeld, die die Vorstellung einer binären Geschlechtsordnung zugunsten einer Auffassung auflösen wollte, die jedes Individuum als eine spezifische Mischung aus männlichen und weiblichen Eigenschaften ansah. Insbesondere Hirschfeld kritisierte 1914 die Unklarheit der psychoanalytischen Ätiologie der Homosexualität insbesondere in bezug auf die hereditären Faktoren, aber auch das typologische Bild des narzisstisch veranlagten, an seine Mutter fixierten jungen ›Invertierten‹ unter Rückgriff auf statistische Daten.[51] Die Differenzen zwischen der Freud'schen Psychoanalyse und Sexualwissenschaft lagen jedoch nicht nur auf wissenschaftlichem, sondern auch und vor allem auf sexualpolitischem Gebiet. Im Gegensatz zu Sexualforschern wie Hirschfeld betonte Freud, die »psychoanalytische Forschung« widersetze sich »mit aller Entschiedenheit dem Versuch, die Homosexuellen als eine besonders geartete Gruppe von den anderen Menschen abzutrennen« (SA 5, 56, Anm. 1915), und bedauerte, »daß die Vertreter der Homosexuellen in der Wissenschaft aus den gesicherten Ermittlungen der Psychoanalyse nichts zu lernen verstanden« (SA 10, 125, Anm. 1 [1919]).

Freuds theoretische Entscheidung, den Narzissmus typologisch mit der Homosexualität zu verknüpfen und zugleich auf der konstitutionellen Bisexualität des Menschen zu beharren, sollte im Weiteren trieb- und kulturtheoretische Konsequenzen zeitigen. Dies zeigt sich insbesondere in den Ansätzen zu einer psychoanalytischen Theorie des Sozialen, die Kultur und Gesellschaft als Leistung von sublimierten oder zielgehemmten homosexuellen Strebungen versteht: »Wie groß diese Beiträge aus erotischer Quelle mit Hemmung des Sexualziels eigentlich sind, würde man aus den normalen Beziehungen der Menschen kaum erraten. Es gehört aber in den gleichen Zusammenhang, daß manifest Homosexuelle und unter ihnen wieder solche, die der sinnlichen Betätigung widerstreben, sich durch besonders intensive Beteiligung an den allgemeinen, an den durch Sublimierung der Erotik hervorgegangenen Interessen der Menschheit auszeichnen.« (SA 7, 185) Die Anfänge dieser auf gehemmte Homosexualität gegründeten Sozialität sollte Freud jedoch erst über einen längeren Umweg durch die anthropologische und religionshistorische Literatur finden.

4. *Archaische Erbschaft:* Von der Urhorde zur modernen Masse

»Wir haben so oft Gelegenheit gehabt, die Gefühlsambivalenz im eigentlichen Sinne, also das Zusammentreffen von Liebe und Haß, gegen dasselbe Objekt, an der Wurzel wichtiger Kulturbildungen aufzuzeigen. Wir wissen nichts über die Herkunft dieser Ambivalenz. Man kann die Annahme machen, daß sie ein fundamentales Phänomen unseres Gefühlslebens sei. Aber auch die andere Möglichkeit scheint mir wohl beachtenswert, daß sie, dem Gefühlsleben ursprünglich fremd, von der Menschheit an dem Vaterkomplex [(Anm.:) Respektive Elternkomplex] erworben wurde, wo die psychoanalytische Erforschung des Einzelmenschen heute noch ihre stärkste Ausprägung nachweist.«
Totem und Tabu (SA 9, 439f.)

Hatte Freud mit der *Traumdeutung* seine erste große Einführung in die Theorie und methodische Behandlung des Unbewussten und mit den *Drei Abhandlungen* seine ersten triebtheoretischen Ausführungen zur Sexualität vorgelegt, so markierte *Totem und Tabu* (1912–1913) eine neue Etappe, mit der sich der Zugriff psychoanalytischen Theoretisierens nun großflächig auf den Bereich der Anthropologie und der Religionsgeschichte ausdehnte. Die in vier Abhandlungen gegliederte Schrift, die »einige Übereinstimmungen im Seelenleben der Wilden und der Neurotiker« behandelt, konnte geradezu nahtlos an die beiden anderen Werkkomplexe anknüpfen, da sie sich mit zwei Gegenständen (Kindheit und Traum) befasste, in denen die meisten von Freuds gebildeten Zeitgenossen das »Primitive« in Reinform erkennen wollten. Während die Analogie von Kindheit und Urzuständen der Menschheit seit Rousseau und Herder ein vielfach variiertes Thema anthropologischer Theorien bildete, rückten die Träume nichtwestlicher Kulturen (wie etwa die »Traumzeit« der australischen Aborigines) vor allem in der Folge von Edward B. Tylors Theorien zu den Ursprüngen der Religion im Animismus in dessen einflussreichem Werk *Primitive Culture* (1871) zunehmend zu einem zentralen Objekt der Forschung auf.

Wir haben bereits gesehen, wie Freud in den Jahren von 1909 bis 1914 die psychoanalytische Theoriebildung zunehmend von der klinisch-analytischen Untersuchung auf Studien zur Kunst, Literatur und Mythologie zu erweitern suchte. In seinem Aufsatz »Der Dichter und das Phantasieren« (1908) hatte er die Vermutung geäußert, dass die Mythen »den entstellten Überresten von Wunschphantasien ganzer Nationen, den *Säkularträumen* der jungen Menschheit, entsprechen« (SA 10, 178). Die Haeckel'sche biogenetische Grundregel, der zufolge die Ontogenese die Phylogenese rekapituliert, lieferte nun Freud und der ersten Generation der Psychoanalytiker eine Heuristik, um den Beitrag des »archaischen« Erbes im Traum und in der infantilen Sexualität zu bestimmen: »Die Vorzeit, in welche die Traumarbeit uns zurückführt, ist eine zweifache, erstens die individuelle Vorzeit, die Kindheit, anderseits, insofern jedes Individuum in seiner Kindheit die ganze Entwicklung der Menschenart irgendwie abgekürzt wiederholt, auch diese Vorzeit, die phylogenetische.« (SA 1, 204) Ausgehend von diesen Prämissen schien Freud 1916 »die Symbolbeziehung, die der Einzelne niemals erlernt hat, zum Anspruch berechtigt, als phylogenetisches Erbe betrachtet zu werden« (SA 1, 204). Wie bereits gezeigt wurde (Kap. 2), gestaltete sich diese Ausdehnung auf den Bereich der Kollektivpsychologie selbst als ein kollektiver Prozess innerhalb der frühen psychoanalytischen

Bewegung, in der sich unterschiedliche Positionen mit Abgrenzungen nach innen und außen herauskristallisierten. So ist Freuds Versuch, »Gesichtspunkte und Ergebnisse der Psychoanalyse auf ungeklärte Probleme der *Völkerpsychologie* anzuwenden« (SA 9, 291) nicht nur als Konkurrenzunternehmen zu Wilhelm Wundts 1900 begonnener, auf zehn Bände angelegter Völkerpsychologie zu begreifen, sondern auch zu C.G. Jungs Versuchen, ab 1910 mithilfe der Mythenanalyse eine grundlegende Revision der Freud'schen Sexualtheorie vorzunehmen. Wie die Korrespondenzen zeigen, entstanden *Totem und Tabu* und die daran anschließenden Arbeiten der nächsten Jahre in einem Dialog mit den Untersuchungen von Otto Rank zum Heldenmythos und einer Reihe von Arbeiten Sándor Ferenczis.

Die zentralen Referenztexte Freuds stammen überwiegend aus der englischsprachigen Literatur: Neben dem Werk Tylors sind dies James G. Frazers *The Golden Bough* (1890) und *Totemism and Exogamy* (1910) sowie William Robertson Smiths *The Religion of the Semites* (1889), die Feldstudien zum australischen Totemismus von Francis James Gillen und Baldwin Spencer (*The Native Tribes of Central Australia*, 1899) sowie die an Darwin anschließenden Theorien von Andrew Lang und James J. Atkinson. Die französische Literatur spielte jedoch an entscheidenden Punkten ebenfalls eine wichtige Rolle: Zwar betrachtete Freud soziologische Religionstheorien wie diejenige Émile Durkheims aus einer gewissen Distanz, knüpfte jedoch an die Theorie der Magie von dessen Neffen Marcel Mauss' an und verdankte den Studien des Altertumswissenschaftlers und Kunsthistorikers Salomon Reinach zentrale Impulse. So griff bereits der Titel *Totem und Tabu*, der schon früh feststand (vgl. SF, I/1, 407), offensichtlich einen Titel Reinachs auf, denn dieser hatte im ersten Band von *Cultes, mythes et religions* (1905) seine Aufsätze zu der Thematik unter dem Titel *Totems et tabous* zusammengefasst. Wie so oft verweist der Übergang vom Plural in den Singular auf Freuds Anspruch, ein von Kontroversen geprägtes Feld der Humanwissenschaften mithilfe einer neuen Theorie beherrschbar zu machen.[52]

Die Ambivalenz des »Zeremoniells«: Religion und Zwangsneurose

Die spezifische Lektüre, der Freud die religionswissenschaftliche und anthropologische Literatur in Totem und Tabu unterzieht, setzt das Inzesttabu in engere Beziehung zur Klinik der Neurosen. Demgemäß wird in der zweiten Abhandlung ein Verfahren praktiziert, das für alle weiteren kulturtheoretischen Erweiterungen der Freud'schen Psychoanalyse verbindlich bleibt: das Herstellen von Analogien zwischen klinischen Beobachtungen und kulturellen, sozialen oder religiösen Erscheinungen. Das Einfallstor bildet die Analogisierung der religiösen Tabus mit den selbstauferlegten Verboten der Zwangsneurotiker, die zentralen Begriffe sind »Zeremoniell« und »Ambivalenz« (eine neue Wortprägung, die Freud von dem Psychiater Eugen Bleuler übernimmt, aber zu seinen Zwecken anders versteht). Den Kern dieser Zwangsverbote erkennt Freud in der »Berührungsangst«, dem »*délire de toucher*« (SA 9, 319), das bereits in der französischen Psychiatrie und Neuropathologie im Zusammenhang mit der »*folie du doute*« beschrieben worden ist.[53] Die Zwangsneurotiker umgeben sich mit einem aus innerer Nötigung herrührenden »Zeremoniell«, dessen Motive ihnen unbekannt sind und dessen Verbote sich durch Ansteckung (über Gedankenassoziationen) auf alle möglichen Objekte ausdehnen können. Freud hatte diesen Begriff bezeichnenderweise schon in den 1890er Jahren in Bezug auf die Strategien von intelligenten Zwangskranken gebraucht, sich der ›magisch‹ anmutenden Zeremonie der Hypnosebehandlung zu widersetzen.[54] (Kaum zufällig beharrte er in seinen behandlungstechnischen Schriften nun auf dem aus der Hypnose hervorgegangenen »Zeremoniell« der psychoanalytischen Situation, bei dem man »den Kranken auf einem Ruhebette lagern« lässt, während man hinter ihm, von ihm ungesehen Platz nimmt« [SAE, 193]).

Die zentralen Elemente für Freuds Vergleich zwischen Zwangshandlungen und Taburitualen finden sich vor allem in seiner ersten großen exemplarischen Fallstudie zur Zwangsneurose, die als der Fall vom »Rattenmann« bekannt geworden ist. Die 1909 publizierte Krankengeschichte bietet eine geradezu modellhafte Analyse der zwanghaft auftretenden, einander widersprechenden Gedanken und Handlungen eines jungen Mannes, die sich auf eine von diesem verehrte Dame sowie seinen verstorbenen Vater beziehen. So zeigt sich der Patient von dem quälenden Gedanken verfolgt, beiden Personen könne etwas zustoßen. Dies bringt ihn zur Ausführung von seltsamen Schutzvorkehrungen, die aber stets eine gegenteilige Absicht offenbaren. Ein typisches Beispiel dafür ist der Zwang, einen auf der Straße liegenden Stein zunächst wegzuräumen (aus Sorge, der Wagen der Dame könnte daran Schaden nehmen), auf den sogleich der ebenso starke Impuls antwortet, den Stein – nachdem er die Unsinnigkeit dieser Handlung erkannt hat – wieder an seine frühere Stelle zu legen (SA 7, 60). Diese Art der Zwangshandlung wird für Freud vor allem durch ihre Zweizeitigkeit bedeutend. Sie symbolisiert die emotionale Ambivalenz des an der Liebe der Dame Zweifelnden, einen »Kampf zwischen Liebe und Haß, die der gleichen Person gelten« (SA 7, 60). Dieselbe ambivalente Struktur prägt auch die komplizierten Zeremonien, die der Patient zum Schutz des Vaters vor grauenhaften Strafen (wie der Tortur durch in den After eindringende Ratten) ersinnt.

Die Gefühlsambivalenz, »im Unbewußten versteckte Feindseligkeit hinter zärtlicher Liebe« (SA 9, 351), ist für Freud sowohl die wesentlich disponierende Voraussetzung der Zwangsneurose als auch das charakteristische Merkmal der »Primitiven«, wie es sich in zahlreichen Erscheinungen des Tabu ausdrückt, etwa in der rituellen Abschirmung der Herrscher von ihrem Volk, die angeblich ihrer Ehrung und ihrem Schutz dient. Ebenso wie die scheinbar absurden Handlungen der Zwangsneurotiker, die vordergründig zum Schutz verehrter Personen erdacht werden, ihnen aber eigentlich Schaden zufügen wollen, deutet Freud das von Frazer für verschiedene Kulturen beschriebene Tabuzeremoniell der Könige, in dem diese zugleich erhöht und überwacht werden, letztlich als Ausdruck der unbewussten Ambivalenz der Untertanen: Was als höchste Reverenz den Herrschern gegenüber erscheint, ist demnach nichts als eine maskierte Form der »Strafe für ihre Erhöhung« zu gottähnlichen Wesen (SA 9, 342).

Der Vergleich zwischen Zwangshandlung und Tabu zielt jedoch auf weitaus mehr als auf eine bloße Anwendung psychoanalytischer Beobachtungen und Theoreme auf das Gebiet der vergleichenden Religionsgeschichte. Es geht vielmehr darum, nach dem »Vorbild der Zwangsneurose« die *Geschichte* des Tabus selbst als deren gemeinsame Quelle zu rekonstruieren. Demzufolge seien die Tabus »uralte Verbote, einer Generation von primitiven Menschen dereinst von außen aufgedrängt«, die sich über die Generationen als eine Form der Erbschaft erhalten haben (SA 9, 323). Da die »Grundlage des Tabu« jeweils »ein verbotenes Tun« sei, »zu dem eine starke Neigung im Unbewußten besteht« (SA 9, 324), habe sich die »ambivalente Einstellung« sowohl bei den Neurotikern als auch bei den Naturvölkern erhalten. Wie sich diese Tabus über zahlreiche Generationen erhalten haben, ob sie durch Erziehung tradiert wurden oder aber »ein Stück ererbten psychischen Besitzes« (SA 9, 323) sind, lässt Freud dabei vorerst noch offen. Als wesentlich erscheint, dass »die ursprüngliche Lust, jenes Verbotene zu tun, auch noch bei den Tabuvölkern fortbesteht« (SA 9, 323). Als die beiden »ältesten und wichtigsten Tabuverbote« isoliert Freud zwei der Grundgebote des Totemismus: das Totemtier, zu dessen Clan man gehört, nicht zu töten und die Exogamie, d.h. das Verbot sexuellen Verkehrs mit den Totemgenossen des anderen Geschlechts (SA 9, 323 f.). Im Hinblick auf das erste Gebot verwertet Freud die Beobachtung aus der anthropologischen Literatur, der zufolge die Toten häufig als Feinde angesehen werden und in Form von Dämonen oder Geistern gefürchtet werden, als Beleg für die Universalität der verdrängten Todeswünsche. Nach psychoanalytischer Auffassung gibt es im Unbewussten keinen natürlichen oder unschuldigen Tod, da hier das »Begehren zu morden tatsächlich« vorhanden ist und nur durch Verbote und das moralische Gewissen dauerhaft unterdrückt werden kann (SA 9, 360). Demzufolge fußt das Schuldbewusstsein des Zwangsneurotikers »auf den intensiven und häufigen Todeswünschen, die sich in ihm unbewußt gegen seine Mitmenschen regen« (SA 9, 375).

Der Umstand, dass diese feindseligen Wünsche verdrängt sind, führt dazu, dass sie nach außen projiziert werden. Im Fall des »Primitiven« tauchen sie in Form von »Personifikationen« wie den Geistern oder Dämonen wieder auf, welche für Freud »nichts als Projektionen seiner Gefühlsregungen« darstellen: »er macht seine Affektbesetzungen zu Personen, bevölkert mit ihnen die Welt und findet nun seine inneren seelischen Vorgänge außer seiner wieder.« (SA 9, 380) Was für den »Primitiven« gilt, trifft ebenso auf den Gerichtspräsidenten Paul Daniel Schreber zu, an dessen wahnhaften Gottestheorien Freud die Mechanismen der Projektion erstmals ausführlich 1911 (in seiner Studie »Psychoanalytische Bemerkungen zu einem autobiographisch beschriebenen Fall von Paranoia«) diskutiert.[55] Beide bilden phantastische kosmologische Vorstellungen aus, die ebenso wie der Traum nicht als sinnlose Gebilde aufzufassen sind, sondern der Deutung zugeführt werden müssen. Genau in diesem Sinne versteht Freud den Animismus, diese »erste Weltanschauung der Menschheit« als eine »psychologische Theorie« (SA 9, 366), die sich jedoch (ebenso wie Schrebers Wahngebilde) erst nach ihrer Übersetzung in die Begriffe positiver Wissenschaft als solche erweist. Ein solches positivistisches Programm der Mythenanalyse hatte bereits die *Psychopathologie des Alltagslebens* in Aussicht gestellt, wo Freud die Ansicht vertreten hatte, dass »ein großes Stück der mythologischen Weltauffassung, die weit bis in die modernen Religionen hineinreicht, nichts anderes ist als *in die Außenwelt projizierte Psychologie*. Die dunkle Erkenntnis (sozusagen endopsychische Wahrnehmung) psychischer Faktoren und Verhältnisse des Unbewußten spiegelt sich [...] in der Konstruktion einer *übersinnlichen Realität*, welche von der Wissenschaft in *Psychologie des Unbewußten* zurückverwandelt werden soll.« (GW 4, 287 f.)

In *Totem und Tabu* erweitert Freud diesen programmatischen Gedanken, indem er ihn in einem entwicklungsgeschichtlichen Schema behandelt, das nach dem Muster des Comte'schen Positivismus als dreiteilige Stadienlehre konzipiert ist. Demnach folgt auf das erste animistische oder mythologische Stadium ein zweites, religiöses, das von dem dritten, positiven Stadium der Wissenschaft abgelöst wird. Dieses an sich wenig originelle Schema verwendet Freud aber nun, um eine systematische Verknüpfung zwischen den in den *Drei Abhandlungen* beschriebenen Entwicklungsstufen des Individuums und denjenigen der ganzen Menschheit herzustellen: »Es entspricht dann zeitlich wie inhaltlich die animistische Phase dem Narzißmus, die religiöse Phase jener Stufe der Objektfindung, welche durch die Bindung an die Eltern charakterisiert ist, und die wissenschaftliche Phase hat ihr volles Gegenstück in jenem Reifezustand des Individuums, welcher auf das Lustprinzip verzichtet und unter Anpassung an die Realität sein Objekt in der Außenwelt sucht.« (SA 9, 378) Der Prozess der zunehmenden Überwindung des Animismus und der Religion in der zivilisierten Welt geht demnach mit einem kulturellen Abnehmen der Ambivalenz einher, wie sie sich in den Tabuzeremonien ausdrückt, aber auch generell mit den Techniken der Magie, die für Freud nach dem Prinzip der »Allmacht der Gedanken« funktionieren – ein Ausdruck, den er ebenfalls von dem als »Rattenmann« bekannt gewordenen Patienten übernimmt (SA 9, 374). Dieses Prinzip bezeichnet jedoch nun sämtliche Formen menschlichen Denkens und Handelns, die allein der Logik des Wunsches gehorchen und sich somit nicht dem Realitätsprinzip unterwerfen.

In seinem kulturtheoretischen Entwurf dient Freud dieses positivistische entwicklungsgeschichtliche Schema somit nicht als Folie für eine optimistische Fortschrittsvision. Vielmehr erlaubt es ihm, den Akzent auf die regressiven Momente zu legen, die er gleichermaßen in den kollektiv organisierten religiösen Riten wie in den kuriosen Zeremonien der »individuellen Religiosität« der Zwangskranken vorfindet (SA 7, 21). In diesen Patienten erkennt der Psychoanalytiker »eine archaistische Konstitution«, einen »atavistischen Rest« (SA 9, 356), »deren Kompensation im Dienste der Kulturanforderung sie nun zu so ungeheuerlichem seelischen Aufwand zwingt« (SA 9, 357), der Ausgangspunkt für Freuds späteres Postulat einer »archaischen Erbschaft« im Unbewussten (ein Ausdruck, den er ab 1919 gebraucht und an dem er bis zu seinen letzten Arbeiten festhalten wird, vgl. Kap. 7). Zwar hatte Freud viele seiner Analogien zwischen Zwangsneurose und Religion schon einige Jahre zuvor skizziert (vor allem in dem 1907 erschienenen kurzen Aufsatz »Zwangshandlungen und Religionsübungen« [SA 7, 11–21]), doch wird erst in *Totem und Tabu* der umfassende kulturtheoretische Zugriff manifest, der die psychoanalytische Deutung der Neurosen und Psychosen zum privilegierten Ausgangspunkt von Kunst, Religion und Philosophie macht: »Man könnte den Ausspruch wagen, eine Hysterie sei ein Zerrbild einer Kunstschöpfung, eine Zwangsneurose ein Zerrbild einer Religion, ein paranoischer Wahn ein Zerrbild eines philosophischen Systems. Diese Abweichung führt sich in letzter Auflösung darauf zurück, daß die Neurosen asoziale Bildungen sind; sie suchen mit privaten Mitteln zu leisten, was in der Gesellschaft durch kollektive Arbeit entstand.« (SA 9, 363)

Ein naturalistischer Mythos: Urhorde und Vatermord

Freuds erster großer religionshistorischer und völkerpsychologischer Entwurf entstand zwischen 1911 und 1913, in einer Zeit zunehmender institutioneller und personeller Spannungen innerhalb der frühen psychoanalytischen Bewegung. Nach dem Austritt Alfred Adlers aus der Wiener Vereinigung nahmen die Differenzen zwischen Freuds Anhängerkreis und den Mitgliedern der Schweizer Vereinigung zu, die vor allem die Libidotheorie und den von Freud als »Kernkomplex« herausgestellten Ödipuskomplex betrafen. Weiter oben wurde skizziert, wie stark diese Konflikte die Überarbeitung der *Traumdeutung* prägten (Kap. 2), auch im Sinne von deren zunehmender Verknüpfung mit Literatur- und Mythenanalyse. Die schrittweise Publikation von *Totem und Tabu* in Form von vier Abhandlungen spielte in diesem Zusammenhang eine strategische Rolle. Während die ersten drei Aufsätze, die alle in der neu gegründeten Zeitschrift *Imago* erschienen, vor allem die Analogisierung von psychopathologischen und religiösen Erscheinungen behandelten, richtete sich die letzte und längste Abhandlung »Die infantile Wiederkehr des Totemismus« mit der »phantastisch« anmutenden Hypothese vom prähistorischen Mord am Urvater (SA 9, 425) nun direkt gegen die von Jung 1912 publizierten Mythendeutungen in *Wandlungen und Symbole der Libido*, die sich nach Freuds Ansicht zu weit von seinen eigenen theoretischen Auffassungen entfernten.

Jung hatte Freud eine erste, auf einem Vortrag basierende Fassung seines Buches, das sich vor allem einer Interpretation des Mithrasmythus aus der altiranischen Religion widmete, schon im Sommer 1910 zur Kritik geschickt (vgl. CGJ, 365–375). Bereits in der Diskussion zu dieser nicht erhaltenen Frühfassung zeigten sich die grundlegenden Differenzen beider Zugänge zur Mythologie: Jung interpretierte die Opferung des göttlichen Stieres durch Mithras als eine Form des Selbstopfers, mittels dessen der Held vorbildhaft (ganz in Analogie zu Christus) die Sexualität überwinde. Diese Deutung, die zu der paradoxen Formel führte, die Sexualität gehe »an sich selber zugrunde« (CGJ, 368), erregte Freuds Widerspruch, ebenso wie Jungs genereller Deutungsansatz der religiösen Symbole: So kritisierte er, dass jener »die ganze Fassade als deutbar« genommen habe, anstatt sich nach dem Muster der Traumanalyse auf den Inhalt zu beschränken, »indem man der Genese der Elemente nachgeht und sich den Irreführungen durch alle späteren Überarbeitungen, Verdopplungen, Verdichtungen etc. zu entziehen« sucht (Brief Freud an Jung, 5.7.1910, CGJ, 374).

In der im Frühjahr 1913 abgeschlossenen vierten Abhandlung von *Totem und Tabu* ging Freud in seiner Kritik von Jungs Buch ebenfalls von diesen beiden Punkten aus. Zum einen warnte er vor Deutungen, welche die Opferszenen »in flächenhafter Auffassung wie eine Allegorie übersetzen wollen und dabei der historischen Schichtung vergessen« (SA 9, 433). Zum anderen distanzierte er sich von Jungs Einführung eines »genetischen« Libidobegriffs, »der das Rezentsexuelle um einen beliebig großen Betrag an *desexualisierter Urlibido* erweitert«.[56] Freud lehnte nicht nur diese Erweiterung des Begriffs ab, sondern auch die damit verbundene Deutungspraxis, nach der die mythischen Helden oder Götter als symbolische Personifikationen der Libido selbst aufzufassen seien: »Daß der das Tier tötende Gott ein Libidosymbol ist [...] setzt einen anderen Begriff der Libido als den bisher verwendeten voraus und erscheint mir überhaupt fragwürdig.« (SA 9, 434, Fn. 1)

Diese Fragwürdigkeit bezog sich auf Jungs Vorstellung von der an sich selbst zugrunde gehenden Sexualität, die dieser in anderen Begriffen aufrechterhalten hatte. Während für Freud die Libido sich durch ihren aktiven, vorwärtsstrebenden Charakter auszeichnete und darum »regelmäßig und gesetzmäßig männlicher Natur« sein musste (SA 5, 123), sah Jung die Libido zu sich selbst im Gegensatz. Dieses Zurückstreben der Libido verstand er mit Bezug auf die Mutter-Imago als einen Prozess der »Introversion«, einen »Gang nach Innen«, der von einer konservativen Sehnsucht nach der Wiederherstellung des »narzißtischen Stadiums« im Mutterleib motiviert sei, zugleich aber auch immer die notwendige Quelle für die »Wiedergeburt« des Individuums bilde: »Ein Held ist, wer sich durch seine Mutter wieder zu erzeugen vermag.« In diesem Sinne begriff Jung das Opfer nicht als einen konkret vollzogenen Ritus, sondern deutete es als einen innerpsychischen Vorgang, als »das Aufgeben der Mutter« und somit als Bedingung der »Selbstschöpfung« und eines »psychologischen Reifungsprozesses«.[57]

Wie sich bereits bei der Parallelisierung von Zwangshandlungen und religiösen Zeremonien gezeigt hat, legte Freud bei seiner Mythenanalyse den Akzent weitaus stärker auf die rituellen Handlungen und deren ambivalenten Charakter. Wenn die Ambivalenz dieser Rituale sich auf den Vater bezog, so lag es nahe, das Totemtier durchweg als Vaterersatz oder -symbol zu begreifen. Den entscheidenden empirischen Ansatzpunkt für seine psychoanalytische Deutung des Totemismus fand Freud aber im Verhältnis der Kinder zu Tieren, welches »viel Ähnlichkeit mit dem des Primitiven zum Tiere« aufweise: »Das Kind zeigt noch keine Spur von jenem Hochmut, welcher dann den erwachsenen Kulturmenschen bewegt, seine eigene Natur durch eine scharfe Grenzlinie von allem anderen Animalischen abzusetzen.« (SA 9, 412) Diese Einstellung ermöglicht Freud zufolge jene infantilen Sexualforschungen, in denen die Kinder an Haustieren im Park oder im Zoo gemachte Beobachtungen auf ihre Eltern übertragen. Die daraus gewonnenen »Urszenen« vom elterlichen Sexualverkehr sind eine Mischung aus real Erlebtem und Phantasiertem (ein Thema, das Freud ausführlich in seiner Fallgeschichte vom »Wolfsmann« beschäftigen sollte, vgl. SA 8). Während die animalischen Anfänge der Kindheit noch von Harmonie und Vertrauen zwischen Mensch und Tier gekennzeichnet sind, kommt es mit der kindlichen Tierphobie zu einer Störung, die den Eintritt in den Bereich der Kultur im Zeichen des Ödipuskomplexes markiert: Das Kind entwickelt einerseits die charakteristische Ambivalenz gegenüber dem Tier, in dem Freud nun stets ein »Vatersurrogat« erkennt (SA 9, 414), andererseits identifiziert es sich mit ihm. Der infantile Totemismus, den Freud etwa am Fall des »kleinen Hans« konstatiert, ist somit aufs Engste mit der Rivalität um die Mutter als erstem Sexualobjekt und der Kastrationsangst als angedrohter Strafe für die Masturbation verknüpft. Wie sehr die Tierphobie ein zentraler Bestandteil von Freuds Neurosenlehre ist, zeigt auch der Umstand, dass zwei seiner berühmtesten Patienten in der Geschichte der Psychoanalyse als der »Rattenmann« und der »Wolfsmann« bekannt geworden sind.[58]

In der Phobie drückt sich der Totemismus jedoch vor allem in negativer Form aus; in seiner positiven Form beruht er in der »sakramentalen Tötung und gemeinsamen Aufzehrung des sonst verbotenen Totemtieres« (SA 9, 424), eine Auffassung, die Freud aus Robertson Smiths *The Religion of the Semites* (1889) übernimmt. Die Totemmahlzeit, »vielleicht das erste Fest der Menschheit« (SA 9, 426), wird als eine rituelle Ersatzhandlung für jene ungeheuerliche Tat begriffen, die Freud nun an den Anfang von Gesellschaft, Moral und Religion setzt, die Ermordung und Verspeisung des Urvaters durch die Horde der Brüder: »Der gewalttätige Urvater war gewiß das beneidete und gefürchtete Vorbild eines jeden aus der Brüderschar gewesen. Nun setzten sie im Akte des Verzehrens die Identifizierung mit ihm durch, eigneten sich ein jeder ein Stück seiner Stärke an.« (SA 9, 426) Da der ursprüngliche Wunsch jedes Einzelnen der Horde, die Stelle des Urvaters einzunehmen, nicht befriedigt werden kann, wird für Freud das *»Schuldbewußtsein des Sohnes«* zur eigentlichen Quelle der Moral, wobei der Vater zur allmächtigen Verbotsinstanz aufrückt: »Der Tote wurde nun stärker, als der Lebende gewesen war; all dies, wie wir es noch heute an Menschenschicksalen sehen.« (SA 9, 427) Das Schützen des Totemtieres in einem zwanghaft organisierten System, in dem Reue an der urzeitlichen Tat mit kollektiver Beschönigung und Unterdrückung einhergeht, markiert somit den Ursprung der Religion an sich: »Das totemistische System war gleichsam ein Vertrag mit dem Vater, in dem der letztere all das zusagte, was die kindliche Phantasie vom Vater erwarten durfte, Schutz, Fürsorge und Schonung, wogegen man sich verpflichtete, sein Leben zu ehren, das heißt, die Tat nicht zu wiederholen, durch die der wirkliche Vater zugrunde gegangen war.« (SA 9, 428) Die religiösen Rituale sind daher als ambivalente Versuche aufzufassen, durch »nachträglichen Gehorsam« den Vater zu versöhnen und das Schuldgefühl zu beschwichtigen: »Alle späteren Religionen erweisen sich als Lösungsversuche desselben Problems, variabel nach dem kulturellen Zustand, in dem sie unternommen werden, und nach den Wegen, die sie einschlagen, aber es sind alle gleichzielende Reaktionen auf dieselbe Begebenheit, mit der die Kultur begonnen hat und die seitdem die Menschheit nicht zur Ruhe kommen läßt.« (SA 9, 428f.)

Das zweite wesentliche Element des Totemismus, die Exogamie, setzt Freud dagegen an den Ursprung der sozialen Organisation: Nur der kollektive Verzicht auf die begehrten Frauen konnte die Rivalität unter den Brüdern beenden und die Einheit der Horde garantieren, die daher notgedrungen »auf homosexuellen Gefühlen und Betätigungen« gründet (SA 9, 428). Somit finden sich in der homosexuellen Bruderschaft die Anfänge des Sozialen: »Die hier entstandenen, aus der Homosexualität sublimierten sozialen Gefühle wurden aber zum dauernden Menschheitsbesitz und zur Grundlage jeder späteren Gesellschaft.« (GWN, 648) In dieser Ursprungserzählung, die Gesellschaft, Religion und Kultur allein als Resultat von konflikthaft-ambivalenten Prozessen zwischen Vätern und Söhnen begreift, bleibt die Rolle der Mütter weitgehend im Dunkeln. Für Freud steht fest, dass der Totem »die erste Form des Vaterersatzes« war, »der Gott aber eine spätere, in welcher der Vater seine menschliche Gestalt wiedergewonnen« hat (SA 9, 431): »Wo sich in dieser Entwicklung die Stelle für die großen Muttergottheiten findet, die vielleicht allgemein den Vatergöttern vorhergegangen sind, weiß ich nicht anzugeben.« (SA 9, 432) Nur nebenbei verweist Freud auf Johann Jakob Bachofens viel gelesenes Buch *Das Mutterrecht* (1861), das den Kampf zwischen vater- und mutterrechtlichen Tendenzen in der Kultur der Antike anhand einer Deutung der *Orestie* darlegt. Anders als für den Basler Gelehrten, der im Matriarchat die Quellen für Liebe und Altruismus in der Kulturentwicklung erkannte, sollte die »vaterlose Gesellschaft« für den Psychoanalytiker eine unklare Übergangsstufe zur patriarchalischen Gesellschaftsordnung bleiben, die letztlich eine »Wiederherstellung der einstigen Urhorde« (SA 9, 432) bedeutet. In einem erst posthum veröffentlichten Manuskript von 1915 (»Übersicht der Übertragungsneurosen«), in dem Freud seine spekulative Zusammenführung von phylo- und ontogenetischer Entwicklung im Dialog mit seinem Schüler Sándor Ferenczi weitertrieb, stellte er zwar das Problem, wie sich im historischen Verlauf die »durch den Vaterdruck erzeugten Dispositionen auf das Weib« ausbreiten konnten (GWN, 651). Bezeichnenderweise begnügte er sich aber als Lösung mit einem etwas pauschalen Verweis auf die menschliche Bisexualität, die die Übernahme der von den Männern erworbenen Dispositionen durch die Frauen plausibel machen sollte. Die genauere Erforschung der Rolle der Frauen schien Freud Schwierigkeiten zu bereiten: »Die Schicksale des Weibes in diesen Urzeiten sind uns durch besonderes Dunkel verhüllt.« (GWN, 651, vgl. Kap. 6)

Geburt der Tragödie

Die in *Totem und Tabu* entworfene Ursprungserzählung erstreckt sich schließlich auch auf die Kunst. Auf zwei knappen Seiten entwirft Freud hier eine Geburtsszene der griechischen Tragödie, die sich wie ein Gegenentwurf zu Nietzsches *Geburt der Tragödie* liest (SA 9, 438 f.). Die primitive Situation des Heldendarstellers, dem der Chor gegenübersteht, wird als »Ersatzbildung« für die Ermordung des Urvaters durch die Brüder gedeutet. In der Fiktion, der »zweckmäßigen Entstellung« der urzeitlichen Mordtat, nimmt der einzelne Darsteller die »tragische Schuld« auf sich, um den Chor von seiner historischen Schuld zu entlasten. Die »Szene auf der Bühne« ist demnach »im Dienste raffinierter Heuchelei« aus der »historischen Szene« hervorgegangen:

»In jener alten Wirklichkeit waren es gerade die Chorgenossen, die das Leiden des Helden verursachten; hier aber erschöpfen sie sich in Teilnahme und Bedauern, und der Held ist selbst an seinem Leiden schuld. Das auf ihn gewälzte Verbrechen, die Überhebung und Auflehnung gegen eine große Autorität, ist genau dasselbe, was in Wirklichkeit die Genossen des Chors, die Brüderschar bedrückt. So wird der tragische Held – noch wider seinen Willen – zum Erlöser des Chors gemacht.« (SA 9, 439)

Ausgehend von dieser psychologischen Deutung stellt Freud eine Kontinuität zwischen »den Leiden des göttlichen Bockes Dionysus« (SA 9, 439), von denen die griechische Tragödie ihren Ausgang nahm, und dem christlichen Passionsspiel des Mittelalters her.

Damit wird nun offensichtlich auch die dramatische Kunst aus dem Ödipuskomplex abgeleitet, der selbst nach dem Vorbild der griechischen Tragödie (bzw. vielmehr der Reaktionen des zeitgenössischen gebildeten Zuschauers oder Lesers auf das Schicksal des Ödipus) gebildet ist. Implizit postuliert Freud eine Reihe von »Ersatzbildungen«, die ihren Ausgang alle vom Mord am Urvater durch die Urhorde nehmen: der rituellen Totemmahlzeit, wo der Gott Dionysos in Gestalt eines Bockes geopfert und verspeist wird, der Klage um den Tod des Gottes durch die Satyre, die davon ausgehende Grundform der griechischen Tragödie und das mittelalterliche Passionsspiel. Freud verweist darauf, dass er bei der Aufstellung dieser Genealogie »einem Fingerzeig« von Salomon Reinach gefolgt sei (SA 9, 438). In der Tat findet sich der Großteil der Verknüpfungen von *Totem und Tabu* bereits in dessen Studie *La mort d'Orphée* (1902). Reinach verfolgt hier bereits die in der Antike parallelisierten Legenden vom Tod des Orpheus und des Dionysos Zagreus durch Zerstückelung und insistiert auf deren rituellem Charakter. Die gelegentlich erwähnte Verspeisung des Orpheus durch die rasenden Bacchantinnen, ein »grausiges Festmahl kannibalischer Frauen«,[59] bezieht er auf die Thesen von Robertson Smith über den rituellen Verzehr der Opfertiere mit dem Ziel, sich die Gottheit selbst einzuverleiben. Diese barbarischen Riten konnten Reinach zufolge von einem zivilisierten Volk wie den Griechen allein im Rahmen einer Rationalisierung begriffen werden, die den gewaltsamen Tod als »Bestrafung für eine Verfehlung« ansehen musste.

Dass der Chor der griechischen Tragödie aus den Bocksgesängen der Passion des Dionysos hervorgeht, war eine zwar unter Altphilologen bereits vielfach vertretene Ansicht (prominent findet sie sich etwa bei Ulrich von Wilamowitz-Moellendorff, einem der schärfsten Kritiker Nietzsches); als wesentlich erscheint hier allerdings die von Reinach hergestellte Verknüpfung mit den christlichen Mysterienkulten des Mittelalters. Wie sich zeigt, ist Freud in *Totem und Tabu* mehr als nur einem Fingerzeig des französischen Autors gefolgt und hat die für die vierte Abhandlung zentrale Argumentationslinie einer Kontinuität von den Tieropfern über die Geburt der griechischen Tragödie bis zum Passionsspiel vollständig übernommen (allerdings unter Auslassung einer Reihe von Elementen, die schlecht mit dem Mythos vom Mord am Urvater durch eine rein männliche Urhorde zusammenstimmen, wie etwa der weiblichen Kannibalenhorde). Man könnte noch weiter gehen und dasselbe für Reinachs Prinzip der Mythenanalyse behaupten, eine für die Zivilisierten rational unbegreiflich gewordene rituelle Praxis als Kern dieser Legenden zu postulieren. Wenn dieser schreibt, dass jedes Opfer von »Motiven« ausgeht, »die der Fortschritt der Zivilisation unverständlich werden lässt *oder deren Ausdruck er vielleicht vermeidet*«, scheint es nur noch ein Schritt zu Freuds Annahme von verdrängten unbewussten Motiven, die den kulturellen Rationalisierungen zugrunde liegen.

Eine genauere Lektüre der Referenztexte von *Totem und Tabu* erweist somit, wie eng Freuds Psychoanalyse des Mythos mit der neuen philologischen Wissenschaft der Mythologie verbunden ist. Wie bereits die Kapitel zur *Traumdeutung* und zur Sexualtheorie gezeigt haben, artikulierte Freud seine Theorien stets ausgehend von einem spezifischen epistemischen Feld, dessen Gegenstände als wissenschaftlich schwer bestimmbar und kulturell anrüchig oder skandalös galten. Dass die Mythologie einen so dominanten Stellenwert erhielt, hatte auch damit zu tun, dass sie, wie Marcel Detienne argumentiert hat, als »Wissenschaft vom Skandalösen« auftrat.[60] Freuds großer Entwurf einer Anthropologie hatte fraglos auch die Funktion eines Privatmythos, nach dessen Logik die verschiedenen Mitglieder der jungen psychoanalytischen Bewegung zunehmend öffentlich ihre Konflikte als eine Art von ödipalem Familiendrama aufführten, insbesondere in Bezug auf die institutionell so folgenreiche Auseinandersetzung zwischen Freud und Jung.[61] Zeitlich fällt die Urhorden-Theorie nicht umsonst mit der Gründung des »geheimen Comités« zusammen, eines auserwählten Bundes von ausschließlich männlichen Mitgliedern aus dem inneren Kreis um Freud, die künftige vereinspolitische Konflikte verhindern sollten.[62] Allerdings wäre es zu kurz gegriffen, in *Totem und Tabu* nichts als eine mythologische Verbrämung der *Geschichte der psychoanalytischen Bewegung* zu sehen, mit der Freud 1914 einen polemischen Schlussstrich unter diese Konflikte zu ziehen suchte. Angesichts der Zentralität, die der Freud'schen Ursprungserzählung für die anthropologische Verankerung des Ödipuskomplexes und für die Erweiterung der Traum- und Sexualtheorie zukommt, lässt sich diese auch nur schwerlich als »angewandte Psychoanalyse« vom restlichen Werk abtrennen.[63] In ihr kristallisiert sich vielmehr eine Reihe von theoretischen, sozialen und institutionellen Fragen und Problemen, die später für die Psychoanalyse als wissenschaftliches und kulturkritisches Instrument prägend werden.

Massenpsychologie: Identifizierung mit dem »Führer«

Freud hatte seine »phantastisch« anmutende Hypothese vom Mord der Urhorde am Urvater ganz und gar naturalistisch konzipiert und übertrug ihr folglich auch ein gewisses Potenzial zur Erklärung aktueller gesellschaftlicher Phänomene. Bereits ein Jahr nach Ausbruch des Ersten Weltkriegs bezog Freud in *Zeitgemäßes über Krieg und Tod* dessen Barbarei auf den Umstand, dass die psychische Einstellung des Urmenschen zum Tode im Unbewussten der modernen Menschen als vererbte Triebstruktur fortdauere: »Unser Unbewußtes ist gegen die Vorstellung des eigenen Todes ebenso unzugänglich, gegen den Fremden ebenso mordlustig, gegen die geliebte Person ebenso zwiespältig (ambivalent) wie der Mensch der Urzeit.« (SA 9, 59) Die moderne westliche Kultur, die Ethik und Vernunft als ihre Errungenschaft preist, gründe demnach nicht auf einem tatsächlichen Fortschritt, einer Überwindung früherer Zivilisationsstufen im Sinn einer dauerhaften Umwandlung egoistischer in soziale Triebregungen, sondern vielmehr auf einer Form von »Heuchelei« (SA 9, 44). Für Freud konnte der Altruismus nichts dem Menschen primär Innewohnendes sein, sondern allein ein Resultat aus äußeren Zwängen wie der Erziehung und einer inneren Neigung zur »Umbildung der egoistischen Triebe unter dem Einflusse der Erotik« in soziale Triebe (SA 9, 42). Wenn damit auch eine Art vererbte Anlage zur Sozialität postuliert wird, für die Freud den Begriff der »*Kultureignung*« (SA 9, 42) vorschlägt, so erweist sich diese als prekär, da sie sich stets auf frühere Entwicklungsstufen zurückbilden kann: »die primitiven Zustände können immer wiederhergestellt werden; das primitive Seelische ist im vollsten Sinne unvergänglich.« (SA 9, 45) In diesem Kontext wird deutlich, wie der naturalistische Mythos vom Mord am Urvater als kulturkritische Denkfigur fungiert, die auf die Zerstörung von Illusionen über den hohen Stand der kulturellen Entwicklung abzielt. Der unauflösbare Gegensatz zwischen Kulturanforderung und individuellem Triebleben ist ein zentrales Thema, das Freud in seinem Werk immer wieder neu diskutiert und insbesondere in seinen späteren kulturtheoretischen Schriften weiter verschärft (vgl. Kap. 5).

Wiederholt ist bemerkt worden, dass die erst 1921 erschienene Studie *Massenpsychologie und Ich-Analyse* in vielem als eine Weiterführung und Zuspitzung von Freuds Spekulationen zur Urhorde in *Totem und Tabu* aufzufassen ist. Denn auch in der modernen Masse, die als neues politisches und soziales Phänomen von einer Reihe von Autoren ab Ende des 19. Jahrhunderts behandelt wird,[64] erkennt Freud »das Wiederaufleben der Urhorde« (SA 9, 115). Wie bei Gustave Le Bon, dessen berühmte Beschreibung der »Massenseele« in *La psychologie des foules* (1895) er weitgehend wörtlich übernimmt, wird die Masse vorwiegend negativ charakterisiert: Sie ist »impulsiv, wandelbar und reizbar«, in hohem Grade »beeinflußbar und leichtgläubig«, denkt in Bildern statt in Worten, ist Logik und Kritik unzugänglich und von starken Affekten beherrscht. Geht das Individuum in der Masse auf, so werden wieder »alle grausamen, brutalen, destruktiven Instinkte, die als Überbleibsel der Urzeit im Einzelnen schlummern, zur freien Triebbefriedigung geweckt« (SA 9, 72f.).

Freud übernimmt auch Le Bons Charakterisierung der Masse als einer Form der wechselseitigen Suggestion, bringt jedoch nochmals seine bereits in den 1890er Jahren vorgetragene Kritik an den tautologischen Erklärungsmustern der französischen Suggestionstheorien vor. Die »Zurückführung der Masse auf die Urhorde« soll somit ein altes Problem lösen, nämlich das »noch Unverstandene, Geheimnisvolle an der Massenbildung näherbringen, das sich hinter den Rätselworten Hypnose und Suggestion verbirgt« (SA 9, 117). Freud bezieht die Masse noch weitaus stärker als Le Bon prinzipiell auf ihren »Führer«, der wie der Hypnotiseur eine geheimnisvolle Macht über sie ausübt. Diese Unterwerfung und Lenkung wird nun zum Erbteil des Urvaters erklärt, wie es sich im Grundmodell der Hypnose aktualisiert: »Durch seine Maßnahmen weckt also der Hypnotiseur beim Subjekt ein Stück von dessen archaischer Erbschaft, die auch den Eltern entgegenkam und im Verhältnis zum Vater eine individuelle Wiederbelebung erfuhr, die Vorstellung von einer übermächtigen und gefährlichen Persönlichkeit, gegen die man sich nur passiv-masochistisch einstellen konnte, an die man seinen Willen verlieren mußte. Nur so können wir uns das Verhältnis eines Einzelnen der Urhorde zum Urvater vorstellen.« (SA 9, 118 f.) Die Hypnose ist daher »eine Massenbildung zu zweien« (SA 9, 107) und die Suggestion ein »auf erotischer Bindung« gegründeter Zustand (SA 9, 119). Damit kehrt Freud letztlich wieder zu Charcots Auffassung von einem hypnotischen Zustand zurück, der einer hereditären Disposition geschuldet ist (Kap. 1), allerdings mit dem Unterschied, dass diese nicht in der »famille névropathique«, sondern in der »Urgeschichte der menschlichen Familie« wurzelt (SA 9, 119, Fn. 1).

Einen zentralen Stellenwert nimmt in Freuds Argumentation der Begriff der Identifizierung ein, der »die früheste und ursprünglichste Form der Gefühlsbindung« bezeichnet (SA 9, 99). Die Massenbildung vollzieht sich demnach durch einen Prozess der Identifizierung aller einzelnen Individuen mit demselben Objekt, das an die Stelle des Ichideals getreten ist: Als dieses »Massenideal« erscheint der »Führer«, der für Freud nur ein Abkömmling des »gefürchteten Urvaters« sein kann (SA 9, 119). Dass die dem Führer als libidinös besetztem Objekt zuteilwerdende Idealisierung zur Ausschaltung des Gewissens und zur Kritiklosigkeit führt, erklärt sich durch den Mechanismus der »Sexualüberschätzung«, wie er aus dem Zustand der Verliebtheit bekannt ist: »das Ich wird immer anspruchsloser, bescheidener, das Objekt immer großartiger, wertvoller; es gelangt schließlich in den Besitz der gesamten Selbstliebe des Ichs, so daß dessen Selbstaufopferung zur natürlichen Konsequenz wird.« (SA 9, 105 f.) Die Überhöhung des Führers durch die Besetzung mit narzisstischer Libido, das Ausschalten moralischer Instanzen und die dauerhafte Bindung der Individuen in der Masse werden jedoch nur möglich, weil die Sexualtriebe hier anders als im Liebesleben »zielgehemmt« sind und deshalb unbefriedigt bleiben. Nicht umsonst wählt Freud als Hauptbeispiele seiner Diskussion zwei große »künstliche Massen«, die katholische Kirche und das Heer: In beiden »ist für das Weib als Sexualobjekt kein Platz« (SA 9, 131).

Damit wird deutlich, dass die *Massenpsychologie* keinen Beitrag zur Soziologie im heutigen Sinn darstellt. Nach Freuds Wissenschaftsverständnis hatte diese ohnehin keinen Anspruch darauf, als eigenständige Disziplin zu gelten, da er sie prinzipiell als »angewandte Psychologie« verstand. (Noch 1932, in Abgrenzung von marxistischen Gesellschaftslehren, heißt es dazu apodiktisch: »Strenggenommen gibt es ja nur zwei Wissenschaften, Psychologie, reine und angewandte, und Naturkunde.« [SA 1, 606]) Die Freud'sche Massenpsychologie ist dementsprechend als Versuch konzipiert, das Phänomen der modernen Massenbildung sowohl entwicklungsgeschichtlich (aus dem naturalistischen Mythos von Urvater und Urhorde) als auch individualpsychologisch (aus dem libidinösen Verhältnis zwischen Ich und Objekt in der Verliebtheit und in der Hypnose) abzuleiten. Indem diese Ableitung ausgehend von triebtheoretischen Prämissen auch Ansätze zu einer psychoanalytischen Theorie des Sozialen entwirft, weist sie die Differenz zwischen Kollektiv- und Individualpsychologie zurück (SA 9, 65 f.). So fragwürdig Freuds Postulate zur Ableitung moderner Massenphänomene aus einem archaischen Familienmodell uns heute erscheinen mögen, führte sein spezifischer Beitrag zur Massenpsychologie doch zur analytischen Auflösung von Kategorien wie dem »Herdentrieb« oder selbst der »Massenseele«, die noch als deren Ausgangspunkte gedient hatten.

5. *Eros und Thanatos*: Metapsychologie und Kulturtheorie

»Die Trieblehre ist sozusagen unsere Mythologie. Die Triebe sind mythische Wesen, großartig in ihrer Unbestimmtheit. Wir können in unserer Arbeit keinen Augenblick von ihnen absehen und sind dabei nie sicher, sie scharf zu sehen.«
Neue Folge der Vorlesungen zur Einführung in die Psychoanalyse (SA 1, 529)

Die bis 1914 innerhalb der psychoanalytischen Bewegung erfolgten Spaltungen und die folgenden Jahre des Ersten Weltkriegs bedeuteten auch die Einleitung größerer Revisionen in Freuds weiterer Theoriebildung. Das Buch *Zur Vorbereitung einer Metapsychologie*, das in Form von zwölf Abhandlungen bis zum Kriegsende erscheinen sollte, blieb letztlich unvollendet (nur fünf wurden publiziert) und führte über Umwege ab 1919 zu einer neuen theoretischen Fassung des »psychischen Apparats« und zu einer völligen Neugestaltung der Triebtheorie. Die Letztere hatte Freud wiederholt als das Vorläufigste am psychoanalytischen Theoriegebäude bezeichnet, als »Konstruktionen, die wir bereitwillig aufstellen und wieder fallenlassen, um uns in dem Gewirre der dunkleren seelischen Vorgänge zu orientieren« (SA 7, 196). Wie sonst nur auf dem Gebiet der Anthropologie gab Freud sich beim Umbau seiner Triebtheorie weit ausgreifenden Spekulationen über Leben und Tod hin. Wie er selbst ahnte, sind die in *Jenseits des Lustprinzips* (1920) postulierten Todestriebe durchaus geeignet, nicht so sehr als wissenschaftlicher Befund denn als »Schopenhauersche Philosophie« zu erscheinen (SA 1, 540). Weniger spekulativ als systematisch nimmt sich dagegen die große Synthese der theoretischen Revisionen in *Das Ich und das Es* (1923) aus, in der erstmals das Modell der drei Instanzen Ich, Es und Über-Ich eingeführt wird. Freud insistierte allerdings darauf, der Charakter der Psychoanalyse sei der einer »empirischen Wissenschaft«, sie sei kein »System wie die philosophischen, das von einigen scharf definierten Grundbegriffen ausgeht, mit diesen das Weltganze zu erfassen sucht, und dann, einmal fertig gemacht, keinen Raum mehr hat für neue Funde und bessere Einsichten« (GW 13, 229). Hinsichtlich der Vorläufigkeit und Unklarheit ihrer »Grundbegriffe« rückte er die Psychoanalyse in die Nähe der Physik und der Chemie, was angesichts der zunehmend spekulativen Züge seiner Theoriebildung eher wie ein Ablenkungsmanöver erscheinen könnte. Im Folgenden wenden wir uns den wesentlichen Schritten dieser theoretischen Revisionen und ihren Konsequenzen für die späten kulturtheoretischen Schriften Freuds zu. Dabei wird sich zeigen, dass die Abgrenzung zu rivalisierenden Theorien innerhalb und außerhalb der psychoanalytischen Bewegung eine ebenso wichtige Rolle spielte wie ungelöste Probleme der Neurosenpsychologie, die während des Krieges mit besonderer Schärfe in den Vordergrund rückten.

Einführung des Narzissmus

In seiner Sexualtheorie entspricht der erste große Triebdualismus, wie Freud in Abwandlung eines bekannten Schillerverses immer wieder betonte, »der populär so geläufigen Trennung von Hunger und Liebe« (SA 3, 45). Allerdings wird der Begriff des Triebes in den ersten beiden Auflagen der *Drei Abhandlungen* zunächst nur für die diversen sexuellen Partialtriebe gebraucht, denn außer von den nicht näher bestimmten »Bemächtigungstrieben« ist von »Selbsterhaltungstrieben« hier noch nicht die Rede. Vielmehr verwendet Freud Ausdrücke wie »Körperfunktionen« und »Bedürfnisse«, um seine zentrale These der Anlehnung der Sexualtriebe an diese für das Überleben notwendigen Funktionen zu verdeutlichen, so etwa im Fall der oralen Lustbefriedigung an der Mutterbrust, die mit »der Befriedigung des Nahrungsbedürfnisses vergesellschaftet« ist (SA 5, 88). Erst ab 1910 findet sich die explizite begriffliche Unterscheidung der Sexualtriebe von den Ich- oder Selbsterhaltungstrieben genauer ausgearbeitet – ein Dualismus, der erst 1915 in der dritten Auflage der *Drei Abhandlungen* in einem neuen Abschnitt zur Libidotheorie dargestellt wird (SA 5, 121f.) und an dessen Stelle 1920 der neue Dualismus von Eros und Todestrieben tritt.

Die zentrale triebtheoretische Annahme, die Ich- und Sexualtriebe voneinander scheidet, taucht erstmals eher beiläufig in dem kurzen Aufsatz über »Die psychogene Sehstörung in psychoanalytischer Auffassung« (1910) auf. Nur auf den ersten Blick erscheint dieser Beitrag zu einer Festschrift für seinen Freund, den Ophthalmologen Ludwig Königstein, als jene wertlose Gelegenheitsarbeit, als die ihr Autor sie abtat (12.4.1910, SF, I/1, 241). Das Thema der hysterischen Blindheit verwies einerseits auf die Zeit der 1880er Jahre, als Freud in Wien noch als Schüler Charcots aufgetreten war, um mit der Hilfe Königsteins ein Publikum skeptischer Kollegen vom Wert der französischen Hypnotismusstudien zu überzeugen (GWN, 54ff., vgl. Kap. 1). Andererseits erlaubte ihm diese Arbeit, sich von diesen »Untersuchungen der französischen Schule« (SA 6, 207), die er hier nur sehr summarisch wiedergab, zu distanzieren und diesen seine genuin psychoanalytische Erklärung der hysterischen Sehstörung entgegenzustellen. Diese Abgrenzung zielte vor allem auf die Theorien von Charcots Schüler Pierre Janet, welche die Dissoziation des Ichs aus einer besonderen Disposition zur Neurose (einer Unfähigkeit zur Synthese) erklären wollten.[65] Freud setzte dem Ichbegriff Janets einen anderen »Sammelbegriff des ›Ichs‹« entgegen (SA 6, 209), das »sich durch die Ansprüche der sexuellen Triebe bedroht« sieht und mit Verdrängungen darauf reagiert, die »bedrohliche Ersatzbildungen des Verdrängten und lästige Reaktionsbildungen des Ichs zur Folge haben« (SA 6, 210). Da den Ich- und den sexuellen Partialtrieben dieselben Organe zur Verfügung stünden, könne der Konflikt zum partiellen oder völligen Ausfall desselben führen. Im Falle des Auges seien die Vorstellungen der »sexuellen Schaulust« von der »Gegenwehr der Ichtriebe« ins Unbewusste verdrängt, wodurch die Beziehung des Sehorgans zum Ich gestört werde (SA 6, 211).

Der zentrale Einsatz des ersten Triebdualismus für Freuds Libidotheorie wird jedoch erst in der Schrift *Zur Einführung des Narzißmus* (1914) in vollem Ausmaß deutlich. Hier richtet er sich nicht gegen der Psychoanalyse fernstehende Konkurrenten oder Kritiker, sondern gegen die einstigen Weggefährten C. G. Jung und Alfred Adler, die grundlegende triebtheoretische Revisionen unternommen hatten. In mehrfachem Sinne ist die Schrift daher als theoretisches Gegenstück zu der im gleichen Jahr veröffentlichten polemischen Abrechnung mit den beiden abtrünnigen Anhängern in *Zur Geschichte der psychoanalytischen Bewegung* anzusehen. Wie wir bereits gesehen haben (Kap. 4), lag die Revision Jungs in einer Erweiterung des Libidobegriffs im Sinne einer noch undifferenzierten psychischen Energie oder »Urlibido«, die Freud als eine »monistische« Auffassung zurückwies (SA 3, 262). Die Differenzen zu Adler auf der Ebene der Triebtheorie lagen anders und gründeten vorwiegend in einer unterschiedlichen Interpretation der klinischen Erscheinungen von Sadismus und Masochismus. Während Freud dazu neigte, das Element der Grausamkeit als dem Sexualtrieb aus einem nicht näher charakterisierten »Bemächtigungstrieb« beigemengt anzusehen (SA 5, 68; 99), hatte Adler bereits 1908 einen »Aggressionstrieb« aufgestellt und die Phänomene des sadomasochistischen Sexuallebens aus einer besonderen »Verschränkung« von sexuellen und aggressiven Trieben erklärt.[66] Freud lehnte es beharrlich ab, zusätzlich zu den Selbsterhaltungs- und Sexualtrieben einen besonderen Aggressionstrieb einzuführen, den er für eine »irreführende Verallgemeinerung« Adlers hielt: Dieser habe einen wesentlichen Zug aller Triebe, das »Drängende«, zu einem »besonderen Triebe mit Unrecht hypostasiert« (SA 8, 117). In seiner Polemik gegen Adler brachte er 1914 abschließend vor, dessen »Lebensbild« sei in einseitiger Weise »ganz auf den Aggressionstrieb gegründet; es läßt keinen Raum für die Liebe« (GW 10, 102). Das Problem, wie der Anteil der Grausamkeit bei den Erscheinungen von Sadismus und Masochismus innerhalb der Freud'schen Sexualtheorie zu fassen sei, war damit jedoch nicht gelöst. Aus diesen Auseinandersetzungen mit Jung und Adler resultierten theoretische Fragen und Probleme, die Freud anhand der Einführung neuer Begriffe schrittweise zu lösen suchte und die in der Folge zu weitreichenden Revisionen seiner Triebtheorie führen sollten.

Der erste und folgenreiche Schachzug der Freud'schen Strategie lag in der »Einführung des Narzißmus«, die streng genommen der Neudefinition eines bereits älteren Begriffs entsprach. Denn dieser wurde nun nicht mehr allein in seiner ursprünglichen Bedeutung als autoerotische Betätigung verstanden, sondern vielmehr als »libidinöse Ergänzung zum Egoismus des Selbsterhaltungstriebes, von dem jedem Lebewesen mit Recht ein Stück zugeschrieben wird« (SA 3, 41). Diese begriffliche Erweiterung erlaubte es Freud, von einer libidinösen Besetzung des Ichs auszugehen, der zugleich eine Verarmung des erotischen Interesses an Personen und Dingen in der Realität korrespondiert. Damit postulierte er einen Gegensatz zwischen der »narzißtischen Libido« und der »Objektlibido«, die sich auf die vom Ich geschiedenen Objekte der Außenwelt richtet (SA 3, 45). Als klinischer Ansatzpunkt für diesen neuen theoretischen Schritt diente dabei kaum zufällig das Arbeitsgebiet der Psychosen, in dem Jung vorwiegend seine Theorien von der »Introversion« der Libido entwickelt hatte. Für Freud markierte dieses Feld der »narzißtischen Neurosen« (worunter er Paranoia, Dementia praecox oder Melancholie rubrizierte) eine deutliche Grenze der psychoanalytischen Therapie, da sich diese zunächst an den beiden großen »Übertragungsneurosen« Hysterie und Zwangsneurose ausgebildet hatte (GW 13, 230). Eine strategische Rolle nahm daher in diesem Zusammenhang Freuds Interpretation der Autobiographie des Gerichtspräsidenten Schreber ein, mit der er bereits 1911 einen libidotheoretischen Vorstoß in das Gebiet der Psychiatrie unternommen hatte. Den paranoischen Größenwahn Schrebers bezog er nun in seiner neuen Narzißmustheorie – ebenso wie den Glauben an die »Allmacht der Gedanken« – auf einen allgemein menschlichen Zustand des »primären Narzißmus«.

Die libidinöse Besetzung des Ichs erscheint Freud aber nicht nur als der Primärzustand, »als der in der ersten Kindheit realisierte Urzustand«, der sich trotz der vielfachen späteren Objektbesetzungen dauerhaft erhalten hat (SA 5, 122). Sie gilt ihm auch »als das große Reservoir, aus welchem die Objektbesetzungen ausgeschickt und in welches sie wieder einbezogen werden« (SA 5, 122). Das proportionale Verhältnis von »Ichlibido« und »Objektlibido« wird deshalb mit Vorliebe durch die Analogie mit primitiven Lebewesen dargestellt, die aus noch undifferenzierten Klümpchen protoplasmatischer Substanz bestehen. So wie die Amöben diese Substanz durch Fortsätze (die Pseudopodien) hinüberfließen lassen und wieder einziehen können, kann auch die Libido aus dem Ich zeitweise auf andere Objekte übergehen und wieder ganz ins Ich zurückkehren (SA 1, 402). Wie auch in den meisten metapsychologischen Schriften dieser Periode leitet Freud seinen Dualismus von Sexual- und Ichtrieben nicht mehr allein aus dem klinischen Argument ab, dem zufolge die Neurose immer aus einem Konflikt zwischen dem Sexualtrieb und den vom Ich ausgehenden Verdrängungen hervorgeht. Vielmehr greift er auf die Sprache der Biologie zurück, indem er die biologische Doppelexistenz des Individuums auch für die Psychologie in Anspruch nimmt: »Das Individuum führt wirklich eine Doppelexistenz als sein Selbstzweck und als Glied in einer Kette, der es gegen, jedenfalls ohne seinen Willen dienstbar ist. Es hält selbst die Sexualität für eine seiner Absichten, während eine andere Betrachtung zeigt, daß es nur ein Anhängsel an sein Keimplasma ist, dem es seine Kräfte gegen eine Lustprämie zur Verfügung stellt, der sterbliche Träger einer – vielleicht – unsterblichen Substanz, wie ein Majoratsherr nur der jeweilige Inhaber einer ihn überdauernden Institution.« (SA 3, 45f., vgl. auch SA 3, 88)

Indem Freud das Gebiet der Psychosen, aber auch der Neurosenbildung bei beiden Geschlechtern in den neuen Rahmen der Narzissmustheorie stellte, demonstrierte er, dass auch die von Adler und Jung mit Begriffen wie »Introversion der Libido« oder »männlicher Protest« bezeichneten Erscheinungen in seine bisherige Triebtheorie integrierbar waren. Die Ausdehnung der derartig erweiterten Libidotheorie auf das Arbeitsgebiet der »narzißtischen Neurosen« gestaltete sich jedoch als weitaus schwieriger, wie insbesondere die Erfahrungen mit den »Kriegsneurosen« des Ersten Weltkriegs zeigten. Nachdem Freud 1914 geräuschvoll die »Rache der beleidigten Göttin Libido« an seinen abtrünnigen Schülern vollzogen hatte (OP, 78) und der erste Triebdualismus durch die Neufassung des Narzissmusbegriffs vorläufig gerettet war, sollte er seine Theorien im darauffolgenden Jahrzehnt im Stillen noch grundlegender revidieren. Die Einführung des Narzissmus kann in diesem Sinne somit als wesentlicher Schritt in einem Prozess der Freud'schen Theoriebildung gesehen werden, der nur vorläufig ihren bisherigen Stand konservierte, letztendlich aber den Weg zu einer neuen metapsychologischen Konzeption des Ichs und der Rolle der Aggression öffnete.

Trabanten des Todes

Den wohl einschneidendsten Schritt vollzog Freud auf diesem Weg 1920 mit der Publikation seiner Schrift *Jenseits des Lustprinzips*, mit der er selbst seine treuesten Anhänger vor den Kopf stieß. Die hier vorgetragene Aufstellung von »Todestrieben« bedeutete eine völlige Neukonzeption des bisherigen Triebdualismus, der auf dem Gegensatz von Sexualtrieben und den Ich- oder Selbsterhaltungstrieben aufgebaut war. An die Stelle des Gegensatzes von Hunger und Liebe trat nun derjenige von Leben und Tod, von »Eros« und »Todestrieben«. Die Selbsterhaltungstriebe wurden nun ebenso wie die Sexualtriebe den Lebenstrieben zugerechnet, während Freud die destruktiven und aggressiven Strebungen des Bemächtigungstriebes den Todestrieben zuordnete. Über die Beweggründe dieser radikalen theoretischen Wende, wie sie sich in jener hochspekulativen und von Widersprüchen durchzogenen Arbeit vollzieht, ist vielfach gerätselt worden. Freuds erster Biograph Fritz Wittels und später auch Ernest Jones wollten darin den Ausdruck persönlicher Todeserfahrungen des Autors sehen, insbesondere des Verlustes seiner Tochter Sophie, die 1920 an den Folgen einer Grippe gestorben war.[67] Freuds beharrliche Zurückweisung dieser Vermutung schien dieses biographische Deutungsmuster nur noch zu bestärken. Wie unwahrscheinlich eine solche Ableitung des neuen Triebdualismus ist, zeigt sich jedoch bereits an dem einfachen Umstand, dass das Thema des Todes in Freuds Werk über beinahe zwei Jahrzehnte überaus präsent war, stand es doch im Zentrum der schrittweise ausgearbeiteten Doktrin des Ödipuskomplexes. Gleich einem Leitmotiv lässt es sich von der Bedeutung der unbewussten Todeswünsche gegen Freunde und Verwandte in der Traumdeutung (1900) bis zu der ambivalenten Einstellung von Ur- und »Kulturmensch« zum Tode in *Totem und Tabu* (1911–1913) und *Zeitgemäßes über Krieg und Tod* (1915) verfolgen.

Wie wir gesehen haben, war für Freud die Aggression auf theoretischer Ebene zunächst nicht isolierbar. Der nur sparsam verwendete Begriff des »Bemächtigungstriebes« blieb gegenüber den sexuellen Partialtrieben weitgehend unterbelichtet, feindselige Gefühle und destruktive Handlungen wurden jeweils als Ausdruck der »Ambivalenz« und somit immer unter dem Aspekt der Polarität von Liebe und Hass gesehen (Kap. 4). Ab der Einführung des Narzissmus-Begriffs, mit der er den Revisionen Adlers und Jungs zu begegnen suchte, begann Freud allerdings zunehmend die Ichtriebe als die eigentliche und unabhängige Quelle des Hasses zu bezeichnen. Dies zeigt sich deutlich in seiner metapsychologischen Abhandlung *Triebe und Triebschicksale* (1915), wo der Hass als Ausdruck der Ablehnung des narzisstischen Ichs gegenüber der Außenwelt begriffen wird: »Das Ich haßt, verabscheut, verfolgt mit Zerstörungsabsichten alle Objekte, die ihm zur Quelle von Unlustempfindungen werden. Ja, man kann behaupten, daß die richtigen Vorbilder für die Haßrelation nicht aus dem Sexualleben, sondern aus dem Ringen des Ichs um seine Erhaltung und Behauptung stammen.« (SA 3, 100)

Kaum zufällig vollzogen sich diese theoriegeschichtlichen Akzentverschiebungen innerhalb des historisch-politischen Kontexts des Großen Weltkrieges, in dem die Psychoanalytiker in der Behandlung der sogenannten »Kriegsneurosen« mit den Psychiatern wetteiferten.[68] Auf therapeutischer Ebene kam dabei allerdings kaum das neue Freud'sche psychoanalytische Verfahren zum Einsatz als vielmehr die Hypnose oder die ältere kathartische Methode. Freud musste dies am Ende des Krieges selbst anerkennen, als er schrieb, »in der Massenanwendung« sei »das reine Gold der Analyse reichlich mit dem Kupfer der direkten Suggestion zu legieren« (SAE, 249). Die Rückkehr zur Hypnose war nicht umsonst angezeigt, denn sie verwies auf Freuds eigene Anfänge in der Neuropathologie, als Charcot das Problem der traumatischen Neurose aufgeworfen hatte.[69] In seiner Einleitung zu dem Sammelband *Zur Psychologie der Kriegsneurosen* (1919), in dem die wichtigsten Resultate der psychoanalytischen Beiträge zusammengefasst waren, skizzierte Freud noch ein Erklärungsmodell dieser traumatischen Neurosen, das diese im Sinne der Narzißmustheorie als einen »durch einen Ichkonflikt ermöglicht oder begünstigt« begriff (GW 12, 323). Dieser Konflikt entstehe in einem aus Zivilisten gebildeten Volksheer zwischen dem alten friedlichen und dem neuen kriegerischen Ich des Soldaten und führe zur Flucht in die traumatische Neurose, sobald dem Friedens-Ich die Lebensgefahr »durch die Wagnisse seines neugebildeten parasitischen Doppelgängers« vor Augen stehe (GW 12, 323). Mit dieser Wendung verlegte Freud das Problem der exogenen Faktoren des Traumas, der von außen drohenden Gefahr bzw. der Schockwirkungen auf den Organismus, ähnlich wie bereits in seiner früheren Abkehr von der »Verführungstheorie«, wiederum gänzlich ins Innere: So wie in den Übertragungsneurosen des Friedens dem Ich die Ansprüche der Libido als feindlich erscheinen müssen, so sei »das Gefürchtete, zum Unterschied von der reinen traumatischen Neurose und in Annäherung an die Übertragungsneurosen, doch ein innerer Feind« (GW 12, 324).

Als dieser Band erschien, begann Freud bereits mit der Niederschrift einer ersten Fassung von *Jenseits des Lustprinzips*, wo er eingangs feststellte: »Ein Verständnis ist bisher weder für die

Kriegsneurosen noch für die traumatischen Neurosen des Friedens erzielt worden.« (JL, 15) Er wählte nun als Ansatzpunkt eine andere Schwierigkeit bei der Behandlung der traumatischen Neurose, die einen der Grundpfeiler der Psychoanalyse betraf, nämlich die Wunscherfüllungstheorie der *Traumdeutung* (Kap. 2). Mit dieser Theorie vertrug sich die Beobachtung schlecht, dass sich in den Träumen der Patienten das traumatische, Unlust bereitende Erlebnis ständig wiederholte – ein Phänomen, das Freud unter den Begriff des »Wiederholungszwangs« brachte. Dieser war im Rahmen der psychoanalytischen Therapie nicht im Sinne der Übertragung zu lösen und erschien darum als »ursprünglicher, elementarer, triebhafter als das von ihm zur Seite geschobene Lustprinzip« (SA 3, 233). In *Jenseits des Lustprinzips* verfolgte Freud in mehreren Schritten seine »weitausholende Spekulation« (SA 3, 234), mit der er das Problem des Wiederholungszwangs zu lösen suchte. Zunächst entwarf er eine neue Erklärung des exogenen Faktors, der zur Auslösung traumatischer Neurosen führen konnte, unter Rückgriff auf die Theorie des psychischen Apparats. Diese setzt bei der Funktion des »Reizschutzes« an, mit dem das Bewusstsein das Eindringen von übergroßen Erregungen aus der Außenwelt in den Organismus abzuhalten sucht. Im Fall des Traumas scheitert dieser Schutz, und es kommt zu einer »Überschwemmung des seelischen Apparates mit großen Reizmengen« (SA 3, 239), bei denen das Lustprinzip außer Kraft gesetzt ist. Dies führt Freud dazu, den Träumen in der traumatischen Neurose einen Sonderstatus zuzuweisen. Deren Ziel liege nicht in der Wunscherfüllung, sondern im Nachholen der »Reizbewältigung unter Angstentwicklung, deren Unterlassung die Ursache der traumatischen Neurose geworden ist« (SA 3, 241 f.). Sie führten damit nicht zu einer kompletten Revision der Wunscherfüllungstheorie aus der *Traumdeutung*, sondern vielmehr in eine »Vorzeit« des Traums, in dem es um »psychische Bindung traumatischer Eindrücke« geht (SA 3, 241).

In seinem nächsten Schritt, der die Spekulation noch weiter trieb, kam Freud auf die inneren »triebhaften« Kräfte des Wiederholungszwangs zu sprechen, »selbst das wichtigste wie das dunkelste Element der psychologischen Forschung« (SA 3, 244). Ein Vergleich zwischen der Erst- mit der weitaus längeren Zweitfassung des Manuskripts von *Jenseits des Lustprinzips* legt nahe, dass Freud hier zunächst weitaus radikaler vorging und nachträglich eine Entschärfung der zunächst angestellten Spekulation über die allgemeine Natur der Triebe unternahm.[70] Denn in der ersten Fassung des Manuskripts hatte er zunächst *allen* Trieben (auch den Sexualtrieben) eine konservative Tendenz zugewiesen, die auf die Wiederherstellung eines früheren Zustandes zielte: »Da nach unserer ausnahmslosen Erfahrung alles Lebende aus inneren Gründen stirbt, ins Anorganische zurückkehrt, so können wir nur sagen: *Das Ziel alles Lebens ist der Tod*, und zurückgreifend: *Das Leblose war früher da als das Lebende.*« (JL, 39) Schrittweise schränkte er diese Formulierung wieder ein und wies sie zunächst den Selbsterhaltungstrieben zu, die nun paradoxerweise dazu bestimmt schienen, »den eignen Todesweg des Organismus zu sichern und andere Möglichkeiten der Rückkehr zum Anorganischen als die immanenten fernzuhalten. Es erübrigt, daß der Organismus nur auf seine Weise sterben will; auch diese Lebenswächter sind ursprünglich Trabanten des Todes gewesen.« (JL, 40) Das Leben wäre in diesem Sinne also nichts als eine Maskerade, die über Umwege zum Tod führt. Die Triebe würden somit »den täuschenden Eindruck von Kräften machen, die nach Veränderung und Fortschritt streben, während sie bloß ein altes Ziel auf latenten und neuen Wegen zu erreichen trachten« (JL, 39). In der ersten Version des Manuskripts schrieb Freud somit nur den Ichtrieben die Tendenz zum Wiederholungszwang und die Rückkehr zum Unbelebten zu und stellte ihnen die Sexualtriebe als »die eigentlichen Lebenstriebe« entgegen: »Es ist wie ein Zauderrhythmus im Leben der Organismen; die eine Triebgruppe stürmt nach vorwärts, um das Endziel des Lebens möglichst bald zu erreichen, die andere schnellt an einer gewissen Stelle dieses Weges zurück, um ihn von einem bestimmten Punkt an nochmals zu machen und so die Dauer des Weges zu verlängern.« (JL, 41)

Erst in der zweiten Fassung des Manuskripts, die weitgehend der später gedruckten Version entspricht, verwarf Freud diese Ansicht zum Teil und korrigierte seine »extreme Auffassung der Selbsterhaltungstriebe« (SA 3, 249, Fn. 1). In einem neu hinzugefügten Kapitel vollzog er den »dritten Schritt in der Trieblehre«, der auf die beiden vorigen, die »Erweiterung des Begriffs der Sexualität« im Sinne seiner Libdiotheorie und »die Aufstellung des Narzißmus« (JL, 60; SA 3, 267), folgte. Die »Todestriebe« bezeichneten nun eine neue, bisher unbekannte Gruppe von Trieben, die von Beginn an mit dem »Eros« oder den »Lebenstrieben« im Streit liegen, die jetzt die Sexual- und Selbsterhaltungstriebe umfassen. Um die Ableitung seines neuen Triebdualismus plausibel zu machen, sah sich Freud genötigt, nicht nur nochmals auf seine Theorie des psychischen Apparats zurückzukommen, sondern diskutierte auch eine Reihe von biologischen Experimenten und Theorien über Leben und Tod niederer Organismen, vor allem um zu erweisen, dass die »Erwartung, die Biologie werde die Anerkennung der Todestriebe glatt beseitigen«, sich nicht erfüllt habe (SA 3, 258).

Die letzte Partie des Textes ist eine Art theoretisches Spiel, in dem Freud als »*advocatus diaboli*, der sich darum doch nicht dem Teufel selbst verschreibt« (SA, 267), mehrere Möglichkeiten ausprobiert, kaum zufällig in einem ähnlichen Zauderrhythmus, den er dem Ablauf des Lebens selbst zuschreibt. Die wissenschaftliche Diskussion mündet letztlich auf unerwartete Weise in eine »Hypothese« von »so phantastischer Art«, »gewiß eher ein Mythus als eine wissenschaftliche Erklärung« (SA 3, 266), so dass Freud schließlich als letzte Autorität Platos berühmten Mythos von der Trennung der Geschlechter aus einer ursprünglichen zwitterhaften Einheit im Gastmahl anruft. Um auch dem Eros das »*Bedürfnis nach Wiederherstellung eines früheren Zustandes*« (SA 3, 266) – und somit die ursprünglich postulierte konservative Tendenz *aller* Triebe – nachweisen zu können, übersetzt er den platonischen Mythos in die Sprache der theoretischen Biologie: »Sollen wir, dem Wink des Dichterphilosophen folgend, die Annahme wagen, daß die lebende Substanz bei ihrer Belebung in kleine Partikel zerrissen wurde, die seither durch die Sexualtriebe ihre Wiedervereinigung anstreben?« (SA 3, 267)

Obwohl Freud die Vorläufigkeit dieser neuen Annahmen und seine eigenen Zweifel daran hervorhob (»ich weiß nicht, wie weit ich an sie glaube«, SA 3, 267), blieben sie dennoch sein letztes Wort in Sachen Triebtheorie. So resümierte er sie 1923 dahingehend, die »im Grunde geräuschlos« arbeitenden »Todestriebe« würden »als *Destruktions-* oder *Aggressionstendenzen* zum Vorschein kommen«, während »die uns analytisch besser bekannten libidinösen sexual- oder Lebenstriebe, am besten als Eros zusammengefaßt«, die Absicht verfolgten, »aus der lebenden Substanz immer größere Einheiten zu gestalten, somit die Fortdauer des Lebens zu erhalten und es zu höheren Entwicklungen zu führen« (GW 13, 233). Damit war sowohl die Jung'sche Theorie von der »Urlibido« zurückgewiesen als auch Adlers Aggressionstrieb integriert, einschließlich der auf diesen zurückgehenden Idee einer »Triebverschränkung«, der zufolge die beiden Urtriebe »regelmäßige Vermischungen« aber auch »Entmischungen« eingehen könnten. Nach Freuds neuer theoretischer Wendung bestünde das Leben selbst somit »in den Äußerungen des Konflikts oder

der Interferenz beider Triebarten und brächte dem Individuum den Sieg der Destruktionstriebe durch den Tod, aber auch den Sieg des Eros durch die Fortpflanzung« (GW 13, 233).

Es-Mythologie und Ich-Psychologie

1923 erfolgte mit *Das Ich und das Es* die nächste und letzte größere theoretische Revision der Metapsychologie, die Freud ein Jahr zuvor auf dem VII. Internationalen Psychoanalytischen Kongress in Berlin skizziert hatte, dem letzten, an dem er selbst teilnahm (GWN, 730). Ausgehend von einer Neubestimmung des Verhältnisses des Ichs zum Unbewussten führte sie zur Ausarbeitung eines neuen Strukturmodells der Psyche, der sogenannten zweiten Topik (Ich, Es, Über-Ich). Bereits drei Jahre zuvor hatte Freud begonnen, einen Standpunkt zu verlassen, der in den Begriffen der ersten Topik das Bewusste und das Unbewusste zur Erklärung der Widerstände in der Kur heranzog. Vielmehr seien »das zusammenhängende Ich und das Verdrängte in Gegensatz« zueinander zu sehen: »Vieles am Ich ist sicherlich selbst unbewußt, gerade das, was man den Kern des Ichs nennen darf.« (SA 3, 229) Zwar sollte Freud diese extreme Auffassung 1923 wieder einschränken, doch macht sie die neue theoretische Stoßrichtung deutlich, die die besondere Position des Ichs zwischen den Oberflächen des psychischen Apparats (dem System Wahrnehmung–Bewusst) und dem in der Tiefe angesiedelten triebhaften Unbewussten anzugeben sucht.

Um der unbewussten Anteile des Ichs Rechnung zu tragen, spricht Freud nun vom »Es« und bedient sich damit eines neuen Begriffs, den er von dem deutschen Arzt und Schriftsteller Georg Groddeck (1866–1934) übernimmt. Dessen selbstanalytisch gefärbter Briefroman *Das Buch vom Es* war im selben Jahr im Internationalen Psychoanalytischen Verlag erschienen und verfolgte vordergründig die Zielsetzung, »ein gemeinverständliches Buch über Psychoanalyse« zu bieten, das die Behandlung erleichtern sollte (Groddeck an Freud, 6.8.1921, GG, 153). Aus dem Briefwechsel zwischen Freud und Groddeck werden sowohl der Parallelgang zwischen dem theoretischen Hauptwerk des Meisters und dem psychoanalytischen Roman des Schülers als auch deren grundlegend unterschiedliche theoretische Auffassungen deutlich. So bedeutet Groddecks These, dass der Mensch vom Es gelebt wird, eine radikale Abwendung von der Psychologie, auch durch seine eigentümliche literarische Form, die stets aufs Neue vorführt, dass es letztlich kein geordnetes theoretisches Sprechen vom Unbewussten geben kann: »Glauben Sie mir, über das Unbewußte läßt sich nicht sprechen, nur stammeln oder besser nur leise dieses oder jenes andeuten, damit die Höllenbrut der unbewußten Welt nicht aus den Tiefen mit wüsten Mißklängen hervorbricht.«[71] Freud hingegen, der Groddeck als einen modernen, von Nietzsche inspirierten Mystiker begriff, suchte dessen »Es-Mythologie« (GG, 233) in *Das Ich und das Es* »ihre Stelle im Gefüge der Wissenschaft anzuweisen« (SA 3, 292), und das heißt innerhalb seiner eigenen Theorie: »In Ihrem Es erkenne ich mein zivilisiertes, bürgerliches, der Mystik beraubtes Es natürlich nicht wieder. Doch, wissen Sie, leitet sich meines aus Ihrem ab.« (Freud an Groddeck, 18.6.1925, GG, 223)

Bei der Präsentation seines Drei-Instanzenmodells illustriert Freud seine Begriffe nicht nur anhand einer an der Gehirnanatomie inspirierten Zeichnung, sondern auch indem er sie gemäß »allbekannten populären Unterscheidungen« (SA 3, 294) beschreibt: »Die Wahrnehmung spielt für das Ich die Rolle, welche im Es dem Trieb zufällt. Das Ich repräsentiert, was man Vernunft und Besonnenheit nennen kann, im Gegensatz zum Es, welches die Leidenschaften enthält.« (SA 3, 294 f.) In dem Freud'schen

Modell sind Ich und Es nicht scharf voneinander geschieden und daher als relationale Begriffe zu verstehen: Das Ich ist ein Teil des Es, der jedoch über das Wahrnehmungssystem mit der äußeren Realität verbunden ist und dementsprechend das Realitätsprinzip gegenüber den Ansprüchen des Lustprinzips vertritt, welche das Es beherrschen. In diesem Sinne vergleicht Freud das Ich im Verhältnis zum Es mit dem Reiter, der die Energie des Pferdes zügeln muss, »mit dem Unterschied, daß der Reiter dies mit eigenen Kräften versucht, das Ich mit geborgten. Wie dem Reiter, will er sich nicht vom Pferd trennen, oft nichts anderes übrigbleibt, als es dahin zu führen, wohin es gehen will, so pflegt auch das Ich den Willen des Es in Handlung umzusetzen, als ob es der eigene wäre.« (SA 3, 294) Bereits in Bezug auf das Es, aus dem es sich entwickelt, befindet sich das Ich daher immer in einer inneren Abhängigkeit. Im Weiteren hat es nicht nur die Ansprüche der Außenwelt zu vertreten, sondern muss sich auch der moralischen Zensur des Über-Ichs beugen, in dem die frühesten Identifizierungen mit den Eltern (und insbesondere mit dem Vater im Ödipuskomplex) abgelagert sind.

Der neu eingeführte Begriff des Über-Ichs rückt nun weitgehend an die Stelle desjenigen des Ichideals und soll den vielfachen Komplikationen Rechnung tragen, die bei der Ausbildung und Verdrängung des Ödipuskomplexes, d.h. bei den ersten Objektwahlen im Es, auftreten. Freud erweitert dabei die an der Vateridentifizierung des Knaben orientierte Theorie um den »*vollständigeren* Ödipuskomplex«, der immer zweifach ausfällt, positiv oder negativ, gemäß der »ursprünglichen Bisexualität des Kindes«. Demzufolge hat der »Knabe [...] nicht nur eine ambivalente Einstellung zum Vater und eine zärtliche Objektwahl für die Mutter, sondern er benimmt sich auch gleichzeitig wie ein Mädchen, er zeigt die zärtliche feminine Einstellung zum Vater und die ihr entsprechende eifersüchtig-feindselige gegen die Mutter«

(SA 3, 300). Damit ordnet Freud die möglichen Ausgänge des Ödipuskomplexes, die für die Charakterbildung und die jeweiligen sexuellen Anlagen entscheidend sind (Kap. 3), auf einem Kontinuum an, in dem die Vater- und Mutteridentifizierungen bei verschiedenen Individuen jeweils verhältnismäßig anders ausfallen. Wesentlich für die Konstruktion des Strukturmodells ist, dass die individuelle Ausprägung *allgemein* zu einem »Niederschlag im Ich« und damit zu einer dauerhaften »Ichveränderung« führt, die »dem anderen Inhalt des Ichs als Ichideal oder Über-Ich« entgegentritt (SA 3, 301). Die Entstehung des Über-Ichs verdankt sich neben dem biologischen Faktor der kindlichen Hilflosigkeit des Menschen vor allem dem historischen Faktor des Ödipuskomplexes (SA 3, 302, Fn. 1; SE 19, 35). Als »Erbe« des Letzteren ist es »Ausdruck der mächtigsten Regungen und wichtigsten Libidoschicksale des Es« (SA 3, 303). In diesem Sinne bedeutet die Bewältigung des Ödipuskomplexes durch das Ich, das als Repräsentant der Außenwelt und Realität agiert, zugleich die Unterwerfung unter die Innenwelt des Es, als dessen »Anwalt« das Über-Ich auftritt (SA 3, 303). Die Sonderung des Über-Ichs vom Ich vertritt somit »die bedeutendsten Züge der individuellen und der Artentwicklung, ja, indem sie dem Elterneinfluß einen dauernden Ausdruck schafft, verewigt sie die Existenz der Momente, denen sie ihren Ursprung verdankt« (SA 3, 302 f.). An diesem Punkt verknüpft Freud sein Instanzenmodell mit der Kulturtheorie, wie er sie zwischen *Totem und Tabu* und der *Massenpsychologie* ausgearbeitet hat (Kap. 4), und situiert »Religion, Moral und soziales Empfinden – diese Hauptinhalte des Höheren im Menschen« (SA 3, 304) im Über-Ich.

Spätestens hier wird auch deutlich, dass Freud ungeachtet der theoretischen Vervollständigung des Ödipuskomplexes hinsichtlich der Identifizierung auf beide Elternteile bei der Bestimmung des Über-Ichs dennoch beharrlich an der seit *Totem und Tabu* entwickelten Vorstellung von der Zentralität des »Vaterkomplexes« festhält: »Obwohl allen späteren Einflüssen zugänglich, behält es doch zeitlebens den Charakter, der ihm durch seinen Ursprung aus dem Vaterkomplex verliehen ist, nämlich die Fähigkeit, sich dem Ich entgegenzustellen und es zu meistern. Es ist das Denkmal der einstigen Schwäche und Abhängigkeit des Ichs und setzt seine Herrschaft auch über das reife Ich fort. Wie das Kind unter dem Zwange stand, seinen Eltern zu gehorchen, so unterwirft sich das Ich dem kategorischen Imperativ seines Über-Ichs.« (SA 3, 315) Die sich seit Beginn der 1920er Jahre aus der therapeutischen Behandlung und dem zunehmenden Ruf nach der Theoretisierung der Rolle der Mutter ergebende neue symmetrische Fassung des Ödipuskomplexes führte Freud nicht zu einer Revision der Hypothese vom Mord am Urvater. Die kulturtheoretischen Schriften der späteren Periode, insbesondere *Das Unbehagen in der Kultur* (1930), werden einerseits durch dieses Festhalten am Primat einer patrilinearen Genealogie geprägt, andererseits durch die Form, in der Freud nun den Dualismus von Eros und Todestrieben auch in seinem neuen Instanzenmodell verankert.

Wenn die Psychoanalyse nach dem berühmten Satz »Wo Es war, soll Ich werden« (SA 1, 516) als jenes »Werkzeug« gilt, »welches dem Ich die fortschreitende Eroberung des Es ermöglichen soll« (SA 3, 322), so wird deutlich, wie groß sich die Herausforderung dieses auf dem Boden der modernen Kultur auszufechtenden Eroberungsfeldzugs ausnimmt. Denn das Ich erweist sich hier vor allem als »armes Ding, welches unter dreierlei Dienstbarkeiten steht und demzufolge unter den Drohungen von dreierlei Gefahren leidet, von der Außenwelt her, von der Libido des Es und von der Strenge des Über-Ichs« (SA 3, 322). »Seine Majestät das Ich« (SA 10, 276) bietet somit das klägliche Bild eines Herrschers, der »in der Beziehung zur Handlung etwa die Stellung eines konstitutionellen Monarchen« innehat, »ohne dessen Sanktionen nichts Gesetz werden kann, der es sich aber sehr überlegt, ehe er gegen einen Vorschlag des Parlaments sein Veto einlegt« (SA 3, 322). Das Ich muss nicht nur zwischen den Ansprüchen der Außenwelt und der Wunschwelt des Es vermitteln, sondern auch als »unterwürfiger Knecht« um dessen Liebe werben und die Konflikte des Es mit der Realität und auch diejenigen mit dem Über-Ich vertuschen – »liebedienerisch, opportunistisch und lügnerisch« (SA 3, 323). Andererseits steht es unter fortwährender Beobachtung durch das strenge Über-Ich, das die Missachtung seiner Normen mit Gefühlen der Minderwertigkeit oder des Schuldbewusstseins rächt. »So vom Es getrieben, vom Über-Ich eingeengt, von der Realität zurückgestoßen, ringt das Ich um die Bewältigung seiner ökonomischen Aufgabe, die Harmonie unter den Kräften und Einflüssen herzustellen, die in ihm und auf es wirken.« (SA 1, 515)

Für Freud erweist sich das Ich deshalb als »die eigentliche Angststätte« (SA 3, 323), eine Kennzeichnung, die sich nach der Einführung der Todestriebe noch weiter verschärft und in Bereiche vordringt, die bisher außerhalb der Reichweite psychoanalytischer Theorie lagen. Nicht nur sieht sich das Ich in Bezug auf die Ansprüche der beiden anderen Instanzen und der Außenwelt bedroht, sondern auch durch die von ihm selbst beförderte Arbeit der Todestriebe zur Beherrschung der Libido im Es: »Durch seine Identifizierungs- und Sublimierungsarbeit leistet es den Todestrieben im Es Beistand zur Bewältigung der Libido, gerät aber in Gefahr, zum Objekt der Todestriebe zu werden und selbst umzukommen.« (SA 3, 323) Eine andere Gefahr wiederum sieht Freud vom Über-Ich aus gegeben, das unter bestimmten Umständen (wie etwa der Melancholie) »zu einer Art Sammelstätte der Todestriebe« werden (SA 3, 320) und zur völligen Vernichtung des Ichs führen kann. Wesentlich ist dabei die Auffassung

Freuds, dass Moralität und Gewissensbildung in der modernen Kultur keineswegs zur Eindämmung der Aggression führten, sondern allein zu deren Unterdrückung. Somit kann sich diese vom Über-Ich ausgehend verstärkt auf das Ich richten: »Je mehr ein Mensch seine Aggression meistert, desto mehr steigert sich die Aggressionsneigung seines Ideals gegen sein Ich.« (SA 3, 321) Die Grausamkeit dieses hypermoralischen Über-Ichs leitet Freud letztendlich aus seiner Entstehung durch die »Identifizierung mit dem Vatervorbild« ab, deren Sublimierung oder Desexualisierung zu einer Triebentmischung führe, die den erotischen Triebkomponenten die Kraft zur Bindung der damit einhergehenden »Aggressions- und Destruktionsneigung« entzieht (SA 3, 321). Damit steht das theoretische Gerüst bereit, auf dem Freud seine späte Kulturkritik errichten wird, die das konstitutive Unglück des Menschen in der Kultur behandelt.

Das Unglück des Kulturmenschen

Ab 1927 begann Freud das Thema der Kulturfeindlichkeit des Menschen im Lichte seiner theoretischen Neufassungen zu behandeln. Er machte es zum Gegenstand von zwei kürzeren Büchern, dem religionskritischen Pamphlet *Die Zukunft einer Illusion* (1927) und der kulturtheoretischen Schrift *Das Unbehagen in der Kultur* (1930), die auf Anhieb ein Publikumserfolg wurde. Obwohl Freud selbst meinte, er sei mit diesen Schriften nach dem »lebenslangen Umweg über die Naturwissenschaften, Medizin und Psychotherapie« wieder zu jenen kulturtheoretischen Problemen zurückgekehrt, die ihn seit seiner Jugend beschäftigt hatten (GW 16, 32), kann diese Wende doch eher auf den Kontext einer konservativen Zivilisationskritik zurückgeführt werden, wie sie in Deutschland nach dem Ersten Weltkrieg betrieben wurde.

Wenn Freud 1927 in einem Nebensatz feststellte, er »verschmähe es, Kultur und Zivilisation zu trennen« (SA 9, 140), so suchte er sich sichtlich von dieser Literatur abzugrenzen, die im Windschatten von Oswald Spenglers geschichtsphilosophischem Bestseller *Der Untergang des Abendlandes* (1918–1923) segelte. Allerdings kann man darin auch einen Versuch sehen, den Kulturpessimismus theoretisch wieder zu nobilitieren, um eine Zeitdiagnose zu stellen, die noch viel unerbittlicher und hoffnungsloser ausfallen sollte.

Freud hatte für *Das Unbehagen in der Kultur*, das bereits im Winter 1929 erschienen war, zunächst bezeichnenderweise zuerst zwei andere Titel gewählt: »Das Glück und die Kultur« bzw. »Das Unglück in der Kultur«.[72] Das menschliche Streben nach Glück ist der Ausgangspunkt seiner Überlegungen, die darin »einfach das Programm des Lustprinzips« erkennen, »das den Lebenszweck setzt« (SA 9, 208). Dieses Programm, das Unlust und Schmerz vermeiden und starke Lusterlebnisse befördern soll, stößt jedoch nach Freuds Befund an eine Reihe von notwendigen Grenzen: eine ist vom eigenen zum Verfall und Tod bestimmten Körper vorgezeichnet, eine andere durch eine potenziell destruktive und übermächtige Außenwelt, die dritte, die das »vielleicht schmerzlicher als jedes andere« erscheinende Leiden hervorruft, rührt schließlich aus den Beziehungen zu anderen Menschen her (SA 9, 209). Die Absicht, »daß der ›Mensch‹ glücklich sei«, scheint somit »im Plan der ›Schöpfung‹ nicht enthalten« (SA 9, 209). Gemäß seiner Libidotheorie schränkt Freud damit die Glückserfahrung auf ein »episodisches Phänomen« ein, das keine Fortdauer von anhaltender Intensität erlaubt. Wie so oft geht er von einem Einspruch eines virtuellen oder realen Lesers aus, in diesem Fall gegen seine Analyse der Religion, die er kurz zuvor in *Die Zukunft einer Illusion* vorgebracht hatte. Der befreundete Schriftsteller Romain Rolland hatte der unerbittlichen Kritik des Psychoanalytikers zwar zugestimmt, aber zugleich angemerkt, dieser habe das Wesentliche unanalysiert gelassen, nämlich die Grunderfahrung allen religiösen Erlebens, das mystische Verschmelzen des Ichs mit der Außenwelt (Freud an Rolland, 14.7.1929; B, 405 f.). Die Idee eines solchen »ozeanischen Gefühls« lieferte Freud den Abgrenzungspunkt, gegen den er seine psychologische Analyse des Glücksstrebens in *Das Unbehagen in der Kultur* entwickelte. Wiederum ist es eine Art ›Mystik‹ des Es, dessen Erfahrung der Psychoanalytiker zwar nicht generell bestreitet, aber nicht zu teilen vermag: »Ich selbst kann dies ›ozeanische Gefühl‹ nicht in mir entdecken.« (SA 9, 198) Wenn die Mystik »die dunkle Selbstwahrnehmung des Reiches ausserhalb des Ichs, des Es« ist, wie Freud noch in einer seiner letzten Notizen festhält (GW 17, 152), bietet sie einen schwierigen, wenn nicht sogar unmöglichen Gegenstand für die wissenschaftliche Analyse. Insofern behandelt die Freud'sche Reflexion über das Glück dieses nur in »jenem ermäßigten Sinn, in dem es als möglich erkannt wird«. Da es sich als »ein Problem der individuellen Libidoökonomie« erweist, kann der Psychoanalytiker nicht als wohlmeinender Ratgeber auftreten: »ein jeder muß selbst versuchen, auf welche besondere Fasson er selig werden kann.« (SA 9, 215)

Ausgehend von diesen Bestimmungen diskutiert Freud nun die grundlegende Unzufriedenheit der zivilisierten westlichen Menschen mit ihrer Kultur, das heißt mit der »Unzulänglichkeit der Einrichtungen, welche die Beziehungen der Menschen zueinander in Familie, Staat und Gesellschaft regeln« (SA 9, 217). Woher stammt die Sehnsucht nach der Rückkehr in »primitive Verhältnisse«, die in einer Zeit, welche lautstark die Errungenschaften von Wissenschaft und Technik preist, als Ausdruck einer »befremdlichen Kulturfeindlichkeit« erscheinen muss (SA 9, 217 f.)? Freuds historischer Abriss der menschlichen Naturbeherrschung und des wissenschaftlich-technischen Fortschritts fällt trocken und skeptisch aus. Zwar habe der Mensch mit seinen Werkzeugen und Maschinen seine Körperorgane vervollkommnet und scheint sich damit Attribute der Gottähnlichkeit (wie Allmacht und Allwissenheit) erworben zu haben, doch sei er nichts weiter als ein »Prothesengott«: »recht großartig, wenn er all seine Hilfsorgane anlegt, aber sie sind nicht mit ihm verwachsen und machen ihm gelegentlich noch viel zu schaffen« (SA 9, 222). Freud wendet sich damit gegen die Idee, »Kultur sei gleichbedeutend mit Vervollkommnung« (SA 9, 226). Auch lehnt er die seit der Aufklärung geläufige Auffassung ab, die in Bildung und Erziehung eine dem Menschen gegebene Bestimmung zur Selbstbestimmung erkennt, indem er auf dem Antagonismus zwischen den Anforderungen der Libido und ihren vielfachen kulturellen Einschränkungen insistiert. »Die individuelle Freiheit ist kein Kulturgut« (SA 9, 226), sie habe sich vielmehr stets gegen die auf Triebverzicht aufgebauten kulturellen Institutionen zu behaupten. Freud stützt dieses Argument auf zwei Beispiele aus der menschlichen Gattungsgeschichte, mit denen er seine Spekulationen über den Urmenschen weitertreibt: Das erste Beispiel bildet die ursprüngliche Zähmung des Feuers, die durch den Verzicht auf die infantile Lust hervorgegangen sein soll, es durch den Harnstrahl zu löschen, und damit auch auf »den Genuß der männlichen Potenz im homosexuellen Wettkampf« (SA 9, 221, Fn. 1).

Das zweite Beispiel fällt anthropologisch noch stärker ins Gewicht, da es die Abwendung des Menschen von der Erde und das Annehmen des aufrechten Ganges betrifft. Damit stünde die »Aufrichtung des Menschen« am Beginn jenes »verhängnisvollen Kulturprozesses«, der mit der Entwertung der Geruchsreize eingesetzt und über das Sichtbarwerden der Genitalien und die »Kontinuität der Sexualerregung« zur Gründung stabiler familiärer Einheiten geführt habe (SA 9, 229, Fn. 1). Der Triebverzicht in diesen Entwicklungsphasen hätte sich somit solchen »organischen Verdrängungen« verdankt, die eine Reihe von Tabus, Geboten und Reaktionsbildungen (wie Reinlichkeitsanforderungen, Scham, Ekel, etc.) nach sich gezogen hätten. Diese Entwertung des Geruchssinnes habe nicht zu widerrufende Folgen nicht nur auf die Analerotik, sondern auf die gesamte menschliche Sexualität gehabt, die »ein Opfer der organischen Verdrängung zu werden drohte, so daß seither die sexuelle Funktion von einem nicht weiter zu begründenden Widerstreben begleitet wird, das eine volle Befriedigung verhindert und vom Sexualziel wegdrängt zu Sublimierungen und Libidoverschiebungen« (SA 9, 235, Fn. 2). Freud hatte die These von der Verdrängung der anal-sadistischen Partialtriebe durch die Aufrichtung des Menschen und von der kulturellen Unerziehbarkeit des Sexualtriebes zwar bereits 1912 vorgebracht, doch mit dem Hinweis auf die Sublimierung noch positiv gewendet und zur »Quelle der großartigsten Kulturleistungen« erklärt (SA 5, 208). In *Das Unbehagen in der Kultur* fiel sein Befund nun weitaus negativer aus: Das »Sexualleben des Kulturmenschen« sei »schwer geschädigt« und habe darum seine »Bedeutung als Quelle von Glücksempfindungen« weitgehend eingebüßt (SA 9, 234).

In der »Kulturversagung« erkennt die Freud'sche Kulturkritik eine der wichtigsten Ursachen für die Feindseligkeit der einzelnen Menschen gegen die Kultur; als Bedingung des Überschreitens seiner tierischen Anfänge ist diese jedoch unumgänglich. Sie führt zu einem der »Schicksalsprobleme« der Menschheit, nämlich der Frage, ob die individuellen Bedürfnisse und die »kulturellen Massenansprüchen« durch eine bestimmte Gestaltung der Kultur zu einem »beglückenden Ausgleich« gelangen können oder ob sie in einen unversöhnlichen Konflikt münden (SA 9, 226). Dieses Problem verschärft sich Freud zufolge durch die Einbeziehung der menschlichen »Aggressionsneigung«, welche die aus libidinösen, zielgehemmten Strebungen aufgebaute Kultur (dem Wirken des »Eros«) fortwährend von innen her bedroht: »Die Kultur muß alles aufbieten, um den Aggressionstrieben des Menschen Schranken zu setzen, ihre Äußerungen durch psychische Reaktionsbildungen niederzuhalten. Daher also das Aufgebot von Methoden, die den Menschen zu Identifizierungen und zielgehemmten Liebesbeziehungen antreiben sollen, daher die Einschränkung des Sexuallebens und daher auch das Idealgebot, den Nächsten zu lieben wie sich selbst, das sich wirklich dadurch rechtfertigt, daß nichts anderes der ursprünglichen menschlichen Natur so sehr zuwiderläuft.« (SA 9, 241)

In *Das Unbehagen in der Kultur* verabschiedet Freud damit nicht nur die christliche Nächstenliebe als absurde »Zumutung« (mit dem Heine-Wort »ja, man muß seinen Feinden verzeihen, aber nicht früher, als bis sie gehenkt werden« [SA 9, 239, Fn. 1]), sondern verwirft auch die Aufhebung des Privateigentums im Kommunismus und die Vorstellung von der »völligen Befreiung des Sexuallebens« aus den Banden der Familie als zukünftige utopische Lösungen der Kulturentwicklung: »eines darf man erwarten, daß der unzerstörbare Zug der menschlichen Natur ihr auch dorthin folgen wird« (SA 9, 242). In seiner Diskussion der Frage, wie die Kultur die konstitutive Aggressionsneigung des Menschen in Schach halten könne, gelangt Freud zu einer Formulierung, die das seit *Totem und Tabu* behandelte Thema der Schuld in den Begriffen des Drei-Instanzen-Modells theoretisch zu fassen sucht:

»Die Aggression wird introjiziert, verinnerlicht, eigentlich aber dorthin zurückgeschickt, woher sie gekommen ist, also gegen das eigene Ich gewendet. Dort wird sie von einem Anteil des Ichs übernommen, das sich als Über-Ich dem übrigen entgegenstellt, und nun als Gewissen gegen das Ich dieselbe strenge Aggressionsbereitschaft ausübt, die das Ich gerne an anderen, fremden Individuen befriedigt hätte. Die Spannung zwischen dem gestrengen Über-Ich und dem ihm unterworfenen Ich heißen wir Schuldbewußtsein; sie äußert sich als Strafbedürfnis. Die Kultur bewältigt also die gefährliche Aggressionslust des Individuums, indem sie es schwächt, entwaffnet und durch eine Instanz in seinem Inneren, wie durch eine Besetzung in der eroberten Stadt, überwachen läßt.« (SA 9, 250)

Freud arbeitet das bereits in *Das Ich und das Es* entworfene Thema der Abhängigkeiten des Ichs von einem unerbittlichen Über-Ich damit in seinen kulturellen und ethischen Konsequenzen aus und gelangt so zu seinem düsteren »Endergebnis«: Das Schuldgefühl, die dauerhaft installierte »Angst vor dem Über-Ich« in Form des Gewissens, erscheint nun »als das wichtigste Problem der Kulturentwicklung«, indem es die »Glückseinbuße« als den zu zahlenden Preis für den Fortschritt der menschlichen Zivilisation bestimmt (SA 9, 260 f.). Nach Freuds pessimistischer Anschauung führt die »Beherrschung der Naturkräfte« nicht zwangsläufig auch zur dauerhaften Zähmung des »menschlichen Aggressions- und Selbstvernichtungstriebs«. Der ungewisse Ausgang des Kampfes zwischen Eros und Todestrieben wird so für Freud zur »Schicksalsfrage der Menschenart«, die es mit den Mitteln von Wissenschaft und Technik so weit gebracht hat, sich selbst auszurotten (SA 9, 270).

Wenn auch die Zeitdiagnose dieses Buches das Gefühl vieler Intellektueller traf (Ludwig Wittgenstein hielt etwa 1930 in seinem Tagebuch fest, Adolf Loos, Oswald Spengler, Freud und er selbst gehörten »alle in dieselbe Klasse, die für diese Zeit charakteristisch ist«[73]), so wurde Freuds Kulturpessimismus innerhalb der psychoanalytischen Bewegung weniger zustimmend aufgenommen. Insbesondere die Hypothese vom Todestrieb erregte Widerspruch. So wandte etwa der Zürcher Pfarrer Oskar Pfister, der zu Freuds loyalen Anhängern zählte, nach Lektüre der

Schrift ein, er könne den Todestrieb nur als »Nachlassen der ›Lebenskraft‹« und somit »nicht als eigentlichen Trieb« auffassen (4.2.1930, OP, 269). Freuds Antwort fiel charakteristisch aus, indem sie demonstriert, wie sehr er seine theoretischen Auffassungen stets im Rahmen einer antagonistischen Diskussion begriff:

»Der Todestrieb ist mir kein Herzensbedürfnis, er erscheint nur als unvermeidliche Annahme aus biologischen wie aus psychologischen Gründen. Davon leitet sich dann das Übrige ab. Mein ›Pessimismus‹ erscheint mir also als ein Resultat, der Optimismus meiner Gegner als eine Voraussetzung. Ich könnte auch sagen, ich habe mit meinen düsteren Theorien eine Vernunftehe geschlossen, die anderen leben mit den ihren in einer Neigungsehe. Hoffentlich werden sie dabei glücklicher als ich.« (7.2.1930, OP, 272)

Eine andere Gelegenheit zur Diskussion derselben Themen ergab sich bald, als das Internationale Institut für geistige Zusammenarbeit in Paris 1933 Freud einlud, in einen öffentlich geführten Briefwechsel mit Albert Einstein zur Frage *Warum Krieg?* einzutreten.[74] Der Abriss der politischen Geschichte, den der Psychoanalytiker in Antwort auf den Physiker skizzierte, gipfelte in dem finsteren Resümee, die Menschheit habe letztlich »zahlreiche, ja unaufhörliche Kleinkriege gegen seltene, aber umso mehr verheerende Großkriege« eingetauscht (SA 9, 279). Freud sah folglich wenig Aussicht auf die »Einsetzung einer Zentralgewalt« wie dem Völkerbund, »welcher der Richtspruch in allen Interessenskonflikten« übertragen werden könnte: Statt der Macht der Ideen oder Ideologien, die sich sämtlich als wirkungslos erwiesen, müssten mächtige Gefühlsbindungen dem Krieg entgegenwirken. Gemäß seiner *Massenpsychologie* insistierte Freud auf der »angeborenen und nicht zu beseitigenden Ungleichheit der Menschen, daß sie in Führer und Abhängige zerfallen«, und brachte eine Idee vor, die er bereits in *Die Zukunft einer Illusion* skizziert hatte, nämlich die Schaffung einer intellektuellen Führerelite, einer »Oberschicht selbständig denkender, der Einschüchterung unzugänglicher, nach Wahrheit ringender Menschen, denen die Lenkung der unselbständigen Massen zufallen würde« (SA 9, 284). Der Idealzustand wäre eine Gesellschaft, die ihr Triebleben der »Diktatur der Vernunft« unterwerfen könnte, eine allerdings »utopische Hoffnung« (SA 9, 284). Auf überraschende Weise kam Freud allerdings am Ende seines Briefes zu einer etwas weniger pessimistischen Auffassung des »Kulturprozesses« als im *Unbehagen in der Kultur* und hielt fest: »Alles, was die Kulturentwicklung fördert, arbeitet auch gegen den Krieg.« (SA 9, 286). Statt einer genaueren Begründung für diesen plötzlichen Kurswechsel bekannte er sich, ebenso wie Einstein, zu einem uneingeschränkten Pazifismus, der ihm biologisch und psychologisch nun ebenso notwendig erschien wie der Todestrieb: »Wir sind Pazifisten, weil wir es aus organischen Gründen sein müssen. Den psychischen Einstellungen, die uns der Kulturprozeß aufnötigt, widerspricht nun der Krieg in der grellsten Weise, darum müssen wir uns gegen ihn empören, wir vertragen ihn einfach nicht mehr, es ist nicht bloß eine intellektuelle und affektive Ablehnung, es ist bei uns Pazifisten eine konstitutionelle Intoleranz, eine Idiosynkrasie gleichsam in äußerster Vergrößerung.« (SA 9, 286)

6. *Dark Continent*: Das Rätsel der weiblichen Sexualität

> »Vom Geschlechtsleben des kleinen Mädchens wissen wir weniger als von dem des Knaben. Wir brauchen uns dieser Differenz nicht zu schämen; ist doch auch das Geschlechtsleben des erwachsenen Weibes ein *dark continent* für die Psychologie.«
> *Zur Frage der Laienanalyse* (SAE, 303)

In den Zeiten des Umbaus seiner Metapsychologie und Kulturtheorie wurde Freud auch veranlasst, auf seine theoretischen Positionen hinsichtlich der weiblichen Sexualität zurückzukommen. Seine Klarstellungen zu diesem Thema, die er zwischen 1923 und 1937 in einer Reihe von Aufsätzen veröffentlichte, ergaben sich jedoch weniger aus innerer Notwendigkeit. Vielmehr standen sie im Kontext einer zunehmend polemischen Kontroverse, die Freud dazu zwang, auf Kritik aus den eigenen Reihen zu antworten. Wiederholt bezog er dabei den Standpunkt des Nichtwissenden und gestand gegenüber seinen Anhängern unumwunden, dass die Entwicklung der weiblichen Sexualität ihm »außerordentlich dunkel« sei (Freud an Abraham, 8.12.1924, AB, 797). Bezeichnenderweise war es Karl Abraham, der die erste ausführlichere Studie zum weiblichen Kastrationskomplex verfasste und nicht Freud.[75] Wie wir bereits gesehen haben, war Letzterer zu ausladenden Spekulationen über den Beginn der Menschheitsgeschichte in einer vom Urvater beherrschten Horde bereit, stieß aber an eine Grenze, wenn es um die »Schicksale des Weibes in diesen

Urzeiten« ging, die ihm »durch besonderes Dunkel verhüllt« schienen (GWN, 651, Kap. 4). Nicht selten ist dieses Widerstreben, den »dunklen Kontinent« zu erforschen, entweder aus einem persönlichen Unvermögen Freuds oder allein aus einem seinem sozialen Milieu geschuldeten konservativen Frauenbild abgeleitet worden.[76] Wenn sich dafür in den Korrespondenzen zweifellos Belege finden lassen,[77] so bieten die vielfachen Akzentverschiebungen und Revisionen im Hinblick auf die Psychosexualität der Frau jedoch ein komplexeres Bild. Aus der Perspektive der philosophischen Kritik, die etwa Sarah Kofman unternommen hat, erscheint das Rätsel der Weiblichkeit für Freud als »das Rätsel schlechthin« und setzt damit eine Reihe von theoretischen Strategien in Gang, die unweigerlich in den Bereich der Spekulation führen müssen.[78] Es ist allerdings auffällig, dass bei der Formulierung dieses Rätsels immer das theoretische Postulat von der konstitutionellen Bisexualität des Menschen ins Spiel gebracht wird (GW 15, 140). Dieses erweist sich dabei als zweischneidiges Schwert: Denn wie sich im vorigen Kapitel gezeigt hat, konnte Freud unter Verweis auf die Bisexualität zwar zu seiner vervollständigten und symmetrischen Version des Ödipuskomplexes in *Das Ich und das Es* gelangen, aber ohne den Schritt zur gleichberechtigten Anerkennung der Rolle der Mutter in der Herausbildung des Über-Ichs oder bei der Theoretisierung der Übertragungsbeziehung in der psychoanalytischen Therapie zu machen. So wies er etwa 1922 Groddecks selbstanalytische Aufklärung von dessen Scheitern auf dem Berliner psychoanalytischen Kongreß in den Begriffen eines »Mutterkomplexes« zurück, in dem er selbst als Mutterfigur verortet wurde: »Diese Aufklärung Ihres in der Tat nicht geglückten Vortrags und Ihre Unterbringung meiner Person in der Mutterreihe – in die ich doch offenbar nicht passe –, zeigen klar, wie Sie der Vaterübertragung ausweichen wollen. In der Analyse werden die Opfer zu ihrem großen Lebensgewinn genötigt, sich mit ihr einzulassen und was an ihr zweckdienlich ist, anzunehmen.« (Freud an Groddeck, Weihnachten 1922, GG, 184)

Der sich als »wilder Analytiker« gebärdende Groddeck war nicht der einzige, der die zentrale Rolle der Mutter in der Ausbildung des Ödipuskomplexes und im Hinblick auf die Konzeptualisierung der Behandlung geltend machen wollte. 1923 verfasste Otto Rank mit *Das Trauma der Geburt* ein Buch, dessen Neuinterpretation der Kastrationsangst Freud erhebliche Probleme bereitete. Die biologische und psychologische Machtstellung der Mutter stand in eklatantem Widerspruch zu ihrer symbolischen Absetzung in Freuds Theorie des Ödipuskomplexes und sollte innerhalb der psychoanalytischen Bewegung eine Verschiebung einleiten, welche die psychosexuelle Entwicklung der Frau im Rahmen des Mutter-Kind-Verhältnisses neu problematisierte und so den Ausgangspunkt für die späteren Objektbeziehungstheorien schuf.[79] Im Rahmen dieser Kontroversen artikulierte Freud seine letzten bedeutenderen theoretischen Stellungnahmen, die einerseits die Theorie der Angst betrafen, andererseits die umstrittene Theorie des weiblichen Penisneids und die späte Konzeptualisierung des Fetischismus.

Ursprünge der Angst: Das Geburtstrauma

Man mag es als Ironie oder als zwangsläufige Folge der Dynamik zwischen Freud und seinen Schülern ansehen, dass der Ruf nach der theoretischen Absetzung des Vaters zugunsten der Mutter von einem seiner treuesten Anhänger ausging und überdies einem, der im Moment der Krise der psychoanalytischen Bewegung in den Jahren 1911 bis 1914 zu den wesentlichen Architekten des Ödipuskomplexes gezählt hatte und dem inneren Kreis des »geheimen Komitees« angehörte. Knapp ein Jahrzehnt nachdem er die psychoanalytische Traumtheorie gegen die Revisionen von Adler, Jung und Stekel verteidigt hatte, präsentierte Otto Rank in *Das Trauma der Geburt* nun eine Sicht auf die Kastrationsangst im Ödipuskomplex, die derjenigen Freuds direkt widersprach und die auch für die Therapie entscheidende Konsequenzen haben sollte. Nach Rank besteht die gesamte menschliche Entwicklung in der Bewältigung des Geburtstraumas, das gegenüber der späteren Kastrationsangst als primär gesetzt wird. Dabei ging er von einer Fußnote in der *Traumdeutung* aus, wo Freud festgestellt hatte, der Geburtsakt sei *»das erste Angsterlebnis und somit Quelle und Vorbild des Angstaffektes«* (SA 2, 391, Fn. 2). Zentral für die Rank'sche Theorie ist, dass der »Urangstaffekt der Geburt« von Beginn an nicht allein »Ausdruck physiologischer Beeinträchtigungen (Atemnot – Enge – Angst) des Neugeborenen« ist, sondern durch die Umwandlung einer anfangs lustvollen in die unlustvolle Situation der Trennung einen »›psychischen‹ Gefühlscharakter« erhält: »Diese *empfundene* Angst ist so der erste Inhalt der Wahrnehmung, sozusagen der erste psychische Akt, welcher der noch ganz intensiven Tendenz zur Wiederherstellung der eben verlassenen Lustsituation die erste Schranke entgegensetzt, in der wir die Urverdrängung zu erkennen haben.«[80] Damit lösche die Wahrnehmung der Urangst die Erinnerung an den lustvollen Zustand im Mutterleib aus, eine biologische Notwendigkeit, da diese »Rückstrebung [...] uns lebensunfähig machen würde«. Die Suche nach der Wiederherstellung der intrauterinen Urlust liege somit letztlich allen triebhaften und sublimierten Strebungen des Menschen zugrunde, wobei die Frauen besser gestellt wären, da sie sich »durch ganz reale Reproduktion der Ursituation« in der Schwangerschaft und im Akt des Gebärens an diese Urbefriedigung stärker annähern können als der Mann, der sich in der »Identifizierung mit der ›Mutter‹ und der daraus folgenden Schöpfung kultureller und künstlerischer Produktionen« Ersatz schaffen müsse.

Mit der Behauptung, die Trennung des Kindes von der Mutter sei der erste und fundamentalste psychische Akt, war der erste Schritt zu einer grundlegenden Rekonzeptualisierung des Ödipuskomplexes getan. Da Rank zufolge das Geburtstrauma als das eigentliche Urtrauma gilt, gefolgt vom Trauma der Entwöhnung, rangiert erst an dritter Stelle »das in der Individualgeschichte *regelmäßig phantasierte*, höchstens als Drohung erlebte *Genitaltrauma* der Kastration«.[81] Wie sich zeigt, werden die Grundelemente von Freuds Theorien damit zwar beibehalten, aber anders gewichtet: Dessen Annahme einer »Mutterleibsphantasie« wird bei Rank zur physiologischen und psychologischen Realität erhoben, während die als real gesetzte Kastrationsangst dagegen als »Urphantasie« erscheint. Der gefürchtete Vater aus *Totem und Tabu* steht zwar weiterhin am Anfang der Religion, doch ist die von ihm ausgehende Angst für Rank nichts als eine Verschiebung, die ein Zurückgehen zur Mutter und zur weitaus größeren von ihren Geschlechtsorganen ausgehenden »Urangst« verhindert. Und Rank macht auch nicht vor dem zentralen Begriff der Libido halt, die Freud zufolge »männlich« sein musste (SA 5, 123), indem er postuliert, dass »die eigentliche Übertragungslibido, die wir bei beiden Geschlechtern analytisch aufzulösen haben, die *mütterliche* ist, wie sie in der pränatalen physiologischen Bindung zwischen Mutter und Kind gegeben war«.[82]

Die theoretischen Revisionen sollten ebenfalls Folgen für die Gestaltung der Therapie haben: Zum einen kehrte Rank mit seiner Beschreibung des psychoanalytischen Settings wieder zur Hypnose zurück, die er in den Begriffen der Abhängigkeit des Kindes von der Mutter beschrieb und somit durchaus im Sinne der *Drei Abhandlungen* Freuds (SA 5, 61). Damit widersprach er deutlich dessen späterer Kurswende in der *Massenpsychologie*, wo die hypnotische Beziehung als ein Teil der »archaischen Erbschaft« aus dem Vaterkomplex im Sinne der Unterwerfung unter den Urvater abgeleitet wurde (Kap. 4). Zum anderen schlug Rank mit der maximalen Periode der Schwangerschaft ein biologisches Kriterium für die zeitliche Begrenzung der psychoanalytischen Therapie vor, technische Revisionen, die mit anderen hinsichtlich der geforderten »Aktivität« des Analytikers einhergingen, welche er in dem gemeinsam mit Ferenczi verfassten Buch *Entwicklungsziele der Psychoanalyse* (1924) darstellte.

Freud, der das *Trauma der Geburt* bereits vor der Veröffentlichung gelesen hatte, enthielt sich zunächst der Kritik, obwohl Ranks Buch von mehreren Mitgliedern des »geheimen Komitees« bereits als bedenkliche Abweichung von der Psychoanalyse betrachtet wurde.[83] In »Der Untergang des Ödipuskomplexes« (1924) bekräftigte Freud seine Position, der Ödipuskomplex sei »das zentrale Phänomen der frühkindlichen Sexualperiode« (SA 5, 245) und kam zum Schluss, »der Ödipuskomplex des Knaben gehe an der Kastrationsangst zugrunde« (SA 5, 251). Eine ausführlichere Entgegnung auf Ranks Buch erfolgte erst im folgenden Jahr in *Hemmung, Symptom und Angst*, das 1926 erschien. Das Buch, das Freuds letzten größeren theoretischen Beitrag darstellt, ist allein aufgrund seiner nicht leicht zu durchschauenden formalen Anlage schwer zugänglich. Freud selbst hatte keine hohe Meinung von dem Text: In einem Brief an Ferenczi meinte er, das »Zeug« sei so »schlecht geschrieben, daß es wahrscheinlich umgeschrieben werden muß«, ein Umstand, der der Genese des Textes geschuldet sei: »nach Art eines Zeitungsromans, wobei der Autor sich selbst von jeder Fortsetzung überraschen läßt« (14.8.1925, SF 3/2, 49). Die Hauptschwierigkeit des Buches liegt zweifellos darin, dass Freud versuchte, zwei Fliegen mit einer Klappe zu schlagen, indem er sich entschied, die Revision seiner eigenen vor dreißig Jahren im Rahmen der Neurosenlehre formulierten Angsttheorie, die seit *Das Ich und das Es* notwendig geworden war, mit einer Kritik an Ranks Theorie des Geburtstraumas zu verbinden. Während Freud hinsichtlich der Revision seiner eigenen Theorie allerdings durchaus entschieden vorging, fiel die kritische Abgrenzung von Ranks Theorie weitaus weniger eindeutig aus. So ging er von der Formulierung aus, das Ich sei die »eigentliche Angststätte« (SA 6, 238) und verwarf seine frühere ökonomische Auffassung, nach der die »Libido (sexuelle Erregung), die vom Ich abgelehnt oder nicht verwendet wird, eine direkte Abfuhr in der Form der Angst findet« (SA 6, 298).

War die über mehrere Jahrzehnte gültige erste Theorie der Angst so durch eine neue Formel erledigt, so wählte Freud zur Ausarbeitung seiner neuen Theorie eine andere Strategie: »wir wollen unparteiisch alles zusammentragen, was wir von der Angst aussagen können, und dabei auf die Erwartung einer neuen Synthese verzichten« (SA 6, 273). Dabei übernahm er einige von Ranks Auffassungen, allerdings in einer anderen Terminologie, um die Vorstellung von der Geburt als traumatischem Urerlebnis zu widerlegen oder zumindest als unplausibel hinzustellen: Zwar stelle die Geburt zweifellos das »vorbildliche Erlebnis« für spätere Angstsituationen dar (SA 6, 274), doch müsse sie als ein »Affektzustand nach einem vorhandenen Erinnerungsbild«, als ein »Affektsymbol« (SA 6, 239) begriffen werden, das Abwehrreaktionen des Ichs hervorruft. Die Angst entsteht demzufolge immer als *Reaktion* auf einen Zustand der Gefahr, sie fungiert als *Signal* und erfüllt somit einen lebenserhaltenden Zweck für das Individuum. Nun ergibt sich mit Bezug auf Ranks Vorstellung vom Geburtstrauma allerdings das Problem, dass die Gefahr der Geburt »noch keinen psychischen Inhalt« habe, da man dem Fötus noch kein Wissen über seine lebensbedrohliche Situation zuschreiben könne (SA 6, 275 f.). Freud löst das Problem durch eine Verschiebung, indem er die primäre Gefahr des Säuglings als die der »Unbefriedigung, des *Anwachsens der Bedürfnisspannung*, gegen die er ohnmächtig ist«, begreift; die unlustvolle Situation müsse für den Säugling daher »die Analogie mit dem Geburtserlebnis, die Wiederholung der Gefahrsituation« sein, die somit zunächst rein physiologisch bestimmt ist und sich automatisch vollzieht (SA 6, 278).

Erst in einem zweiten Entwicklungsschritt, nämlich mit der Erfahrung, dass die An- und Abwesenheit der Mutter für die Beseitigung der Unlust ausschlaggebend ist, verschiebe sich der »Inhalt der Gefahr von der ökonomischen Situation auf seine Bedingung, den Objektverlust« (SA 6, 278). Hier erkennt Freud einen Fortschritt in der Herausbildung des Ichs im Sinne der Selbsterhaltung, da die Angst von einem rein automatischen Ablauf zur »beabsichtigten Reproduktion als Signal der Gefahr« wird (SA 6, 278). Auf beiden Stufen zeigt sich die Angst somit als »Produkt der psychischen Hilflosigkeit des Säuglings«, die sich *unmittelbar* aus seiner biologischen Abhängigkeit ergibt. Insofern hat das Geburtstrauma als erster psychischer Akt, der im Sinne Ranks abreagiert werden müsse, in Freuds Version keinen Platz; dies umso mehr, als er betont, »Intrauterinleben und erste Kindheit« seien »weit mehr ein Kontinuum, als uns die auffällige Caesur des Geburtsaktes glauben läßt« (SA 6, 278). Auch die Kastrationsangst auf der folgenden Entwicklungsstufe sieht Freud als eine Form der verschobenen Trennungsangst, nämlich die »Trennung von dem Genitale«, die der Mutterleibsphantasie, der »Wiedervereinigung mit der Mutter (dem Muttersatz) im Akt des Koitus«, entgegenstehe (SA 6, 279). Im selben Sinn bestimmt er auch die den infantilen Tierphobien zugrunde liegende Angst als »unverwandelte Kastrationsangst, Angst vor einer wirklich drohenden oder als real beurteilten Gefahr« (SA 6, 253). Im letzten Schritt, mit dem »Unpersönlichwerden der Elterninstanz« und der Herausbildung des Über-Ichs schließlich wird aus der

Kastrationsangst jene unbestimmte »soziale Angst«, die Freud auf die Angst des Ichs vor der Strafe und dem Liebesentzugs des Über-Ichs bezieht (SA 6, 279 f.).

Sowohl die undurchsichtige Form des Textes als auch das Fehlen einer theoretischen Synthese veranlassten Freud, seinem Buch noch eine Reihe von Nachträgen anzufügen, die neue Probleme aufwarfen und teilweise als Zurücknahme seiner Kritik an Ranks Theorie vom Geburtstrauma anmuten. So bezeichnete er in seiner »Ergänzung zur Angst« die »erlebte Situation von Hilflosigkeit« explizit als »*traumatisch*« und grenzte sie von der »Gefahrsituation« ab, die er als deren »erkannte, erinnerte, erwartete Situation« definierte (SA 6, 303):

> »Die Angst ist die ursprüngliche Reaktion auf die Hilflosigkeit im Trauma, die dann später in der Gefahrsituation als Hilfssignal reproduziert wird. Das Ich, welches das Trauma passiv erlebt hat, wiederholt nun aktiv eine abgeschwächte Reproduktion desselben, in der Hoffnung, deren Ablauf selbsttätig leiten zu können. Wir wissen, das Kind benimmt sich ebenso gegen alle ihm peinlichen Eindrücke, indem es sie im Spiel reproduziert; durch diese Art, von der Passivität zur Aktivität überzugehen, sucht es seine Lebenseindrücke psychisch zu bewältigen. Wenn dies der Sinn eines ›Abreagierens‹ des Traumas sein soll, so kann man nichts mehr dagegen einwenden.« (SA 6, 303f.)

Der mütterliche Phallus: Fetischismus

Das zwiespältige und letztlich unbefriedigende Resultat seiner Kritik an Ranks Theorie vom Geburtstrauma brachte Freud 1927 dazu, den Nachweis für seine eigene Sache auch auf einem anderen, über mehrere Jahre verlassenen Schauplatz zu führen. In seinem kurzen Aufsatz »Der Fetischismus« empfahl er dessen Untersuchung dringend all jenen, die noch an der »Existenz des Kastrationskomplexes zweifeln oder die meinen können, der Schreck vor dem weiblichen Genitale habe einen anderen Grund, leite sich z.B. von der supponierten Erinnerung an das Trauma der Geburt ab« (SA 3, 386). Freud kam damit auf einen Begriff zurück, den er in den *Drei Abhandlungen* (1905) und in seiner Deutung von Wilhelm Jensens Novelle *Gradiva* (1907) noch weitgehend in einem assoziationspsychologischen Sinn verstand, der an Alfred Binets berühmten Aufsatz »Le fétichisme dans l'amour« von 1887 angeknüpft hatte. Der Fetischist war hier als rein männlicher Typus gefasst, und das Objekt seiner Begierde war der weibliche Fuß oder Schuh. Nach dem Muster seiner Hysterietheorie nahm Freud an, der Fetisch sei ein Erinnerungssymbol, das seine Macht aus einem affektbesetzten, im Gedächtnis abgespeicherten Bild bezieht.[84] Im Zug der schrittweisen Erweiterung der Sexualtheorie um die Zentralität der Kastrationsangst des Knaben angesichts des weiblichen Genitals erkannte er nun im Fuß des Fetischisten den Ersatz für den »schwer vermißten Penis des Weibes« (SA 5, 65, Fn. 2 [1910]). Es ist diese symbolische Deutung, die Freud nun 1927 Gewissheit wird: »der Fetisch ist der Ersatz für den Phallus des Weibes (der Mutter), an den das Knäblein geglaubt hat und auf den es – wir wissen warum – nicht verzichten will« (SA 3, 383 f.). Freuds Aufsatz ist jedoch nicht allein deshalb bedeutend, weil er die kindliche Phantasie des mütterlichen Phallus an seinem Ersatz greifbar machen und so gegen die Rank'sche Theorie des Geburtstraumas ausspielen kann. Er löst den Fetischismus, der bisher nur die »Rolle eines Nebenbefundes« hatte (SA 3, 383), aus dem sexualwissenschaftlichen Kuriositätenkabinett der ›Perversionen‹ und erhebt ihn dank einer theoretisch-spekulativen Diskussion in den Rang eines metapsychologischen Begriffs.[85]

Der Fetisch vollbringt nämlich eine Leistung, die auf den von Freud für alle Männer postulierten »Kastrationsschreck beim Anblick des weiblichen Genitales« reagiert. Er verschiebt und steigert das erotische Interesse auf andere Gegenstände, die symbolisch den Phallus der Mutter vertreten, und vermeidet so das eigentlich weibliche angsterregende Geschlecht, das den Knaben mit der Drohung seiner eigenen Kastration konfrontiert. Der Fetisch ist in diesem Sinne eine Kompromissbildung: »Er bleibt das Zeichen des Triumphes über die Kastrationsdrohung und der Schutz gegen sie, er erspart es dem Fetischisten auch, ein Homosexueller zu werden, indem er dem Weib jenen Charakter verleiht, durch den es als Sexualobjekt erträglich wird.« (SA 3, 385) In seiner Analyse des abgeschlagenen Medusenhauptes, 1922 geschrieben, doch erst posthum publiziert (GW 17, 45–48), erkennt Freud einen solchen Fetisch, dessen grauenvolle Wirkung auf den Beschauer, das Starrwerden, diesem zugleich einen »Trost« liefert, indem es die Erektion und damit die Existenz des Phallus fühlbar macht. Dass die »jungfräuliche Göttin Athene« dieses Symbol der Kastrationsangst an ihrem Gewand trägt, wird ihm angesichts der »durchgängig stark homosexuellen Griechen« begreiflich (GW 17, 47f.).

Freud rückt jedoch die »raffinierte« Zwiespältigkeit des Fetischs, die es versteht, die Kastration zugleich darzustellen wie auch abzuwehren bzw. zu verleugnen, in einen weiteren theoretischen Zusammenhang des Unterschieds von Neurose und Psychose, der ihn noch bis in seine letzten fragmentarischen Ausführungen über die »Ichspaltung im Abwehrvorgang« (SA 3, 389–394) beschäftigen sollte. Die Diskussion des Begriffs behält ihre charakteristische Einseitigkeit, die den männlichen Beschauer (und infantilen Sexualtheoretiker) schockartig mit dem weiblichen Geschlecht und seinen ›Rätseln‹ konfrontiert. Für die weibliche Seite kann der Fetischismus, wie Freud ihn theoretisiert, prinzipiell keine Lösung bieten, da seiner Auffassung nach der Ödipuskomplex des Mädchens ganz anders verläuft. Indem der

Fetisch als eine primär männliche Strategie in der Abwehr der Kastrationsdrohung begriffen wird, bringt Freud somit auch das Element der Maskerade und der Ironie zum Verschwinden, wie es sich in den raffinierten Strategien des weiblichen Fetischismus äußert.[86]

Anatomie als Schicksal? Der weibliche Ödipuskomplex

Zur Zeit, als Freud über die männliche Phantasie von der Mutter mit dem Phallus und den Fetisch als Ersatzbildung für deren Mangel theoretisch spekulierte, war sein Postulat der phallischen Phase in der Entwicklungsgeschichte des Sexualtriebs jedoch bereits Gegenstand einer beginnenden zähen Kontroverse. Die Kritik zielte dabei auf den Stellenwert des Penisneids für die sexuelle Entwicklung des Mädchens, über die Freud bekanntlich bisher nur wenig zu sagen hatte. Als sicher galt ihm, »daß für beide Geschlechter nur ein *Genitale*, das männliche, eine Rolle spielt« (SA 5, 238). Die Folgerungen aus diesem 1923 bekräftigten »Primat des *Phallus*« (SA 5, 238) für die Theoretisierung der weiblichen Sexualentwicklung skizzierte Freud ein Jahr später in »Der Untergang des Ödipuskomplexes« (1924). Obwohl er nun konzediert, das »Material« sei hier »weit dunkler und lückenhafter«, werden dem Mädchen prinzipiell ebenso eine »phallische Organisation« und ein Kastrationskomplex zugesprochen (SA 5, 249). Diese anfängliche Symmetrie in der sexuellen Entwicklung, die sich aus der behaupteten Gleichsetzung des Penis des Knaben mit der Klitoris des Mädchens (und der Irrelevanz bzw. Nicht-Existenz der Vagina als lustspendender Körperzone) ergibt, scheitere jedoch unweigerlich an der »Vergleichung mit einem männlichen Gespielen«: Das weibliche Kind nimmt wahr, »daß es ›zu kurz gekommen‹ ist, und empfindet diese Tatsache als Benachteiligung und Grund zur Minderwertigkeit« (SA 5, 249). Die unverrückbare *Tatsache*, die Freud zufolge so entscheidende Konsequenzen für die psychosexuelle Entwicklung der Frau hat, liegt damit allein in der *Wahrnehmung* einer anatomischen Differenz begründet, nach der die weibliche Klitoris als eine kleinere, geringere oder verkümmerte Form des männlichen Penis erscheint. Insofern erweist sich weniger die »Anatomie« hier als »das Schicksal«, wie Freud ein Wort Napoleons variierend zitiert (SA 5, 249), als das fraglose Übernehmen der männlichen Perspektive durch das Mädchen.

An diesem Punkt erkennt Freud somit die entscheidende »Differenz«, die die weibliche Sexualentwicklung kennzeichnet und aus welcher er die wesentlichen Unterschiede zum männlichen Ödipuskomplex ableitet: Der erste besagt, das Mädchen akzeptiere die Kastration als »vollzogene Tatsache« und leide daher anders als der Knabe nicht an der Kastrationsangst, der zweite liegt in der Entschädigung des Verzichts auf den Penis durch ein vom Vater ersehntes Kind. »Das Mädchen gleitet – man möchte sagen: längs einer symbolischen Gleichung – vom Penis auf das Kind hinüber, sein Ödipuskomplex gipfelt in dem lange festgehaltenen Wunsch, vom Vater ein Kind als Geschenk zu erhalten, ihm ein Kind zu gebären.« (SA 5, 250) Die Nichterfüllung dieses Wunsches führe letztlich zum schrittweisen Verlassen des Ödipuskomplexes, während die »beiden Wünsche nach dem Besitz eines Penis und eines Kindes im Unbewußten stark besetzt erhalten« blieben und dazu helfen, »das weibliche Wesen für seine spätere geschlechtliche Rolle bereitzumachen« (SA 5, 250). Der kurze Aufsatz macht insgesamt einen zwiespältigen Eindruck: Einerseits weist Freud die »feministische Forderung nach Gleichberechtigung der Geschlechter« zurück, indem er apodiktisch erklärt, »der morphologische Unterschied« zwischen Knaben und Mädchen müsse sich in »Verschiedenheiten der psychischen Entwicklung« äußern (SA 5, 249); andererseits räumt er ein, »daß unsere Einsichten in diese Entwicklungsvorgänge beim Mädchen unbefriedigend, lücken- und schattenhaft sind« (SA 5, 250).

Ein Jahr später nimmt Freud (in »Einige psychische Folgen des anatomischen Geschlechtsunterschieds«, 1925) den Faden wieder auf. Der weibliche Ödipuskomplex berge »ein Problem mehr als der des Knaben«, nämlich die Frage, warum sich das Mädchen anders als der Knabe von der Mutter als erstem Liebesobjekt zum Vater hinwendet (SA 5, 259). Ohne eine detaillierte Beantwortung dieser Frage zu geben kommt Freud jedoch sogleich auf den entscheidenden Unterschied zu sprechen, der in der Reaktion der beiden Geschlechter auf das Fehlen des Penis beim Mädchen in der phallischen Phase besteht. Während die »folgenschwere Entdeckung« beim Knaben zuerst Zweifel und Ängste auslösen, bemerke das Mädchen »den auffällig sichtbaren, groß angelegten Penis eines Bruders oder Gespielen, erkennt ihn sofort als überlegenes Gegenstück seines eigenen, kleinen und versteckten Organs und ist von da an dem Penisneid verfallen« (SA 5, 260). Der Knabe könne sich also nicht so leicht zur Entwertung der Weiblichkeit (und somit der Mutter) durchringen wie das Mädchen, das nun von dem sogenannten »Männlichkeitskomplex« beherrscht wird: »Sie hat es gesehen, weiß, daß sie es nicht hat, und will es haben.« (SA 5, 261) Die weiteren psychischen Folgen des Penisneids seien vielfältig, aber gründeten letztlich alle in der »Anerkennung seiner narzißtischen Wunde« und dem Entstehen eines »Minderwertigkeitsgefühls beim Weibe«, das somit uneingeschränkt die männliche Geringschätzung teile (SA 5, 261). Als deren wichtigste Folge für die spätere Sexualität der Frau erkennt Freud die Überwindung oder zumindest Verdrängung der infantilen Masturbation an der Klitoris, die für ihn nach wie vor als »eine männliche Betätigung« gilt. Folglich ist die narzißtische Kränkung, die die »Erkenntnis des anatomischen Geschlechtsunterschieds« mit sich bringt, ein Schritt weg von der männlichen Anlage des Mädchens in »neue Bahnen, die zur Entfaltung der Weiblichkeit« führen (SA 5, 264). Somit gelangt Freud zu der Formel:

»*Während der Ödipuskomplex des Knaben am Kastrationskomplex zugrunde geht, wird der des Mädchens durch den Kastrationskomplex ermöglicht und eingeleitet.* Dieser Widerspruch erhält seine Aufklärung, wenn man erwägt, daß der Kastrationskomplex dabei immer im Sinne seines Inhaltes wirkt, hemmend und einschränkend für die Männlichkeit, befördernd auf die Weiblichkeit. Die Differenz in diesem Stück der Sexualentwicklung beim Mann und beim Weib ist eine begreifliche Folge der anatomischen Verschiedenheit der Genitalien und der damit verknüpften psychischen Situation, sie entspricht dem Unterschied von vollzogener und bloß angedrohter Kastration. Unser Ergebnis ist also im Grunde eine Selbstverständlichkeit, die man hätte vorhersehen können.« (SA 5, 264f.)

Im Rahmen des neuen Instanzenmodells, das Freud seit *Das Ich und das Es* anwendet, hat diese Theoretisierung des Ödipuskomplexes jedoch für das weibliche Geschlecht weittragende Konsequenzen: Während beim Mann im idealen Falle im Unbewussten kein Ödipuskomplex mehr besteht, da dieser »förmlich unter dem Schock der Kastrationsdrohung« zerschellt und das Über-Ich »sein Erbe« geworden ist (SA 5, 265), könne die Frau hingegen den Ödipuskomplex nur langsam verlassen bzw. nur verdrängen: »Man zögert es auszusprechen, kann sich aber doch der Idee nicht erwehren, daß das Niveau des sittlich Normalen für das Weib ein anderes wird. Das Über-Ich wird niemals so unerbittlich, so unpersönlich, so unabhängig von seinen affektiven Ursprüngen, wie wir es vom Manne fordern.« (SA 5, 265) Allerdings weicht Freud letztlich einer konservativen Festschreibung dieses Unterschieds wiederum mit dem Verweis auf die konstitutionelle Bisexualität aus, die einmal mehr als theoretischer Joker ins Spiel gebracht wird, wenn er betont, »daß auch die Mehrzahl der Männer weit hinter dem männlichen Ideal zurückbleibt und daß alle menschlichen Individuen infolge ihrer bisexuellen Anlage und der gekreuzten Vererbung männliche und weibliche Charaktere in sich vereinigen, so daß die reine Männlichkeit und Weiblichkeit theoretische Konstruktionen bleiben mit ungesichertem Inhalt« (SA 5, 266).

Kontroversen um den Penisneid

Es ist nicht unmittelbar ersichtlich, dass diese drei Aufsätze Freuds bereits auf eine Diskussion reagieren, die 1922 öffentlich auf dem Berliner Kongreß begonnen hatte und die zu Kontroversen um das Thema der weiblichen Sexualität führte, die in der Psychoanalyse und der feministischen Kritik über mehrere Jahrzehnte immer wieder aufflammen sollten. Die erste Auseinandersetzung in den 1920er und 1930er Jahren vollzog sich dabei keineswegs in einer Form, in der die Frontlinien zwischen männlichen und weiblichen Analytikern verliefen: So vertraten etwa Helene Deutsch in ihrer Studie *Psychoanalyse der weiblichen Sexualfunktionen* (1925) oder Jeanne Lampl-de Groot weitgehend den Standpunkt Freuds, während Ernest Jones sich auf die Seite der Kritikerinnen Karen Horney und Melanie Klein stellte und Otto Fenichel eine eher vermittelnde Position einnahm. Eine bedeutende Rolle für den Verlauf der ganzen Debatte spielte der Beitrag zur »Genese des weiblichen Kastrationskomplexes« von Karen Horney auf dem Berliner Kongreß. Zwar zweifelte sie nicht die Existenz des Penisneids an, doch bestimmte sie unter Berufung auf klinisches Material dessen Rolle für die Entwicklung der weiblichen Sexualität völlig anders als Freud und ihr Lehranalytiker Karl Abraham. Ihr zentraler Einwand lautete, der »Penisneid« verhindere nicht »eine intensive, ganz weibliche Liebesbindung an den Vater« und könne deshalb nicht als eine »Ablehnung des Weibseins« verstanden werden.[87]

Es ist offensichtlich, dass Freuds in den folgenden drei Jahren publizierte Aufsätze mehr implizit als direkt auf eine Korrektur von Horneys symmetrischer Auffassung des Ödipuskomplexes zielten. In der Folge wechselte diese nicht nur die Perspektive auf die psychoanalytische Theoriebildung, sondern verschärfte auch den Ton. In ihrem nächsten Aufsatz »Flucht aus der Weiblichkeit« (1926) zögerte sie nicht, unter Verweis auf Georg Simmels soziologische Ausführungen zur Dominanz männlicher Denkmuster in der modernen Kultur die Frage zu stellen, inwieweit Freud die weibliche Sexualentwicklung »mit männlichem Maß« gemessen und somit die infantilen Sexualtheorien des Knaben über das Mädchen zur allgemeinen Wahrheit ausgerufen hätte. Die Vorstellung von der Entwertung der weiblichen Geschlechtsorgane und der damit einhergehenden Herabsetzung der Mutterschaft fasste Horney (in Anlehnung an Groddecks *Buch vom Es*) als eine Form des männlichen Geburtsneides auf, der sich zum »Dogma der Minderwertigkeit der Frau« verhärtet habe.[88]

Damit waren zwar weder der Penisneid noch der Männlichkeitskomplex als bedeutende Faktoren in der Herausbildung der weiblichen Sexualität bestritten, aber gemäß anderen soziologischen und biologischen Prämissen theoretisch verortet. Demnach sind die Minderwertigkeitsgefühle des Mädchens real, weil es seit seiner Geburt unter der »Suggestion seiner Inferiorität« stehe, »die den Männlichkeitskomplex dauernd speisen« und ihr so auch den Weg zu »einer ihrem Wesen adäquaten Sublimierung« erschweren müsse.[89] Der Penisneid ist für Horney somit ein durchaus reales Phänomen, aber es steht nicht im Zentrum der Entwicklung weiblicher Sexualität, er ist keine primäre, sondern nur eine sekundäre Äußerung. Die »Fiktion der Männlichkeit« im Leben des Mädchens sei zum »*Zweck der Sicherung gegen die libidinösen Wünsche auf den Vater aufgerichtet*« worden und führe daher zu Ansprüchen und Werten, die letztlich »ihrem eigenen biologischen Wesen fremd sind«.[90] Diese These konnte nicht nur den Anschein erwecken, eine Variante von Adlers Theorien zum männlichen Protest zu sein (vgl. Kap. 2), sie beruhte auch offensichtlich auf der Annahme eines »weiblichen Wesens«, das eindeutig heterosexuell bestimmt war und damit in klarem Gegensatz zu Freuds sexualtheoretischen Auffassungen stand.

In der weiteren Diskussion bahnte sich zunehmend eine Auseinandersetzung zwischen London und Wien an. Entscheidend war dabei die Tatsache, dass sich der britische Analytiker Ernest Jones, der bisher als uneingeschränkt loyaler Anhänger Freuds aufgetreten war, an die Seite von Horney und bald darauf auch von Melanie Klein stellte, die Freuds Theorie des Ödipuskomplexes durch dessen zeitliche Vorverlegung in die frühkindliche Entwicklung ins Wanken brachte.[91] Ebenso wie Horney vertrat Jones die Auffassung, der Geschlechtsunterschied existiere für Kinder beiderlei Geschlechts schon sehr früh, und bestritt insofern die kindliche Phantasie von der ›phallischen Mutter‹; folglich erschien ihm die phallische Phase eher »als eine sekundäre Schutzfunktion als ein wirkliches Entwicklungsstadium«[92]. Ebenso biologistisch wie die Kritiker des Freud'schen Phallozentrismus Jones und Horney argumentierte allerdings auch eine Freud gegenüber loyale Analytikerin wie Helene Deutsch, die die weibliche Entwicklung zur vaginalen Sexualität teleologisch an die Fortpflanzungsfunktion knüpfte.[93]

Angesichts dieser ausufernden Diskussion meldete sich Freud erst 1931 wieder zurück, und zwar mit seinem Aufsatz »Über die weibliche Sexualität« (SA 5, 271–292), in dem er seine Ablehnung der Thesen Horneys, Jones' und Kleins publik machte und den er kurz darauf in seiner Vorlesung »Über die Weiblichkeit« (1932) noch etwas ergänzte (SA 1, 544–565). Als wichtigsten Schachzug rückte er die »präödipale Phase« der Frau in den Mittelpunkt seiner Diskussion: »Die Einsicht in die präödipale Vorzeit des Mädchens wirkt als Überraschung, ähnlich wie auf anderem Gebiet die Aufdeckung der minoisch-mykenischen Kultur hinter der griechischen.« (SA 5, 276) Dass er diesen Schatz nicht selbst habe heben können, sei dem Umstand geschuldet, dass die von ihm behandelten Frauen sämtlich an der Vaterübertragung festgehalten hätten: »Es scheint wirklich, dass weibliche Analytiker, wie Jeanne Lampl-de Groot und Helene Deutsch, diese Tatbestände leichter und deutlicher wahrnehmen konnten, weil bei ihren Gewährspersonen die Übertragung auf einen geeigneten Mutterersatz zu Hilfe kam.« (SA 5, 276) Auffällig ist, dass Freud an dieser Stelle aus strategischen Gründen sein Postulat von der konstitutionellen Bisexualität ›vergisst‹, die ihm das Einnehmen der Mutterrolle nicht verwehrt hätte. Nur wenige Zeilen später wird es jedoch wieder ins Feld geführt, wenn es darum geht, nochmals die bereits bekannte These zu begründen, die Frau habe im Gegensatz zum Mann zwei Geschlechtsorgane, »die eigentlich weibliche Vagina und die dem männlichen Glied analoge Klitoris« (SA 5, 277). Auch wenn sich die Stimmen der Beobachter mehrten, »die vaginale Regungen auch in diese frühen Jahre verlegen«, müsse sich das »Wesentliche, was also an Genitalität in der Kindheit vorgeht [...] beim Weibe an der Klitoris abspielen« (SA 5, 277 f.). Obwohl es offensichtlich war, dass das Dogma vom Übergang von »der virilen Klitoris« zur eigentlich weiblichen vaginalen Sexualität ins Wanken geraten war, hielt Freud dennoch unbeirrbar daran fest.

Der wesentliche theoretische Schritt, zu dem Freud innerhalb dieser Kontroverse veranlasst wurde, bestand darin, die starke

Vaterabhängigkeit der Frau als »das Erbe einer ebenso starken Mutterbindung« (SA 5, 277) zu erklären und erstmals auf das grundlegend ambivalente Verhältnis des kleinen Mädchens zur Mutter in dieser präödipalen Phase einzugehen. Das Moment der Überraschung liegt demnach in der *»Aktivität* der Weiblichkeit«, mit dem das Kind die Mutter zum Objekt macht und gegen sie »als tätiges Subjekt auftritt«: »Die so überraschende sexuelle Aktivität des Mädchens gegen die Mutter äußert sich der Zeitfolge nach in oralen, sadistischen und endlich selbst phallischen, auf die Mutter gerichteten Strebungen.« (SA 5, 286) Auf diese Weise entgegnete Freud somit Horney und Jones, aber auch bereits Melanie Klein, der er nur vordergründig recht zu geben scheint, da er deren Beobachtungen ebenso relativiert, wie er deren Vorverlegung des Ödipuskomplexes in das Alter von zwei Jahren zurückweist (SA 5, 291). Die Aggressionen und Todeswünsche gegen die Mutter finden hier eine andere Erklärung, die ebenfalls überraschend anmutet. Denn Freud vollzieht eine unerwartete Rückkehr zu seiner Verführungstheorie aus den 1890er Jahren (Kap. 1), bei der allerdings der Vater jetzt als Deckfigur der Mutter erscheint:

»Unter den passiven Regungen der phallischen Phase hebt sich hervor, daß das Mädchen regelmäßig die Mutter als Verführerin beschuldigt, weil sie die ersten oder doch die stärksten genitalen Empfindungen bei den Vornahmen der Reinigung und Körperpflege durch die Mutter (oder die sie vertretende Pflegeperson) verspüren mußte. [...] Ich mache die Tatsache, daß die Mutter dem Kind so unvermeidlich die phallische Phase eröffnet, dafür verantwortlich, daß in den Phantasien späterer Jahre so regelmäßig der Vater als der sexuelle Verführer erscheint. Mit der Abwendung von der Mutter ist auch die Einführung ins Geschlechtsleben auf den Vater überschrieben worden.« (SA 5, 287)

Die Rückkehr zur Verführungstheorie geschieht jedoch nur in einem wesentlichen Punkt, der diese noch komplizierter gestaltet. Denn Freud hält nach wie vor daran fest, die Verführung durch den Vater sei eine bloße Phantasie seiner Patientinnen gewesen. Die Realität der Verführungsphantasie liege hingegen in der nun freigelegten »präödipalen Vorgeschichte der Mädchen«: Es »war wirklich die Mutter, die bei den Verrichtungen der Körperpflege Lustempfindungen am Genitale hervorrufen, vielleicht sogar erwecken mußte« (SA 1, 552). Dreh- und Angelpunkt für die spätere Entwicklung des Mädchens wird somit nun die »Abwendung von der Mutter«, die mehr als ein bloßer »Objektwechsel« zum Vater hin bezeichnet wird (SA 5, 288). Denn da sich diese Freud zufolge »in Zeichen der Feindseligkeit« vollzieht und in Hass mündet (SA 1, 552), könnten diese feindseligen Gefühle im späteren Beziehungsleben oft nicht überwunden werden. In diesem Sinn erkennt er im heterosexuellen Ehebündnis nicht die automatische »Erledigung des Ambivalenzkonflikts«, in dem die Frau sich mit ihrer Mutter befunden hat, sondern dessen Fortsetzung an einem neuen Objekt: »So kann es leicht geschehen, daß die zweite Hälfte des Lebens einer Frau von dem Kampf gegen ihren Mann erfüllt wird wie die kürzere erste von der Auflehnung gegen ihre Mutter.« (SA 1, 563) Auch die Mutterschaft biete Risiken, da sie die Identifizierung mit der eigenen Mutter nähren und unter dem Wiederholungszwang »eine unglückliche Ehe der Eltern« reproduzieren könne (SA 1, 563). Nur im Verhältnis der Mutter zum Sohn erkennt Freud bezeichnenderweise »die vollkommenste, am ehesten ambivalenzfreie aller menschlichen Beziehungen« und einen befriedigenden Ausgang: »Auf den Sohn kann die Mutter den Ehrgeiz übertragen, den sie bei sich unterdrücken mußte, von ihm die Befriedigung all dessen erwarten, was ihr von ihrem Männlichkeitskomplex verblieben ist. Selbst die Ehe ist nicht versichert, als bis es der Frau gelungen ist, ihren Mann auch zu ihrem Kind zu machen und die Mutter gegen ihn zu agieren.« (SA 1, 563) Insofern erscheint es auch wenig erstaunlich, dass Freud die Frauen stärker an die Familie gebunden sieht, und damit in Gegensatz zur Sphäre der Kultur und der Gesellschaft: »Wir sagen auch von den Frauen aus, daß ihre sozialen Interessen schwächer und ihre Fähigkeiten zur Triebsublimierung geringer sind als die der Männer.« (SA 1, 564)

Abgesehen von den eindeutig konservativen Implikationen dieser Perspektiven, die Freud für die Frau reserviert (insofern sie durch ihre »Sexualfunktion« bestimmt ist, wie er in biologischem Duktus hervorhebt [SA 1, 565]), wird bei diesem Porträt nochmals deutlich, dass er nicht anders kann, als das »›Rätsel des Weibes‹« auf die seiner Ansicht nach stärker ausgeprägte weibliche Bisexualität zu beziehen, welche die normativ erwünschte »Entfaltung der Weiblichkeit« durch störende »Resterscheinungen der männlichen Vorzeit« zu behindern droht (SA 1, 561). Allerdings war ihm bewusst, dass seine Ausführungen wiederum nur »unvollständig und fragmentarisch« und »auch nicht immer freundlich« anmuten mussten (SA 1, 565). Obwohl die Kontroversen mit den »Feministen« keineswegs abgeschlossen waren, zeigte sich Freud aber sichtlich nicht mehr gewillt, weiter dazu beizutragen: »Wollen Sie mehr über die Weiblichkeit wissen, so befragen Sie Ihre eigenen Lebenserfahrungen, oder Sie wenden sich an die Dichter, oder Sie warten, bis die Wissenschaft Ihnen tiefere und besser zusammenhängende Auskünfte geben kann.« (SA 1, 565)

7. *Historische Wahrheit*: Das Unbewusste der Geschichte

»Die Religionen verdanken ihre zwingende Macht der *Wiederkehr des Verdrängten*, es sind Wiedererinnerungen von uralten, verschollenen, höchst effektvollen Vorgängen der Menschengeschichte. Ich habe das schon in *Totem und Tabu* gesagt, fasse es jetzt in die Formel: Was die Religion stark macht, ist nicht ihre reale, sondern ihre *historische* Wahrheit.«

S. Freud an Lou Andreas-Salomé, 6.1.1935 (LAS, 224)

Im Anschluss an die kulturtheoretischen Schriften *Die Zukunft einer Illusion* und *Das Unbehagen in der Kultur* konzentrierten sich Freuds Interessen in seinen letzten Lebensjahren zunehmend auf die Analyse der Religion, die ihm als der einzige »ernsthafte Feind« der wissenschaftlichen Weltanschauung erschien, der er die Psychoanalyse 1932 zuordnete (SA 1, 588). Damit wird ihm nun zunehmend zum Problem, was er immer wieder als das »großartige Wesen der Religion« bezeichnet, ihre »ungeheure Macht« über die Gefühle der Menschen (SA 1, 588 f.), die in ihr nicht nur ein von der Wissenschaft abweichendes Wissen, sondern vor allem Trost und Schutz suchen und bereit sind, sich dafür Regeln und Geboten zu unterwerfen. Wie wir bereits gesehen haben, klärt sich jedoch das »merkwürdige Beisammensein von Belehrung, Tröstung und Anforderung in der Religion« für die Freud'sche

Psychoanalyse rasch auf: Wenn der Erschaffer der »Weltschöpfer immer nur einer ist, auch wo an viele Götter geglaubt wird«, und in der Regel männlich, »obwohl es keineswegs an Andeutungen weiblicher Gottheiten fehlt« (»Die interessantesten Einzelprobleme schließen hier an, aber wir müssen eilen«), und »dieser Gott-Schöpfer direkt Vater geheißen wird«, bleibt nur der Schluss übrig, dieser sei »wirklich der Vater, so großartig wie er einmal dem kleinen Kind erschienen war« (SA 1, 590).

Wenn diese psychoanalytische ›Erklärung‹ der Religion durch den »Vaterkomplex« bereits seit geraumer Zeit und in verschiedenen Varianten (von *Totem und Tabu* bis zu *Die Zukunft einer Illusion*) immer wieder bekräftigt wurde, stellt sich die Frage, warum Freud in seinem letzten großen geschichtspsychologischem Buchprojekt *Der Mann Moses und die monotheistische Religion* nochmals so ausführlich darauf zurückkam. Dafür lassen sich eine Reihe von Gründen anführen. Die Hinwendung zur Religionskritik, die mit diesem Werk ihren Höhepunkt und Abschluss fand, war zunächst Freuds zunehmender Distanz zu den institutionellen und klinischen Tendenzen innerhalb der Psychoanalyse geschuldet, wie sie mittlerweile in Lehrinstituten weltweit verankert war. Weder in der Kontroverse um die weibliche Sexualität noch in der folgenreichen Auseinandersetzung um die »Frage der Laienanalyse«, die Mitte der 1920 Jahre zugunsten der ärztlichen Profession ausgegangen war, hatten sich seine Standpunkte durchgesetzt. In *Die Frage der Laienanalyse* hatte Freud die »Einverleibung der Psychoanalyse in die Medizin« (SAE, 336) strikt abgelehnt und ihren Charakter als Grundlagenwissenschaft sowie den Wert ihrer nichtmedizinischen Anwendungen betont (SAE, 348). Neben der gegenläufigen institutionellen Orientierung, die zunächst in Deutschland und in der Folge in den USA und in Großbritannien die Medizinalisierung der Psychoanalyse einleitete, war es aber vor allem die aktuelle politische Situation, mit der zunehmenden Bedrohung durch das nationalsozialistische Deutschland und dem zionistischen Projekt eines jüdischen Staates in Palästina, auf die Freud mit seinem Buchprojekt *Der Mann Moses* zu reagieren gedachte. Die weitläufige und in sich offene Anlage dieses ungewöhnlichen Textes erlaubte es ihm, auf Probleme und Fragen zurückzukommen, die ihn seit seiner Studienzeit beschäftigt hatten, vor allem auf das Thema des Antisemitismus, das in der Geschichte der psychoanalytischen Bewegung an neuralgischen Punkten immer wieder aufgetaucht war.

Eine historische Konstruktion: Moses in Ägypten

Der Mann Moses und die monotheistische Religion erschien erst im Jahr 1939 kurz vor Freuds Tod im Londoner Exil in Amsterdam. Das Buch war das Resultat einer vierjährigen Arbeit, die immer wieder abgebrochen und neu begonnen wurde, und nach seinem eigenen Zeugnis das einer lebenslangen Beschäftigung mit dem Problem, woraus der Monotheismus seine Macht bezieht (LAS, 224). Die hier vorgetragene These vom Mord der Juden an Moses, die sich vordergründig als Anwendung der Lehren von *Totem und Tabu* auf die Religionsgeschichte präsentierte, sollte selbst treue Anhänger der Psychoanalyse verstören und empören. Noch lange nach seiner Veröffentlichung erschien Freuds Projekt, die »historische Wahrheit« hinter der biblischen Überlieferung aufzudecken, den meisten seiner Kommentatoren kaum als ein ernst zu nehmender Versuch zur Erklärung der Genese des jüdischen Monotheismus, sondern eher als eine »Kuriosität«,[94] als Zeugnis seiner eigenen Identifizierung mit Moses und der Bewältigung einer persönlichen Krise[95] oder als Ausdruck eines unbewussten ›jüdischen Selbsthasses‹. Aber auch wohlwollendere Leser wie der

Sozialhistoriker Salo Wittmayer Baron konnten in dem Buch nichts als ein »grandioses Luftschloß« erkennen, ein Urteil, das die meisten Fachleser bis heute teilen.[96]

Freud war sich der Schwierigkeiten seines Unterfangens während der langen Entstehungszeit bewusst. Nicht umsonst hatte er den ersten, im September 1934 abgeschlossenen Entwurf von *Der Mann Moses* im Untertitel als einen »historischen Roman« bezeichnet, mit dem er aus Anlass der aktuellen antisemitischen Verfolgungen die Frage beantworten wollte, »wie der Jude geworden ist und warum er sich diesen unsterblichen Haß zugezogen hat« – wie er an den befreundeten Schriftsteller Arnold Zweig schrieb, der bereits nach Palästina ausgewandert war (AZ, 102). Die Antwort, zu der Freud in seinem ersten Entwurf kam, der als eine »Charakterstudie« des Religionsstifters angelegt war, mutet zugleich einfach und zutiefst rätselhaft an: »der Jude ist eine Schöpfung des Mannes Moses« (LAS, 222). Der Text sollte sich im Verlauf seiner langwierigen Entstehungs- und Publikationsgeschichte in einer Weise entwickeln, welche die formale Durchführung dieses Satzes in Form einer historischen »Konstruktion« und ihrer anschließenden psychoanalytischen Deutung zu einem äußerst komplizierten Projekt werden ließ. Freud erschien seine Arbeit als »ein ehernes Bild auf tönernen Füßen« (SA 9, 468), und nicht umsonst verglich er es mit einer »Tänzerin, die auf einer Zehenspitze balanciert« (SA 9, 507). Um den wissenschaftlichen Anspruch seiner Studie nicht weiter zu untergraben und um Missverständnissen vorzubeugen, ließ er auch bald die Bezeichnung »historischer Roman« fallen.

Obwohl es auf den ersten Blick so aussehen mag, dass Freud mit dem hier immer wieder gebrauchten Ausdruck »Konstruktion« auf eine Relativierung seiner Thesen abzielt, so ist eher das Gegenteil der Fall. Zwar betont er, seine »Konstruktion der Urgeschichte« sei zwar »lückenhaft und in manchen Punkten ungesichert«, doch gebe es nichts, »was frei erfunden wäre, was sich nicht auf gute Grundlagen stützen könnte« (SA 9, 532). Methodologisch verstand Freud das Prinzip der »Konstruktion« vorwiegend in Analogie zur Archäologie seiner Zeit, die bei der Erforschung der Vergangenheit notgedrungen auf Spuren und Reste zurückgreift und dabei eine gewisse Wahrscheinlichkeit erzielt. Obwohl sich die archäologische Metapher bereits früh in seinen Arbeiten zur Hysterie findet (und hier noch von einem gewissen positivistischen Überschwang getragen ist), erhält sie während der Arbeit am Moses-Buch doch kaum zufällig einen bedeutenden Stellenwert, der den Übergang von der »Wahrscheinlichkeit« zur »historischen Wahrheit« markiert. In seinem Aufsatz »Konstruktionen in der Analyse« (1937) vergleicht Freud die Konstruktionsarbeit des Analytikers »mit der des Archäologen, der eine zerstörte und verschüttete Wohnstätte oder ein Bauwerk der Vergangenheit ausgräbt« (SAE, 396 f.). Diese historische oder archäologische Konstruktionsarbeit erschöpft sich jedoch für den Psychoanalytiker nicht im Ziel der *Re*konstruktion, sie gilt vielmehr als eine Vorarbeit, die zu den Quellen führen soll, aus denen die neurotischen und psychotischen Wahnideen ihre Macht beziehen. Wesentlich dabei ist die »Behauptung, daß der Wahnsinn nicht nur Methode hat, wie schon der Dichter erkannte, sondern daß auch ein Stück *historischer Wahrheit* in ihm enthalten ist« (SAE, 406). In *Der Mann Moses* geht es letztlich um die genauere Durchführung des Satzes, die kollektiven Wahnbildungen, als die Freud die religiösen Lehren insgesamt begreift, verdankten ihre »außerordentliche Gewalt über den Menschen« dem »Gehalt an historischer Wahrheit, die sie aus der Verdrängung vergessener Urzeiten heraufgeholt haben« (SAE, 406).

Freuds Buch stellt somit nicht eine bloße »Anwendung« der Psychoanalyse als eines abgeschlossenen und gesicherten Wissens auf dem Gebiet der Geschichte dar, sondern präsentiert sich vielmehr als ein unwegsames und steiniges Experimentierfeld, auf dem eine Reihe ihrer zentralen Annahmen nochmals auf die Probe gestellt werden soll. Angesichts des unübersichtlichen Aufbaus des Textes ist es daher nötig, zunächst dessen Genese und Struktur zumindest in Umrissen darzustellen. Die ersten beiden Teile des späteren Buches veröffentlichte Freud 1937 in der Zeitschrift *Imago*. Der erste Aufsatz ist »Moses, ein Ägypter« betitelt und geht von der in der historischen Literatur (unter anderem von dem amerikanischen Ägyptologen James H. Breasted) mehrfach geäußerten Vermutung aus, der Name Moses sei ägyptischen Ursprungs. Freud wirft die Frage auf, warum die Ägyptologen nicht den für ihn naheliegenden »Schluß vom Namen auf die Volksgehörigkeit« gezogen hätten: War es »Respekt vor der biblischen Tradition« oder schien »die Vorstellung zu ungeheuerlich, daß der Mann Moses etwas anderes als ein Hebräer gewesen sein sollte« (SA 9, 461)? Damit ist der Rahmen aufgespannt, der sein eigenes Projekt der historischen Erforschung von Moses' nationaler Zugehörigkeit in Gegensatz zu »vermeintlichen nationalen Interessen« stellt (SA 9, 459). Letztere operieren im Sinne von Sagen- und Legendenbildungen, welche Religionsstifter wie Moses von ihrer Geburt an als Helden oder große Männer begreifen. Dementsprechend kehrt Freud zu den Analysen dieser Sagen zurück, die er 1909 in einem Beitrag zu *Der Mythus von der Geburt des Helden* von Otto Rank unternommen hatte, um hinter ihnen die weitaus profanere Realität des neurotischen »Familienromans« zum Vorschein zu bringen. Diese Rückkehr vollzieht sich aber in paradoxer Weise, da sich die ursprüngliche psychoanalytische Deutung jetzt zwangsläufig umkehrt: Nicht die niedrige Familie findet sich zugunsten der hohen verleugnet, sondern die hohe (ägyptische) wurde durch die niedrige (jüdische) verdrängt, also von »nationalen Motiven« (SA 9, 465). »Moses ist ein – wahrscheinlich vornehmer – Ägypter, der durch die Sage zum Juden gemacht werden soll. [...] Während sonst ein Held sich im Laufe seines Lebens über seine niedrigen Anfänge erhebt, begann das Heldenleben des Mannes Moses damit, daß er von seiner Höhe herabstieg, sich herabließ zu den Kindern Israels.« (SA 9, 466) So also lautet das »Resultat«, das Freud jedoch nicht zu verwerten gedenkt, da es allein auf »psychologische Wahrscheinlichkeiten« gegründet ist und zugegebenermaßen nicht besonders überzeugend anmutet.

Der zweite Aufsatz setzt hier an und verfolgt, wie der Titel anzeigt, nun die Hypothese »Wenn Moses ein Ägypter war ...« Es soll in Form einer »rein historischen Studie« (SA 9, 508) die »schwer zu beantwortende Rätselfrage« gelöst werden, was einen vornehmen Ägypter namens Moses veranlasst haben könnte, »sich an die Spitze eines Haufens von eingewanderten, kulturell rückständigen Fremdlingen zu stellen und mit ihnen das Land zu verlassen« (SA 9, 468 f.). Die zweite, daraus sich ergebende Frage, die Freud beantworten möchte, lautet, wie dieser ägyptische Moses als *Einzelner* ausgehend von dem ägyptischen Polytheismus mit dem jüdischen Monotheismus eine völlig neue, diesem entgegengesetzte Religion schaffen und unter den Hebräern dauerhaft durchsetzen konnte. Die Antwort kommt in Form einer historischen Konstruktion, die zu einer ziemlich überraschenden Auflösung führt: Demnach geht die mosaische Religion auf einen noch älteren Monotheismus in Ägypten zurück, die sogenannte Atonreligion, die von dem ketzerischen Pharao Amenhotep IV. unter dem neuen Namen Echnaton (Freud verwendet die Namensvariante »Ikhnahton«) begründet wurde. Deren elitärer Charakter und »absichtliche Feindseligkeit gegen die Volksreligion« (SA 9, 476) führt jedoch zur Freisetzung einer »Stimmung fanatischer Rachlust bei der unterdrückten Priesterschaft und beim unbefriedigten Volk« (SA 9, 474), die ihren raschen Untergang und die weitgehende Auslöschung des Andenkens an Echnaton besiegelt. Freud nimmt an, Moses sei ein Anhänger dieser ersten strengen und unpopulären monotheistischen Religion gewesen, aus der bildliche Darstellungen des Gottes sowie »alles Magische, Mythische und Zauberische« ausgeschlossen waren (SA 9, 474). Er brachte somit den Hebräern mit der Atonreligion einen vergeistigten Monotheismus und mit diesem als Unterscheidungs- und Absonderungszeichen auch die Beschneidung, wie sie bereits bei den Ägyptern üblich war. Die Pointe dieser historischen »Konstruktion« ist offensichtlich: Sie erlaubt es, die biblische Version des vom Gott Jahve auserwählten Volkes und des Auszugs aus Ägypten als wahr anzuerkennen, nur dass für den Namen Jahves derjenige des Mannes Moses einzusetzen ist.

Damit könnten die Suchbewegung nach der historischen Wahrheit und die von ihr betriebene positivistische Entzauberung der monotheistischen Religion im Prinzip ein Ende haben. Doch führt Freud seine Untersuchung im Stil eines alttestamentarischen Krimis noch weiter, um zu einem weiteren wesentlichen Element zu gelangen: dem Mord an Moses durch die Juden. Den Beleg für die Wahrscheinlichkeit dieses Ereignisses findet er in der Untersuchung von Ernst Sellin *Mose und seine Bedeutung für die israelitisch-jüdische Religionsgeschichte* (1922). Mit der Ermordung von Moses »in einem Aufstand seines widerspenstigen und halsstarrigen Volkes« (SA 9, 486) wird die Mosesreligion zwar vorerst von den Hebräern abgeworfen, aber nicht völlig ausgelöscht. Wie im Falle Echnatons war von ihr etwas übrig geblieben: eine »dunkle Kunde«, die es erlaubte, deren Tradition mit dem Namen des primitiven Volksgottes Jahve gut ein Jahrhundert danach auf dem Berge Sinai zu verbinden. Parallel zu dieser Verschmelzung von zwei gegensätzlichen Göttern zu einem einzigen sieht sich Freud nun auch gezwungen, die Existenz eines zweiten Moses anzunehmen, der Midianiter war und der gemeinsam mit dem älteren ägyptischen Moses in der Bibel zur Figur des großen Religionsgründers ›verlötet‹ wurde (SA 9, 490 f.). Anders gesagt, der biblische Moses erweist sich als eine »Mischfigur«, ähnlich wie Freud sie in der *Traumdeutung* und Otto Rank in seiner Studie über die Heldenmythen analysiert hat. Mit einer Reihe von weiteren Verknüpfungen kommt Freud zur Konklusion und zu seiner vorläufig letzten Pointe in Bezug auf die biblische Tradition:

»[...] die Tradition verschmolz den Mosesgott mit Jahve, schrieb ihm die Befreiung aus Ägypten zu und identifizierte Moses mit Jahvepriestern aus Midian, die den Dienst *dieses* Gottes in Israel eingeführt hatten. In Wirklichkeit hat Moses den Namen Jahve's nicht gekannt, die Juden sind nie durch das rote Meer gegangen, nie am Sinai gewesen. Jahve hatte für seine Anmaßung auf Kosten des Mosesgottes schwer zu büßen. Der ältere Gott stand immer hinter ihm, im Laufe von 6-8 Jahrhunderten war Jahve zum Ebenbild des Mosesgottes verändert worden. Als halb erloschene Tradition hatte die Religion des Moses sich endgültig durchgesetzt.« (LAS, 223 f.)

Wiederkehr des Verdrängten: Theorien der Tradition

Die beiden ersten Abhandlungen von *Der Mann Moses*, die 1937 in der *Imago* erschienen, bilden jedoch nur das Vorspiel für das eigentliche Hauptstück, die dritte und längste Abhandlung von allen. Freud hat sie offensichtlich großteils ebenfalls bereits 1934 verfasst, doch bis zur endgültigen Publikation des gesamten Buches im Londoner Exil zurückgehalten. Am Ende der zweiten Abhandlung wird dazu bereits das Programm formuliert:

»Worin die eigentliche Natur einer Tradition besteht und worauf ihre besondere Macht beruht, wie unmöglich es ist, den persönlichen Einfluß großer Männer auf die Weltgeschichte zu leugnen, welchen Frevel an der großartigen Mannigfaltigkeit des Menschenlebens man begeht, wenn man nur Motive aus materiellen Bedürfnissen anerkennen will, aus welchen Quellen manche, besonders die religiösen, Ideen die Kraft schöpfen, mit der sie Menschen wie Völker unterjochen – all dies am Spezialfall der jüdischen Geschichte zu studieren wäre eine verlockende Aufgabe.« (SA 9, 501 f.)

Damit wird deutlich, dass Freud den wesentlichen Teil seines Buches nicht in seiner bisher unternommenen Aufdeckung der notwendigen konflikthaften *Zweiheit* am Ursprung des Monotheismus sieht: »*Zwei* Religionsstiftungen, die erste durch die andere verdrängt und später doch siegreich hinter ihr zum Vorschein gekommen, *zwei* Religionsstifter, die beide mit dem gleichen Namen Moses benannt werden und deren Persönlichkeiten wir voneinander zu sondern haben« (SA 9, 501). So erstaunlich diese »Konstruktion«, dieser »Aufbau von Mutmaßungen« (SA 9, 481) der zweiten Abhandlung auch anmuten mag, sie bildet nur die »historische Voraussetzung« für alle nun daran anknüpfenden »psychologischen Erörterungen« (SA 9, 508). Freud hatte seine Leser bereits darauf vorbereitet, mit dem Hinweis, auch dieser zweite Anlauf sei »wiederum nicht das Ganze und nicht das wichtigste Stück vom Ganzen« (SA 9, 468). Auch wenn man hier kritisch einwenden könnte, dass die »rein historische« Diskussion der Zerstörung der Atonreligion und ihrer Rückkehr bei dem ägyptischen Moses nicht ohne Reihe psychologischer Annahmen auskommt, so betreffen diese allein die plausibel erscheinenden Motive und Leidenschaften historischer Personen oder Gruppen. Als wesentlich erscheint hier, dass noch nicht von *unbewussten* Motivierungen die Rede ist. Dementsprechend wird die Ermordung von Moses durch sein Volk in der zweiten Abhandlung an keiner Stelle in psychoanalytischer Begrifflichkeit diskutiert, sondern unter Hinweis auf Sellins These als ein historisch plausibles Ereignis eingeführt: »Sie gestattet uns, unsere Fäden weiterzuspinnen, ohne glaubwürdigen Ergebnissen der historischen Forschung zu widersprechen.« Allerdings folgt der entscheidende Zusatz: »Aber wir wagen es, uns sonst unabhängig von den Autoren zu halten, selbständig ›einherzutreten auf der eigenen Spur‹.« (SA 9, 486 f.)

Wohin diese Spur führt, zeigt sich erst in der dritten Abhandlung, nämlich zur erneuten Auseinandersetzung mit dem Problem einer Theorie der Tradition, die nicht allein Prozesse bewusster mündlicher und schriftlicher Überlieferung, sondern auch die besondere Rolle *unbewusster* Prozesse zu erhellen vermag.[97] Dieser Schritt von der zweiten zur dritten Abhandlung ist wesentlich – und nicht nur in einem strategischen Sinn. Denn er führt auch vor, wie Freud das unaufhörliche Spiel der Ersetzungen und Entstellungen im Bereich der Religionsgeschichte in seiner historischen Dynamik zunächst auch mit jenen Deutungsmitteln meistern kann, die von verräterischen Spuren, Auslassungen und Entstellungen ausgehen:

»Der Text aber, wie er uns heute vorliegt, erzählt uns genug auch über seine eigenen Schicksale. Zwei einander entgegengesetzte Behandlungen haben ihre Spuren an ihm zurückgelassen. Einerseits haben sich Bearbeitungen seiner bemächtigt, die ihn im Sinne ihrer geheimen Absichten verfälscht, verstümmelt und erweitert, bis in sein Gegenteil verkehrt haben, anderseits hat eine schonungsvolle Pietät über ihm gewaltet, die alles erhalten wollte, wie sie es vorfand, gleichgültig, ob es zusammenstimmte oder sich selbst aufhob. So sind fast in allen Texten auffällige Lücken, störende Wiederholungen, greifbare Widersprüche zustande gekommen, Anzeichen, die uns Dinge verraten, deren Mitteilung nicht beabsichtigt war. Es ist bei der Entstellung eines Textes ähnlich wie bei einem Mord. Die Schwierigkeit liegt nicht in der Ausführung der Tat, sondern in der

Beseitigung der Spuren. Man möchte dem Worte ›*Entstellung*‹ den Doppelsinn verleihen, auf den es Anspruch hat, obwohl es heute keinen Gebrauch davon macht. Es sollte nicht nur bedeuten: in seiner Erscheinung verändern, sondern auch: an andere Stelle bringen, anderswohin verschieben. Somit dürfen wir in vielen Fällen von Textentstellung darauf rechnen, das Unterdrückte und Verleugnete doch irgendwo versteckt zu finden, wenn auch abgeändert und aus dem Zusammenhang gerissen. Es wird nur nicht immer leicht sein, es zu erkennen.« (SA 9, 492 f.)

Freud beschreibt hier nochmals eines der Grundprinzipien der psychoanalytischen Methode in einer Form, die ebenso für eine historische Quellenkritik als auch für die Kriminalistik gültig erscheint, gewissermaßen von einer höheren Warte aus, nämlich unter Vermeidung seines eigenen Fachvokabulars (ein Kunstgriff, den er bereits wiederholt angewandt hatte, so auch kaum zufällig in seiner Studie des Michelangelo-Moses [SA 10, 207 ff.], die aber hier an keiner Stelle erwähnt wird[98]). Wie lassen sich die »geheimen Absichten« der historischen Akteure auffinden, wenn nicht über Spuren, die unbeabsichtigt zurückgeblieben sind?

Der Vergleich der Entstellung eines Textes mit einem Mord und die Bemerkung zum Doppelsinn des Wortes »Entstellung« verweisen jedoch auch bereits auf das Thema der »archaischen Erbschaft«, in der die traumatische Erinnerung an den Mord am Urvater phylogenetisch aufbewahrt ist. Im ersten Teil der dritten Abhandlung von *Der Mann Moses* kommt Freud so ausführlich wie nie zuvor auf diese zunächst in *Totem und Tabu* postulierte Idee einer Tradierung unbewusster Erinnerungen über mehrere Generationen zurück: »Es stellt sich die Frage, in welcher Form ist die wirkliche Tradition im Leben der Völker vorhanden, eine Frage, die es beim Individuum nicht gibt, denn hier ist sie durch die Existenz der Erinnerungsspuren des Vergangenen im Unbewußten erledigt.« (SA 9, 541) In einem Teil, der nicht umsonst

»Schwierigkeiten« überschrieben ist, stellt er nun die herkömmliche Überlieferungstheorie, die die Tradition auf »bewußte Erinnerung an mündliche Mitteilungen« von einer Generation zur nächsten gründet (SA 9, 543), seiner eigenen gegenüber, die die Existenz von unbewussten Erinnerungsspuren im Sinne einer »archaischen Erbschaft« behauptet.

Welche Argumente bringt Freud für seine psychoanalytische Theorie der Tradition vor? Das erste präsentiert sich als nicht besonders stark: Die archaische Erbschaft besteht demnach »in bestimmten Dispositionen, wie sie allen Lebenwesen eigen sind« und somit »in der Fähigkeit und Neigung, bestimmte Entwicklungsrichtungen einzuschlagen und auf gewisse Erregungen, Eindrücke und Reize in einer besonderen Weise zu reagieren« (SA 9, 545). Mit dem zweiten geht Freud etwas weiter: die »Allgemeinheit der Sprachsymbolik« sei ein »ursprüngliches Wissen«, durch die *Traumdeutung* und die Analyse der infantilen Neurosen nachgewiesen und vermutlich kulturell universell (SA 9, 546), eine Ansicht, die er mit vielen anderen seiner Schüler nach der Umarbeitung der *Traumdeutung* ab 1911 lange überzeugt vertreten hatte (Kap. 2). Allerdings erledigt er nun diese Vorstellung mit dem selbstkritischen Hinweis, es könne sich bei der Symbolik schlicht um »Denkbeziehungen zwischen Vorstellungen« handeln, die sich »während der historischen Sprachentwicklung hergestellt hatten und die nun jedesmal wiederholt werden müssen, wo eine Sprachentwicklung individuell durchgemacht wird«. Es wäre somit ein »Fall von Vererbung einer Denkdisposition« und »wiederum kein neuer Beitrag zu unserem Problem« (SA 9, 546). Den entscheidenden Schritt bringt erst das dritte Beweismaterial, das Freud ins Treffen zu führen gedenkt:

»Wenn wir die Reaktionen auf die frühen Traumen studieren, sind wir oft genug überrascht zu finden, daß sie sich nicht strenge an das wirklich selbst Erlebte halten, sondern sich in einer Weise von ihm entfernen, die weit besser zum Vorbild eines phylogenetischen Ereignisses paßt und ganz allgemein nur durch diesen Einfluß erklärt werden kann. Das Verhalten des neurotischen Kindes zu seinen Eltern im Ödipus- und Kastrationskomplex ist überreich an solchen Reaktionen, die individuell ungerechtfertigt erscheinen und erst phylogenetisch, durch die Beziehung auf das Erleben früherer Geschlechter begreiflich werden. Es wäre durchaus der Mühe wert, dies Material, auf das ich mich hier berufen kann, der Öffentlichkeit gesammelt vorzulegen. Seine Beweiskraft erscheint mir stark genug, um den weiteren Schritt zu wagen und die Behauptung aufzustellen, daß die archaische Erbschaft des Menschen nicht nur Dispositionen, sondern auch Inhalte umfaßt, Erinnerungsspuren an das Erleben früherer Generationen.« (SA 9, 546)

Dieser Moment ist der neuralgische Punkt der gesamten Argumentation, da er die Annahme der »archaischen Erbschaft«, die Freud in vielen seiner Schriften spätestens seit der Publikation der Krankengeschichte des »Wolfmanns« 1918 als erwiesen angesehen hat, erstmals explizit ausführt. Denn zwanzig Jahre später, nach der Entwicklung der Populationsgenetik und der neuen synthetischen Evolutionsbiologie, ist die Auffassung von der Vererbung erworbener Eigenschaften zwar nicht widerlegt, aber eine minoritäre Position. Wenn Freud dennoch in Gegensatz zur »gegenwärtigen Einstellung der biologischen Wissenschaft [...], die von der Vererbung erworbener Eigenschaften auf die Nachkommen nichts wissen will«, an dieser Annahme festhält, so aus methodologischen Gründen, um die »Kluft zwischen Individual- und Massenpsychologie« zu überbrücken: »Es ist eine unvermeidliche Kühnheit.« (SA 9, 547)

Freud ist wiederholt und bereits zu Lebzeiten für sein Festhalten an dieser Spielart des Psycho-Lamarckismus kritisiert worden.[99] Angesichts dieser Kritik sucht er seine Position zu präzisieren und die notwendigen Bedingungen für die Einschreibung der Erinnerung in die archaische Erbschaft anzugeben: Zum einen geht es um »Erinnerungsspuren an äußere Eindrücke, gleichsam Greifbares« (SA 9, 547), die allein wichtige und oft wiederholte Ereignisse (wie den Vatermord) betreffen. Zum anderen erscheint jedoch die »rezente reale Wiederholung des Ereignisses« in der Geschichte – »der Mord an Moses; später der vermeintliche Justizmord an Christus« – als ebenso notwendig. Erst diese Form des Ausagierens und anschließenden Verdrängens führt demnach zur Begründung des jüdischen Monotheismus (SA 9, 548). Freud kommt nochmals auf seine Hypothese vom prähistorischen Mord am Urvater zurück und betont, dass diese als eine »Geschichte« in »großartiger Verdichtung erzählt« worden ist, »als ob sich ein einziges Mal zugetragen hätte, was sich in Wirklichkeit über Jahrtausende erstreckt hat und in dieser langen Zeit ungezählt oft wiederholt worden ist« (SA 9, 529). Die Verdrängung des traumatischen Ereignisses und dessen unausweichliche teilweise Wiederkehr in der Geschichte sind demnach die Motoren dieser Dynamik, die – so das letzte und für Freud stärkste Argument für seine psychoanalytische Traditionstheorie – jenen erstaunlichen und pathologischen Zwangscharakter der religiösen Traditionen erzeugen kann:

> »Eine Tradition, die nur auf Mitteilung gegründet wäre, könnte nicht den Zwangscharakter erzeugen, der den religiösen Phänomenen zukommt. Sie würde angehört, beurteilt, eventuell abgewiesen werden wie jede andere Nachricht von außen, erreichte nie das Privileg der Befreiung vom Zwang des logischen Denkens. Sie muß erst das Schicksal der Verdrängung, den Zustand des Verweilens im Unbewußten durchgemacht haben, ehe sie bei ihrer Wiederkehr so mächtige Wirkungen entfalten, die Massen in ihren Bann zwingen kann [...].« (SA 9, 548)

Dieses Argument nimmt also an, dass die herkömmliche bewusst agierende Traditionsbildung mit ihren sozialen oder kulturellen Zwängen niemals stark genug sein kann, um dauerhaft die irrationalen Gebote und Rituale der Religion durchzusetzen. Freud geht es um eine Erklärung des *Credo quia absurdum*. Angesichts der spezifischen historischen Genealogie, die er für den Fall des jüdischen Monotheismus konstruiert hat, erscheint die These von der Wiederkehr des Verdrängten aber noch aus einem anderen Grund als notwendig: Denn wenn die Atonreligion Echnatons im 14. Jahrhundert vor unserer Zeitrechnung existiert hat, der Mythos vom Auszug des Volkes Israel aus Ägypten und der Wüstenwanderung im 8. Jahrhundert in den Texten der Propheten schriftlich fixiert worden ist und der reine Monotheismus erst mehrere Generationen danach etabliert ist, stellt sich das Problem der Überbrückung eines sehr langen Zeitraums. Die Vorstellung einer Latenzphase, in der die monotheistische Idee in Analogie zum Trauma erhalten geblieben ist, begleitet von den Entstellungen und Verdunkelungen einer mündlichen Sagentradition, erlaubt es Freud, diese scheinbare Schwierigkeit seiner Argumentation zu seinen Gunsten zu wenden. Denn es ist die Wiederkehr des Verdrängten, die die »merkwürdige Tatsache« erklären soll, dass die abgeworfene Tradition des mosaischen Monotheismus statt ihrer weiteren Abschwächung immer mächtiger wurde und schließlich ihren Zwang über »das Denken und Handeln des Volkes« ausüben konnte (SA 9, 518).

Triumph der »Geistigkeit«: die Schrift und die Schule

Die schwer durchschaubare Struktur von *Der Mann Moses*, die nicht zuletzt der Wiederholung und mehrfachen Behandlung desselben Materials geschuldet ist, wirft die Frage auf, warum

Freud sich dafür entschieden hat, »die Spuren der immerhin ungewöhnlichen Entstehungsgeschichte dieser Arbeit« in dieser Weise komplett zu dokumentieren (SA 9, 550). Eine Antwort darauf findet sich am Beginn der dritten Abhandlung, die aus zwei Teilen besteht und seltsamerweise durch zwei aufeinanderfolgende Vorbemerkungen eingeleitet wird, deren erste auf die Zeit vor dem März 1938 datiert ist, die zweite jedoch auf den Juni 1938. Freud begründet diese Einschaltung von zwei verschiedenen Einleitungen, die »einander widersprechen, ja einander aufheben«, mit der Veränderung der »äußeren Verhältnisse des Schreibers« (SA 9, 506). Der erste Teil der dritten Abhandlung war unter den Bedingungen der austrofaschistischen Diktatur bereits 1934 entstanden und unpubliziert geblieben, da Freud den katholischen Faschismus in Österreich und in Italien als Schutz vor dem Nationalsozialismus betrachtete und wegen seiner unbequemen Ansichten über die Religion ein Arbeitsverbot für sich und seine Anhänger befürchtete: »der neue Feind, dem zu Dienst zu sein wir uns hüten wollen, ist gefährlicher als der alte, mit dem uns zu vertragen wir bereits gelernt haben« (SA 9, 504). Erst nach der nationalsozialistischen Invasion und der Ankunft von Freuds Familie »in dem schönen, freien, großherzigen England« im Juni 1938 beendete er die dritte Abhandlung in kurzer Zeit und gab das Buch zur Publikation frei (SA 9, 506). Es ist offensichtlich, dass er mit der Einschaltung von zwei einander widersprechenden Vorbemerkungen in der Mitte des Buches die einschneidende politische Zäsur markieren wollte, die dessen eigentümlich zerstückte Form diktiert hatte. Während die erste Vorrede also den ersten Teil der dritten Abhandlung als einen durch Selbstzensur unterdrückten Text vorstellt (»in der Verborgenheit aufbewahrt [...], bis einmal die Zeit kommt, wann sie sich gefahrlos ans Licht wagen darf« [SA 9, 505]), wird der zweite und abschließende

Teil des Textes folgerichtig mit der Aufhebung dieser Zensur eingeleitet.

Dies ist allerdings nur die eine, die »äußere« Seite, denn Freud insistiert ebenso auf den »inneren Schwierigkeiten« und den Unsicherheiten, mit denen er seinen eigenen Text behaftet sieht. Zwar bekräftigt er seine Theorie der religiösen und kulturellen Traditionsbildung, wie er sie seit *Totem und Tabu* vertreten hat, im Allgemeinen, doch erhebt sich ein Zweifel hinsichtlich der Frage, »ob es mir gelungen ist, diese Sätze *für das hier gewählte Beispiel des jüdischen Monotheismus* zu erweisen« (SA 9, 507). Hinter dieser nüchtern-distanzierten Formulierung verbergen sich allerdings weitaus kompliziertere Probleme und Fragen, die den unmittelbaren Kontext von *Der Mann Moses* betreffen. Denn so sehr Freud seine Arbeit bloß als eine religionshistorische Fallstudie darzustellen versucht, ist es doch offensichtlich, dass es nicht um ein zufällig gewähltes Beispiel geht. Erstens, weil ihm der jüdische Monotheismus als ein grundlegender Einschnitt in der Geschichte der kulturellen Entwicklung gilt, der von der Sinnlichkeit zur »Geistigkeit« (und somit vom Mutter- zum Vaterrecht) führt (SA 9, 560). Und zweitens, weil der Autor selbst (trotz seines Atheismus) seine Zugehörigkeit zum Judentum bereits am Anfang seines Buches einbekennt (»Einem Volkstum den Mann abzusprechen, den es als den größten unter seinen Söhnen rühmt, ist nichts, was man gern oder leichthin unternehmen wird, zumal wenn man selbst diesem Volke angehört.« [SA 9, 459]) Es liegt zugleich nahe und ist doch zu einfach, die »inneren Schwierigkeiten« Freuds allein auf eine Selbstbefragung seiner eigenen Zugehörigkeit zum Judentum zu beziehen, wie es vielfach geschehen ist.

In *Der Mann Moses* geht es Freud auch um etwas wie eine Bewährungsprobe des in langen Jahren erarbeiteten psychoanalytischen Instrumentariums zur Aufklärung des Problems des Antisemitismus, und zwar ohne Rücksichten auf »jüdisches Empfinden« und »nationale Interessen«, wie er sie seit einiger Zeit auch auf Seiten seiner eigenen Anhänger in Palästina beobachtete.[100] Vor diesem Hintergrund wird deutlich, warum Freud weiterhin so hartnäckig an seiner Ausgangsthese von der »Schöpfung« der Charaktereigenschaften des jüdischen Volkes – seinem »Selbstgefühl«, das von Gott auserwählte Volk zu sein – durch den »Mann Moses« festhält: »Ihm dankt dieses Volk seine Zählebigkeit, aber auch viel von der Feindseligkeit, die es erfahren hat und noch erfährt.« (SA 9, 553) Das ihr zugrunde liegende Geschichtsmodell riskiert somit als ebenso mythisch zu erscheinen wie die auf der Annahme einer archaischen Erbschaft fußende Traditionstheorie. Und wie lässt sich ein solches Modell, das »den persönlichen Einfluß großer Männer auf die Weltgeschichte« (SA 9, 501) geltend machen will, noch mit der analytischen Aufdeckung der zahlreichen historischen Konstruktionen vereinbaren, die Freud in der zweiten Abhandlung im Sinne der Kritik der biblischen Tradition so unablässig betrieben hat?

Ebenso wie Freud sich bei seiner Erklärung der Durchsetzung des jüdischen Monotheismus auf zwei Theorien der Tradition beruft, eine herkömmliche, die auf bewussten Mitteilungen und Spuren fußt, und eine psychoanalytische, die unbewusste Erinnerungsspuren impliziert, diskutiert er auch sein bisheriges massenpsychologisches Geschichtsmodell, das einen »großen Mann« als Führer voraussetzt (Kap. 4), indem er es mit den Methoden der zeitgenössischen Geschichtswissenschaft vergleicht. Denn er weiß sehr wohl, wie fragwürdig und antiquiert sein psychohistorisches Modell von der Macht der größen Männer über die Massen professionellen Historikern erscheinen muss, die historische Ereignisse auf »allgemeine und unpersönliche Momente« wie den »Einfluß ökonomischer Verhältnisse, den Wechsel in der Ernährungsweise, die Fortschritte im Gebrauch von Materialen und Werkzeugen« und auf viele andere äußere Faktoren zurückführen (SA 9, 553). Aber wie im Fall der Traditionstheorie führt die methodologische Diskussion auch hier nicht zu einer vollständigen Revision, denn Freud will letztlich »dem ›großen Mann‹ seine Stelle in der Kette oder vielmehr im Netzwerk der Verursachungen« wahren (SA 9, 554).

Allerdings findet sich in dieser methodologischen Diskussion die Rolle des »großen Mannes« letztlich nur auf eines beschränkt, nämlich auf dessen »Wirkung«, denn über sein »Wesen« (bzw. über sein »Genie«) lasse sich nichts aussagen (SA 9, 555). Die Wirkung kann für Freud nur in der Idee oder in der »Persönlichkeit« liegen – letzteres Rätsel hat die Psychoanalyse ja bereits mit dem nüchternen Hinweis aufgeklärt, der »große Mann« sei nichts anderes als der Vater, der durch die kindliche »Sehnsucht« der Gläubigen zum Gott erhoben wurde. Mit der Wirkung der Idee scheint es sich aber weitaus schwieriger zu verhalten:

»Ist uns so auf der einen Seite die Gestalt des großen Mannes ins Göttliche gewachsen, so ist es anderseits Zeit, sich zu besinnen, daß auch der Vater einmal ein Kind gewesen war. Die große religiöse Idee, die der Mann Moses vertrat, war nach unseren Ausführungen nicht sein Eigentum; er hatte sie von seinem König Ikhnaton übernommen. Und dieser, dessen Größe als Religionsstifter unzweideutig bezeugt ist, folgte vielleicht Anregungen, die durch Vermittlung seiner Mutter oder auf anderen Wegen – aus dem näheren oder fernen Asien – zu ihm gelangt waren. [...] Es erscheint so unfruchtbar, das Verdienst eines Einzelnen um eine neue Idee feststellen zu wollen. Viele haben offenbar an ihrer Entwicklung mitgetan und Beiträge zu ihr geleistet.« (SA 9, 556 f.)

Freud kehrt so also wiederum zum Problem der Traditionsbildung und der Frage zurück, warum der jüdische Monotheismus sich letztlich in der von ihm postulierten *reinen* Form erhalten und warum Moses als Religionsstifter in die Geschichte eingehen konnte. Wenn die Idee des Monotheismus trotz ihrer Unpopularität dennoch überlebt hat, so erweist sich der »Mann Moses« nur als ein Element in einer größeren Traditionskette, in der »seine Nachfolger und Fortsetzer, die jüdischen Propheten« eine zentrale Rolle spielen: »aus dem jüdischen Volk erhoben sich immer wieder Männer, die die verblassende Tradition auffrischten, die Mahnungen und Anforderungen Moses' erneuerten und nicht rasteten, ehe das Verlorene wiederhergestellt war« (SA 9, 557). Die Rolle der Propheten ist wesentlich für die Durchsetzung dessen, was Freud im zentralen Abschnitt des letzten Teils seines Buches als den »Fortschritt in der Geistigkeit« bezeichnet. Im Kern dieser Entwicklung, mit der er dem jüdischen Monotheismus eine positive Bestimmung verleiht, steht das mosaische Bilderverbot, das in seinen ethischen und kulturellen Folgen als weitaus folgenreicher charakterisiert wird als dessen ägyptisches Vorbild, die Atonreligion: »es bedeutete eine Zurücksetzung der sinnlichen Wahrnehmung gegen eine abstrakt zu nennende Vorstellung, einen Triumph der Geistigkeit über die Sinnlichkeit, strenggenommen einen Triebverzicht mit seinen psychologisch notwendigen Folgen« (SA 9, 559). Freud verknüpft diesen »Kulturfortschritt« nicht nur mit der Entwicklung der Sprache, sondern auch mit der endgültigen Ablösung der matriarchalischen Gesellschaftsordnung durch das Patriarchat (SA 9, 560).

»Alle solchen Fortschritte in der Geistigkeit haben den Erfolg, das Selbstgefühl der Person zu steigern, sie stolz zu machen, so daß sie sich anderen überlegen fühlt, die im Banne der Sinnlichkeit verblieben sind. Wir wissen, daß Moses den Juden das Hochgefühl vermittelt hatte, ein auserwähltes Volk zu sein; durch die Entmaterialisierung Gottes kam ein neues wertvolles Stück zu dem geheimen Schatz des Volkes hinzu. Die Juden behielten die Richtung auf geistige Interessen bei, das politische Unglück der Nation lehrte sie, den einzigen Besitz, der ihnen geblieben war, ihr Schrifttum seinem Werte nach einzuschätzen. Unmittelbar nach der Zerstörung des Tempels in Jerusalem durch Titus erbat sich Rabbi Jochanan ben Sakkai die Erlaubnis, die erste Thoraschule in Jabne zu eröffnen. Fortan war es die Heilige Schrift und die geistige Bemühung um sie, die das versprengte Volk zusammenhielt.« (SA 9, 561)

Kaum zufällig ließ Freud seine Tochter Anna diesen Abschnitt im August 1938 auf dem XV. Psychoanalytischen Kongreß in Paris vorlesen, als sein Buch noch nicht gedruckt war. In Zeiten der politischen Verfolgung und der drohenden Zersplitterung der Psychoanalyse erscheint die im mosaischen Bilderverbot wurzelnde Vergeistigung als die einzige Hoffnung eines Siegs der Vernunft über die rohe Gewalt. Während die jüdische Tradition Freud als Garant für den »Fortschritt in der Geistigkeit« gilt, erweist sich ihm das Christentum mit seiner Anfälligkeit für »symbolische Riten« und der Herausbildung einer mystischen Tradition als eine »kulturelle Regression«: »Vor allem verschloß sie sich nicht wie die Atonreligion und die ihr nachfolgende mosaische dem Eindringen abergläubischer, magischer und mystischer Elemente, die für die geistige Entwicklung der nächsten zwei Jahrtausende eine schwere Hemmung bedeuten sollten.« (SA 9, 536) Die »Geistigkeit« identifiziert Freud somit eindeutig mit »Intellektualität« und nicht mit der »Spiritualität« der Mystik, deren Erkenntniswert er stets bestritt. Man kann in diesem rationalistischen Bekenntnis zum intellektuellen und ethischen Kern des jüdischen Monotheismus auch eine nochmalige Bekräftigung der Ablehnung von C.G. Jungs Lehre von psychischen Archetypen und dem kollektiven Unbewussten sehen, die eklektisch auf verschiedene mystische und alchemistische Traditionen zurückgriff – und damit die Fortführung einer langen Auseinandersetzung, die in den Jahren 1911 bis 1914 in Bezug auf die *Traumdeutung*, aber vor allem mit *Totem und Tabu* begonnen hatte (Kap. 4).[101] In diesem Sinne kann man Freuds historische

Konstruktionen sowohl als einen Versuch der Bestimmung einer reinen psychoanalytischen Lehre wie auch als Strategie der Bewältigung der gegenwärtigen politischen Situation verstehen. Selbst wenn die in *Der Mann Moses* so suggestiv beschworene Analogie zwischen der Psychoanalyse des »gottlosen Juden« und dem mosaischen Monotheismus nicht wirklich überzeugend aufgehen mag, so zeigt sie doch eines deutlich: In einer Zeit der politischen und intellektuellen Krise und des drohenden Weltkrieges setzte Freud die Hoffnung auf die Bewahrung seines geistigen Erbes durch die Schrift und seine Schule, allen Spaltungen und Zerwürfnissen zum Trotz.

Schluss: Zukunft ohne Illusionen

»Wir wissen, es ist der erste Schritt zur intellektuellen Bewältigung der Umwelt, in der wir leben, daß wir Allgemeinheiten, Regeln, Gesetze herausfinden, die Ordnung in das Chaos bringen. Durch diese Arbeit vereinfachen wir die Welt der Phänomene, können aber nicht umhin, sie auch zu verfälschen, besonders wenn es sich um Vorgänge von Entwicklung und Umwandlung handelt. [...] Bei Entwicklungen und Verwandlungen richtet sich unsere Aufmerksamkeit allein auf das Resultat; wir übersehen gern, daß sich solche Vorgänge gewöhnlich mehr oder weniger unvollständig vollziehen, also eigentlich im Grunde nur partielle Veränderungen sind. Der scharfsinnige Satiriker des alten Österreichs, J. Nestroy, hat einmal geäußert: ›Ein jeder Fortschritt ist nur immer halb so groß, als wie er zuerst ausschaut.‹ Man wäre versucht, dem boshaften Satz eine recht allgemeine Geltung zuzusprechen.«

Die endliche und die unendliche Analyse (1937, SAE, 368 f.)

Bis zum Ende seines Lebens hat Freud an der Auffassung festgehalten, dass die Psychoanalyse als intellektuelles und therapeutisches Projekt dank ihrer unbequemen Wahrheiten notgedrungen auf Widerstand stoßen muss. Die vielfältige Rezeption seines Werkes, die sich in den Jahrzehnten nach seinem Tod fortsetzte, hat in der Tat zahllose Kontroversen an den verschiedensten Schauplätzen entfacht – von den Neurowissenschaften über die Philosophie und Sozialwissenschaften bis zur Literatur- und Kunstwissenschaft. In diesem Sinn kann man zweifellos festhalten, dass zentrale Aspekte der Theorien Freuds zum Traum, zur

Sexualität und zur Triebunterdrückung durch Kultur und Religion bis heute nach wie vor umstritten sind. Spätestens seit der Publikation der *Traumdeutung* gingen diese Auseinandersetzungen jedoch weit über einen rein fachwissenschaftlichen Bereich hinaus und machten Freud in der Folge nicht nur zu einem erfolgreichen Buchautor, sondern auch zu einem Household Name. Für diesen kulturellen Durchsetzungsprozess sind die verschiedensten Begründungen geliefert worden, auf die wir in dem hier beschränkten Rahmen nicht zurückkommen können. Nur ein wesentliches Charakteristikum der Psychoanalyse sei hier nochmals hervorgehoben, nämlich der Umstand, dass die spezifische Form, in der Freud bei seinen Lesern und Hörern einen analytischen Prozess der Selbsterforschung zu initiieren suchte, ihre Ressourcen aus der Mythologie, der Literatur und der bildenden Kunst bezog und nicht aus den psychologischen Forschungslaboren seiner Zeit. Wie weit die psychoanalytische Praxis von derjenigen der heutigen Labore der Psychologie entfernt ist, zeigt sich wohl am deutlichsten in der Gestaltung von Freuds berühmter Wiener Ordination in der Berggasse 19, die mit ihren staubigen Perserteppichen, archäologischen Objekten und Bildern den meisten Patienten zunächst als ein kurioses Privatmuseum erscheinen musste.[102]

Die Ausgrabungen und »Konstruktionen« der Archäologie standen dem Freud'schen Wissenschaftsverständnis immer näher als die statistischen Erhebungen und Testverfahren der Experimentalpsychologie. Trotz des Prestiges, das das Laboratorium in den Wissenschaften genießt, sollte nicht vergessen werden, dass Museen niemals nur Orte der Konservierung, sondern stets auch Orte der Erzeugung von Wissen gewesen sind. Will man den vielfach bemühten Gemeinplatz von der »Archäologie der Seele« vermeiden, so stellt sich die Frage, in welchem Register sich die merkwürdige Veranstaltung des auf der Couch liegenden, von musealen Bildern und Objekten umgebenen Patienten mit dem hinter ihm sitzenden Psychoanalytiker am besten fassen lässt. Freud selbst hat die Besonderheiten des psychoanalytischen Settings einerseits mit persönlichen Rücksichten, andererseits historisch aus der von ihm selbst lange geübten Praxis der Hypnose erklärt. Deren Anspruch, einen experimentellen Zugang zum Unbewussten zu gewinnen, hat die Freud'sche Psychoanalyse nie vollständig aufgegeben, sondern vielmehr auf anderen Bahnen und mit anderen Strategien weiterverfolgt. Entgegen einer Rezeptionsströmung, die Freud als großen Autor in einen literarischen oder philosophischen Kanon aufnehmen möchte, gilt es daher an dessen bis zuletzt aufrechterhaltenen wissenschaftlichen Anspruch zu erinnern:

> »Die Psychoanalyse ist ein Stück der Seelenkunde der Psychologie. [...] Die Psychologie ist auch eine Naturwissenschaft. Was sollte sie denn sonst sein? Aber ihr Fall liegt anders. Nicht jedermann getraut sich eines Urteils über physikalische Dinge, aber jeder – der Philosoph wie der Mann von der Strasse – hat seine Meinung über psychologische Fragen, benimmt sich, als wäre er wenigstens ein Amateurpsycholog.« (GW 17, 142f.)

Keine Stelle verdeutlicht Freuds eigentümliche Wissenschaftsauffassung besser: Sie kennt weder die Unterscheidung von Natur- und Geisteswissenschaften noch diejenige von Wissenschaft und Literatur im Sinne der erst viel später definierten »zwei Kulturen«. Als Wissenschaft vom Unbewussten verstand Freud die Psychoanalyse eindeutig im Sinne einer Grundlagenwissenschaft, in Analogie zur theoretischen Physik, nur dass sich ihr Fall aufgrund der fortwährenden Einmischung durch die »Amateurpsychologen« anders gestalten musste. (In späteren Jahren suchte er in diesem Punkt auch die Zustimmung Einsteins, allerdings ohne Erfolg.) Hier findet sich eine der Besonderheiten und Originalitäten Freuds, ungeachtet der letztlich unentscheidbaren (und daher obsoleten) Frage, wer das Unbewusste tatsächlich »entdeckt« hat. Wie wenige andere Autoren hat er es verstanden, es in einer Weise zum Arbeiten zu bringen, die im 20. Jahrhundert Bewohnern der westlichen Welt einen neuartigen Zugang zu ihrer Subjektivität eröffnet hat. Dieser Zugang integriert zwar ältere Techniken der Selbstbeobachtung und -beschreibung, richtet diese aber systematisch auf Erfahrungsbereiche, die lange Zeit Gegenstand eines unsicheren oder unklaren Wissens waren: Traum, Mythos und infantile Sexualität.

Die neuralgische Stelle des Freud'schen Unternehmens (als Erbe des Positivismus des 19. Jahrhunderts) ist die Übersetzung des Unbewussten in Bewusstes, die stets von Rückschlägen bedroht bleibt und daher einen langwierigen Prozess bezeichnet. Gesichertes Wissen im Dienst einer Transparenz und Steuerung des Selbst sowie Fortschritt durch wissenschaftlich-technische Errungenschaften auf der kulturellen Ebene erscheinen aus einer solchen Perspektive als Erkenntnisideale, die nur illusorisch anmuten können. Denn mit der Wiederkehr des Verdrängten erhält das, was als genuin moderne Subjektivität erscheint, eine neue Form der Zeitlichkeit, die auf überwunden geglaubte, beharrlich wiederkehrende Erscheinungen verweist. Als ihre stummen Zeugen fungieren nicht umsonst jene fragmentarischen Reste, »Überlebsel« aus einer längst untergegangenen Welt, von denen sich die ersten Patienten Freuds in dessen Praxis umringt sahen. Die psychoanalytische Haltung zur individuellen und kollektiven Geschichte zeichnet sich nicht nur durch ihren nüchternen Blick auf eine von Illusionen bereinigte Zukunft aus, sondern auch durch eine konsequente Absage an die Fortschrittsrhetorik der Moderne. Wenn Freud recht behält, bildet die Psychoanalyse keine neue Weltanschauung und kein geschlossenes theoretisches System aus, sondern gleicht vielmehr einem immer wieder von Neuem zu beginnenden Eroberungsfeldzug in einem Gebiet, das von zahlreichen Unbekannten beherrscht wird.

Anmerkungen

1 Unter diesen Vorzeichen sollte man auch den bemerkenswerten Umstand interpretieren, dass die American Psychoanalytical Association Lorraine Bracco, der Darstellerin von Dr Melfi, 2001 einen Preis für »the most credible psychoanalyst ever to appear in the cinema or on television« verliehen hat.

2 Für Ausgangspunkte und kritische Positionen vgl. Darius Gray Ornston (Hg.), *Translating Freud*, New Haven und London 1992, sowie zur Geschichte der Freud-Übersetzungen Andreas Mayer, »Freud übersetzen. Historische und theoretische Reflexionen zu einem frühen Übersetzungsmodell in der Psychoanalyse, in: *Geschichte der Philologien*, Heft 57/58, 2020, S. 84–100.

3 Seit dem Freiwerden der Rechte an Freuds Werk im Jahr 2010 vollziehen sich diese Bemühen nicht mehr im S. Fischer Verlag. Im Folgenden wird hauptsächlich aus der *Studienausgabe* zitiert, da sie dem Vorbild der *Standard Edition* folgend noch am ehesten verschiedene Textstadien auszuweisen erlaubt, mit punktuellen Rückgriffen auf andere Ausgaben, wo dies notwendig erscheint. Zu den Siglen vgl. das Literaturverzeichnis im Anhang.

4 Vgl. dazu kritisch John Forrester, *Dispatches from the Freud Wars. Psychoanalysis and its Passions*, Cambridge, Mass./London 1997, S. 208–248. Andreas Mayer, »Wie schreibt man keine Freud-Biographie?«, in: *Zeitschrift für Ideengeschichte* Jg. 14, Heft 4, 2020, S. 68–84.

5 Vgl. Françoise Meltzer (Hg.), *The Trial(s) of Psychoanalysis.* Sonderheft von *Critical Inquiry* (1988), Lydia Marinelli (Hg.), *Psychoanalytisches Wissen.* Sonderheft der *Österreichischen Zeitschrift für Geschichtswissenschaften* Jg. 14, Heft 2, 2003; Lydia Marinelli/Andreas Mayer (Hg.), *Forgetting Freud? For a New Historiography of Psychoanalysis.* Sonderheft von *Science in Context* Jg. 19, Heft 1, 2006; John C. Burnham: »The ›New Freud Studies‹. A Historiographical Shift«, in: *The Journal of the Historical Society* Jg. 6, 2006, S. 213–233; Andreas Mayer, »Écrire l'his-

toire de la psychanalyse: le problème du contexte«, in: *Revue d'Histoire des Sciences Humaines*, Heft 30, 2017, S. 71–91.

6 Am deutlichsten kommt dieser Versuch in der Bezeichnung »voranalytisch« zum Ausdruck, unter der der Übersetzer und Herausgeber James Strachey eine Reihe von Schriften aus der Periode 1886–1899 im ersten Band der *Standard Edition* versammelt hat.

7 Vgl. Oskar Kraus, *Franz Brentano. Zur Kenntnis seines Lebens und seiner Lehre*, München 1919, S. 5ff. Zum Verhältnis von Brentano und Freud vgl. Horst-Peter Brauns und Alfred Schöpf, »Freud und Brentano. Der Medizinstudent und der Philosoph«, in: Bernd Nitzksche (Hg.), *Freud und die akademische Psychologie. Beiträge zu einer historischen Kontroverse*, München 1989, S. 40–79.

8 Vgl. William McGrath, *Dionysian Art and Populist Politics in Austria*, New Haven/London, 1974; ders., *Freud's Discovery of Psychoanalysis. The Politics of Hysteria*, Ithaca/New York 1986; Günter Gödde, »Freuds philosophische Diskussionskreise in der Studentenzeit«, in: *Jahrbuch der Psychoanalyse*, Jg. 27, 1991, S. 73–113. Der Verein wurde 1878 wegen seiner deutschnationalen Tendenzen von der Polizei aufgelöst.

9 Josef Paneth, »Vita Nuova« [1883–84], in: ders., *Vita Nuova. Ein Gelehrtenleben zwischen Nietzsche und Freud. Autobiographie, Essays, Briefe*, hg. u. kommentiert v. W. Hemecker, Graz 2007, S. 37.

10 Über die Rolle Nietzsches für die Ausbildung der Psychoanalyse ist vielfach geschrieben und spekuliert worden. Vgl. dazu Günter Gödde, *Traditionslinien des »Unbewußten«. Schopenhauer, Nietzsche, Freud*, Tübingen 1999, sowie für eine neuere Literatur-Übersicht Günter Gödde/Renate Müller-Buck, »Neue Beiträge zum Freud-Nietzsche-Diskurs«, in: *Nietzsche-Studien*, Jg. 34, 2005, S. 486–505.

11 Paneth, »Vita Nuova«, S. 44.

12 Vgl. dazu u.a. Sven Dierig, *Wissenschaft in der Maschinenstadt. Emil Du Bois-Reymond und seine Laboratorien in Berlin*, Göttingen 2006; Andreas Mayer/Alexandre Métraux (Hg.), *Kunstmaschinen. Spielräume des Sehens zwischen Wissenschaft und Ästhetik*, Frankfurt/M. 2005.

13 Die Wahl des Themas ist gelegentlich ironisch oder ernsthaft auf Freuds spätere Theorien zur Sexualität bezogen worden. »Sollte der spätere Entdecker des Kastrationskomplexes enttäuscht gewesen sein, die Hoden des Aals nicht gefunden zu haben?«, scherzte etwa Freuds Schü-

ler und Biograph Ernest Jones (*Das Leben und Werk von Sigmund Freud*, Bd. 1, Bern 1953, S. 59).

14 Albrecht Hirschmüller, *Physiologie und Psychoanalyse in Leben und Werk Josef Breuers*, Bern 1978.

15 Freud übersetzte den folgenden Band: John Stuart Mill, *Vermischte Schriften. Über Frauenemancipation. – Plato. – Arbeiterfrage. – Socialismus*, Leipzig, Fues 1880. Zu Freuds Rezeption der antiken Traumtheorien vgl. weiter unten (Kap. 2).

16 Vgl. Albrecht Hirschmüller, *Freuds Begegnung mit der Psychiatrie. Von der Hirnmythologie zur Neurosenlehre*, Tübingen 1991.

17 So etwa Jürgen vom Scheidt, *Freud und das Kokain. Die Selbstversuche Freuds als Anstoß zur ›Traumdeutung‹*, München 1973 ; vgl. auch die Einleitung von Hirschmüller in SK, S. 33 ff.

18 Vgl. Esther Fischer-Homberger, *Die traumatische Neurose. Vom somatischen zum sozialen Leiden*, Bern 1975; Marcel Gauchet/Gladys Swain, *Le vrai Charcot. Les chemins imprévus de l'inconscient*, Paris 1997; Nicole Edelman, *Les métamorphoses de l'hystérique. Du début du XIXe siècle à la Grande Guerre*, Paris 2003, S. 110–178; Andreas Mayer, *Mikroskopie der Psyche. Die Anfänge der Psychoanalyse im Hypnose-Labor*, Göttingen 2002, S. 38–63.

19 Andreas Mayer: »Objektwelten des Unbewußten. Fakten und Fetische in Charcots Museum und Freuds Behandlungspraxis«, in: Anke te Heesen/Emma Spary (Hg.), *Wissen als Sammeln. Das Sammeln und seine wissenschaftsgeschichtliche Bedeutung*, Göttingen 2001, S. 169–198.

20 Sigmund Freud: »›Über männliche Hysterie‹ (Bericht über Vortrag in der Gesellschaft der Ärzte in Wien vom 15.10.)«, in: *Wiener Medizinische Wochenschrift*, Jg. 36, 1886, Sp. 1444–1447. Jean-Martin Charcot, *Neue Vorlesungen über die Krankheiten des Nervensystems insbesondere über Hysterie*. Autorisierte deutsche Ausgabe von Dr. Sigm. Freud, Leipzig/Wien 1886, S. 307–330.

21 Vgl. Mayer, *Mikroskopie der Psyche*, Kap. 7, und Terence A. Tanner, »Sigmund Freud und die Zeitschrift für Hypnotismus«, in: *Luzifer-Amor. Zeitschrift zur Geschichte der Psychoanalyse*, Jg.18, Heft 36, 2005, S. 65–118.

22 Vgl. dazu Hirschmüller, *Physiologie und Psychoanalyse*, S. 197 ff. Zu den Fällen der Studien über Hysterie vgl. auch Ola Andersson, *Studies in the Prehistory of Psychoanalysis. The etiology of psychoneuroses and some*

related themes in Sigmund Freud's scientific writings and letters 1886–1896, Norstedts 1962, die Beiträge von Henri F. Ellenberger in B*eyond the Unconscious: Essays in the History of Psychiatry*, hg. von Mark S. Micale, Princeton 1993, sowie Lisa Appignanesi/John Forrester, *Die Frauen Sigmund Freuds*, München/Leipzig 1994, S. 104–123.

23 Sarah Kofman, *Die Kindheit der Kunst. Eine Interpretation der Freudschen Ästhetik*, München 1993 [1970]; dies.: *Quatre romans analytiques*, Paris 1974; Jean Starobinski, *Psychoanalyse und Literatur*, Frankfurt/M. 1973; sowie John Forrester, *Language and the Origins of Psychoanalysis*, New York 1980.

24 Es handelt sich dabei also nicht um die Leugnung realen Kindesmissbrauchs, wie oft verkürzend behauptet wurde. Vgl. Jeffrey Masson, *Was hat man dir, du armes Kind, getan? Sigmund Freuds Unterdrückung der Verführungstheorie*, Reinbek 1984. Zur Problematisierung dieses Themas in den Debatten der 1980er und 1990er Jahre vgl. Ian Hacking, »Kind-Making: the Case of Child Abuse«, in: ders., *The Social Construction of What?*, Cambridge, Mass. 1999, S. 125–162.

25 Über Fließ' Beziehung zu Freud existiert eine umfangreiche Literatur. Vgl. neben den biographischen Darstellungen bei Anzieu, Jones, Clark, Gay und Sulloway die Studie von Erik Porge, *Schöne Paranoia. Wilhelm Fließ, sein Plagiat und Freud*, Wien 2005 [1994], sowie Michael Schröter, »Freud und Fließ im wissenschaftlichen Gespräch. Das Neurasthenieprojekt von 1893«, in: *Jahrbuch der Psychoanalyse*, Jg. 22, 1988, S. 141–183; ders., »Fließ vs. Weininger, Swoboda und Freud: der Plagiatsstreit von 1906 im Licht der Dokumente«, in: *Psyche*, Jg. 56, 2002, S. 338–369.

26 Vgl. Alexandre Métraux, »Metamorphosen der Hirnwissenschaft. Warum Sigmund Freuds ›Entwurf einer Psychologie‹ aufgegeben wurde«, in: Michael Hagner (Hg.), *Ecce Cortex. Beiträge zur Geschichte des modernen Gehirns*, Göttingen 1999, S. 75–109. Für neuere Versuche, ausgehend vom »Entwurf« Psychoanalyse und Neurowissenschaft zu vermitteln, vgl. François Ansermet/Pierre Magistretti, *Die Individualität des Gehirns. Neurobiologie und Psychoanalyse*, Frankfurt/M. 2004, und Eric Kandel, *Psychiatrie, Psychoanalyse und die neue Biologie des Geistes*, Frankfurt/M. 2006.

27 Zur Geschichte der Traumdeutung vgl. Lydia Marinelli/Andreas Mayer (Hg.), *Die Lesbarkeit der Träume. Zur Geschichte von Freuds ›Traum-*

deutung‹, Frankfurt/M. 2000, sowie dies., *Träume nach Freud. Freuds ›Traumdeutung‹ und die Geschichte der psychoanalytischen Bewegung*, 3. Aufl., Berlin/Wien 2011 [2002].

28 Diese wichtigen behandlungstechnischen Schriften (1911–1915) finden sich in SAE. Der erste Text widmet sich der »Handhabung der Traumdeutung in der Psychoanalyse« (SAE, 149–156).

29 Theodor Gomperz, *Traumdeutung und Zauberei. Ein Blick auf das Wesen des Aberglaubens*, Wien 1866, S. 25. Zur frühen Rezeption der Artemidor-Übersetzung bei Freud und den Differenzen zu Gomperz vgl. Andreas Mayer, »Conflicting Interpretations of Artemidorus's Oneirocritica: Freud, Theodor Gomperz, F.S. Krauss and the Symbolic Language of Dreams«, in: *Psychoanalysis and History*, Jg. 20, Heft 1, 2018, S. 89–112.

30 Vgl. Jones, *Freud*, Band 1, S. 373–382; Didier Anzieu, *L'auto-analyse de Freud et la découverte de la psychanalyse*, Paris 1959 (auf Deutsch stark verändert und erweitert erschienen als *Freuds Selbstanalyse und die Entdeckung der Psychoanalyse*, 2 Bände, München/Wien 1990).

31 Zum Verhältnis der Freud'schen Technik im Vergleich zu anderen Verfahren der Selbstbeobachtung in der Hypnose vgl. Mayer, *Mikroskopie der Psyche*, Kap. 7.

32 Zur französischen Traumforschung und ihren Bezügen zu Freud vgl. Jacqueline Carroy, *Nuits Savantes. Une histoire des rêves (1800–1945)*, Paris 2012.

33 Vgl. John Forrester, »Portrait eines Traumlesers«, in: Marinelli/Mayer, *Die Lesbarkeit der Träume*, S. 9–37.

34 Die seit den 1970er Jahren unternommenen Versuche, die Wunscherfüllungstheorie der *Traumdeutung* durch Daten aus der neuropsychologischen Schlaf- und Traumforschung zu widerlegen, verkennen weitgehend deren Komplexität, die auf der Vielfalt der Register beruht, die Freud hier mobilisiert. Auf den nämlichen reduktiven Prämissen beruht das Projekt der »Neuropsychoanalyse«, das im Gegenzug neurowissenschaftliche Beweise für die Freud'sche Traumtheorie beizubringen sucht. Vgl. für zwei prominente Vertreter dieser Ansätze J. Allan Hobson, »The New Neuropsychology of Sleep: Implications for Psychoanalysis«, in: *Neuro-psychoanalysis: An Interdisciplinary Journal for Psychoanalysis and the Neurosciences*, Jg. 1, Heft 2, 1999, S. 157–183, sowie den Kommentar von Mark Solms, ebd., S. 183–195.

35 Diese Texte, die nach dem Bruch zwischen Freud und Rank gestrichen und ab der achten Auflage (1930) in keiner späteren Ausgabe der *Traumdeutung* wiederabgedruckt wurden, sind im Anhang bei Marinelli und Mayer, *Träume nach Freud*, S. 185–228, enthalten.

36 Von diesem Buch existiert keine kritische deutsche Textedition, in der diese Veränderungen komplett erfasst sind. Vgl. zur Kritik der neuesten Ausgabe Alexandre Métraux, »Über psychoanalytische Editionstechnik oder: Wie Geschichte in ein Buch gerät«, in: *Österreichische Zeitschrift für Geschichtswissenschaft*, Jg. 14, Heft 2, 2003, S. 146–153. Die beste Grundlage zum Studium bietet nach wie vor die englische Ausgabe im Band 6 der SE.

37 Zur Geschichte der Psychoanalytischen Vereinigung vgl. Elke Mühlleitner/Johannes Reichmayr, »Die Freudianer in Wien. Die Psychologische Mittwoch-Gesellschaft und die Wiener Psychoanalytische Vereinigung 1902–1938«, in: *Psyche*, Jg. 51, Heft 11, 1997, S. 1051–1103; zur Verlagsgeschichte Lydia Marinelli, *Psyches Kanon. Zur Publikationsgeschichte rund um den Internationalen Psychoanalytischen Verlag*, Berlin/Wien 2009.

38 Vgl. Bernhard Handlbauer, *Die Adler-Freud-Kontroverse*, Frankfurt/M. 1990. Die Schriften Alfred Adlers sind mittlerweile in einer siebenbändigen Studienausgabe zugänglich (hg. von Karl Heinz Witte, Göttingen 2007–2010).

39 Vgl. Marinelli/Mayer, *Träume nach Freud*, S. 103–112, sowie der Briefwechsel zwischen Alphonse Maeder und Freud, ebd., S. 171–183.

40 Vgl. Thomas Laqueur, *Die einsame Lust. Eine Kulturgeschichte der Selbstbefriedigung*, Berlin 2008.

41 Für die letztere Sichtweise vgl. Frank Sulloway, *Freud. Biologist of the Mind. Beyond the Psychoanalytic Legend*, Cambridge, Mass. 1992 [1979], sowie, wenn auch tendenziell etwas ausgewogener, Volkmar Sigusch, *Geschichte der Sexualwissenschaft*, Frankfurt/New York 2008, S. 261–284. Im Gegensatz dazu siehe die methodologisch orientierte Lektüre von Arnold Davidson, »How to do the history of psychoanalysis: a reading of Freud's ›Three essays on the theory of sexuality‹«, in: *The Emergence of Sexuality. Historical Epistemology and the Formation of Concepts*, Cambridge/Mass. 2001, S. 66–92.

42 Iwan Bloch, *Beiträge zur Aetiologie der Psychopathia sexualis*, Vorrede von Albert Eulenburg, 2 Bände, Dresden 1902–03.

43 Der Begriff »centres erogènes« rührt von Ernest Chambard her (*Etudes sur le somnambulisme provoqué*, Paris 1881). Siehe Havelock Ellis, »The Doctrine of Erogenous Zones«, in: *Medical Review of Reviews*, April 1920, S. 191 ff.

44 Vgl. dazu Appignanesi/Forrester, *Die Frauen Sigmund Freuds*, S. 202–231, sowie die einflussreiche Aufsatzsammlung von Charles Bernheimer/Claire Kahane (Hg.), *In Dora's Case. Freud – Hysteria – Feminism*, 2. Aufl., New York/London 1990.

45 Zum »Indizienparadigma«, das vor allem in den Anfängen der Psychoanalyse eine wichtige Rolle spielt, vgl. den klassischen Aufsatz von Carlo Ginzburg, »Clues: Roots of an Evidential Paradigm«, in: ders., *Clues, Myths, and the Historical Method*, Baltimore 1989, S. 87–113.

46 Vgl. Mayer, *Mikroskopie der Psyche*, Kap. 4.

47 Die berühmteste dieser Affären war zweifellos diejenige zwischen C.G. Jung und Sabina Spielrein, die auch mittlerweile Gegenstand von belletristischer Literatur und Filmen geworden ist. Zu weniger bekannten Fällen, die andere Anhänger wie Sándor Ferenczi oder Oskar Pfister betrafen, vgl. z.B. Ernst Falzeder, »Meine Großpatientin, meine Hauptplage. Ein bisher unbeachteter Fall Freuds und seine Folgen«, in: *Jahrbuch für Psychoanalyse*, Jg. 34, 1994, S. 67–100; John Forrester, »Casualities of Truth«, in: ders., *Dispatches from the Freud Wars*, S. 44–106; zu Freuds Praxis vgl. auch die neueren Arbeiten von Ulrike May, *Freud bei der Arbeit. Zur Entstehungsgeschichte der psychoanalytischen Theorie und Praxis*, Gießen 2015.

48 Vgl. dazu die Analysen von Philip Rieff, *Freud. The Mind of the Moralist*, 3. Aufl., Chicago and London 1979 [1959].

49 Zur Geschichte des Begriffs siehe John Forrester, *Language and the Origins of Psychoanalysis*, S. 84–96, zu den Wechselwirkungen von Literatur und Psychologie den klassischen Aufsatz von Jean Starobinski, »Hamlet und Ödipus«, in: ders., *Psychoanalyse und Literatur*, S. 110–142.

50 S. Freud, *Drei Abhandlungen zur Sexualtheorie*, 2. Aufl., Leipzig/Wien 1910, Fn., S. 11 f. (nicht in GW, SE und SA enthalten).

51 Vgl. Magnus Hirschfeld, *Die Homosexualität des Mannes und des Weibes*, Berlin 1914, S. 340 ff. Hirschfeld hatte seine Lehre von den sexuellen Zwischenstufen bereits in seiner Schrift *Sappho und Sokrates oder Wie erklärt sich die Liebe der Männer und Frauen zu Personen des eige-*

nen Geschlechts? (Leipzig 1896) formuliert und somit zu einer Zeit, als Freud die Periodenlehre von Wilhelm Fließ kennenlernte (Kap. 1).

52 Die Kontroversen um den Wert des Totemismusbegriffs setzen sich in der anthropologischen Literatur bis heute fort, insbesondere nach Claude Lévi-Strauss' einflussreicher Kritik *Das Ende des Totemismus*, Frankfurt/M. 1965 [1962]. Für eine Lévi-Strauss' weitgehend widersprechende Rückkehr zum Totemismus im Sinne eines ontologischen Systems vgl. Philippe Descola, *Jenseits von Natur und Kultur*, Frankfurt/M. 2011 [2005].

53 Freud bezog sich dabei zweifellos auf Henri Legrand du Saulle, *La folie du doute (avec délire du toucher)*, Paris 1875.

54 Mayer, *Mikroskopie der Psyche*, S. 168 ff.

55 Daniel Paul Schreber, *Denkwürdigkeiten eines Nervenkranken, nebst Nachträgen und einem Anhang über die Frage: ›Unter welchen Voraussetzungen darf eine für geisteskrank erachtete Person gegen ihren erklärten Willen in einer Heilanstalt festgehalten werden?‹*, Leipzig 1903. Für neuere kritische Diskussionen von Freuds Interpretation vgl. David B. Allison et al. (Hg.), *Psychosis and Sexual Identity. Toward a Post-Analytic View of the Schreber Case*, New York 1988, und Eric L. Santner, *My Own Private Germany. Daniel Paul Schreber's Secret History of Modernity*, Princeton 1996.

56 C. G. Jung, *Wandlungen und Symbole der Libido. Beiträge zur Entwicklungsgeschichte des Denkens*, 2. Aufl., Leipzig/Wien 1925, S. 131 (unveränderter Nachdruck der ersten Auflage von 1912).

57 Ebd., S. 308, 293, 395.

58 Vgl. Lydia Marinelli/Andreas Mayer, »The Receding Animal: Theorizing Anxiety and Attachment in Psychoanalysis from Freud to Imre Hermann«, in: *Science in Context*, Jg. 29, Heft 1, 2016, S. 55–76.

59 Salomon Reinach, »La mort d'Orphée«, in: ders., *Culte, Mythes et Religions*, Paris 1996, S. 526–554. Im Folgenden zitiert: S. 531, 537, 541.

60 Marcel Detienne, ›La mythologie scandaleuse‹, in: *Traverses*, Jg. 12, 1978, S. 3–19; ders., *L'invention de la mythologie*, Paris 1981.

61 Freuds Werk ist wiederholt in diesem Sinne gedeutet worden. Vgl. z.B. Heinz Politzer, *Freud und das Tragische*, Wiener Neustadt 2003, bes. S. 59–104. Weiter geht François Roustang (*Un destin si funeste*, Paris 1976, S. 28), der im massenpsychologischen Modell der Urhorde den grundlegenden asozialen Charakter psychoanalytischer Institutionen

angelegt sieht und dies mit einer Kritik an der Schule Jacques Lacans verbindet. Vgl. auch die neuere Studie von Michel Tort (*Fin du dogme paternel*, Paris 2005), die die Konzeptionen von Familie und Vaterschaft in der Freud'schen und Lacan'schen Analyse kritisch diskutiert.

62 Diesem 1912 gegründeten Kreis gehörten neben Sigmund Freud und Otto Rank (Wien) Ernest Jones (London), Sándor Ferenczi (Budapest) sowie Karl Abraham und Hanns Sachs (Berlin) an. 1919 wurde das Komitee um Max Eitingon (Berlin) erweitert. Vgl. Phyllis Grosskurth, *The Secret Ring. Freud's Inner Circle and the Politics of Psychoanalysis*, London 1991, und Gerhard Wittenberger, *Das ›Geheime Komitee‹ Sigmund Freuds. Institutionalisierungsprozesse in der Psychoanalytischen Bewegung zwischen 1912 und 1927*, Tübingen 1995.

63 Vgl. etwa Lucille B. Ritvo, *Darwin's Influence on Freud. A Tale of Two Sciences*, New Haven/London 1990.

64 Yves Cohen, *Le siècle des chefs. Une histoire transnationale du commandement et de l'autorité (1890–1940)*, Paris 2013; Robert A. Nye, *The Origins of Crowd Psychology: Gustave Le Bon and the Crisis of Mass Democracy in the Third Republic*, London 1975.

65 Zu Janets Theorien vgl. Henry F. Ellenberger, *Die Entdeckung des Unbewußten. Geschichte und Entwicklung der dynamischen Psychiatrie von den Anfängen bis zu Janet, Freud, Adler und Jung*, Zürich 1996 [1970], Kap. 6, sowie Jacqueline Carroy/Régine Plas, »How Pierre Janet used Pathological Psychology to save the Philosophical Self«, in: *Journal of the History of the Behavioral Sciences*, Jg. 36, Heft 3, 2000, S. 231-240.

66 Alfred Adler, »Der Aggressionstrieb im Leben und in der Neurose«, in: ders., *Persönlichkeit und neurotische Entwicklung. Frühe Schriften (1904–1912)*, hg. v. Almuth Bruder-Bezzel, Göttingen 2007, S. 64–76.

67 Jones, *Freud*, Band 3, S. 57.

68 Den bedeutendsten Stellenwert nahmen dabei die Arbeiten von Ernst Simmel ein. Vgl. ders., »Zur Psychoanalyse der Kriegsneurosen«, in: *Psychoanalyse und ihre Anwendungen*, hg. v. L. Hermanns und U. Schultz-Venrath, Frankfurt/M. 1993, S. 21–35, sowie Paul Lerner, *Hysterical Men. War, Psychiatry, and the Politics of Trauma in Germany, 1890–1930*, Ithaca/London 2003, S. 163–189; Ruth Leys, *Trauma. A Genealogy*, Chicago 2000.

69 Vgl. Fischer-Homberger, *Die traumatische Neurose*; dies., »Zur Medizingeschichte des Traumas«, in: *Gesnerus*, Jg. 56, 1999, S. 260–294.

70 Vgl. Ulrike May, »Der dritte Schritt in der Trieblehre. Zur Entstehungsgeschichte von Jenseits des Lustprinzips« (JL, 92–169).

71 Georg Groddeck, *Das Buch vom Es. Psychoanalytische Briefe an eine Freundin*, hg. v. Samuel Müller in Verbindung mit Wolfram Groddeck, Frankfurt/M./Basel 2004, S. 27. Zur fraglichen Zuschreibung an Nietzsche und zur Begriffsgeschichte des Es allgemein vgl. das Themenheft der *Psyche* 39 (1985), Heft 2, sowie Herbert Will, *Georg Groddeck. Die Geburt der Psychosomatik*, München 1987.

72 Ilse Grubrich-Simitis, *Zurück zu Freuds Texten*, Frankfurt/M. 1993, S. 214.

73 Ludwig Wittgenstein, *Denkbewegungen. Tagebücher 1930–1932, 1936–1937*, Innsbruck 1997, S. 28.

74 Vgl. John Forrester, »Die Geschichte zweier Ikonen. ›The Jews all over the world boast of my name, pairing me with Einstein‹ (Freud, 1926)«, in: Michael Hagner (Hg.), *Einstein on the Beach. Der Physiker als Phänomen*, Frankfurt/M. 2005, S. 96–123.

75 Karl Abraham, »Äußerungsformen des weiblichen Kastrationskomplexes« (1921), in: ders., *Gesammelte Schriften in zwei Bänden*, hg. von J. Cremerius, Frankfurt/M. 1982, Bd. 1, S. 78–108.

76 Jones, *Freud*, Bd. 2, S. 492f.

77 Ein vielfach zitierter Beleg dafür ist etwa Freuds Kritik an der Auffassung der Frauenfrage, wie sie der Philosoph John Stuart Mill vertrat, dessen Schriften er selbst 1879 ins Deutsche übersetzt hatte, in einem Brief an seine Verlobte Martha Bernays (15.11.1883, BB 2, 424ff.).

78 »l'énigme féminine est le paradigme de toute énigme«. Sarah Kofman, *L'énigme de la femme. La femme dans les textes de Freud*, Paris 1980, S. 115.

79 Vgl. Janine Chasseguet-Smirgel (Hg.), *Psychoanalyse der weiblichen Sexualität*, Frankfurt/M. [1964] 1974; Zenia Odes Fliegel, »Women's Development in Analytic Theory: Six Decades of Controversy«, in: Judith Alpert (Hg.), *Psychoanalysis and Women. Contemporary Reappraisals*, Hillsdale, NJ, 1986, S. 3–32. Die beste und ausführlichste neuere Darstellung findet sich bei Appignanesi/Forrester, *Die Frauen Sigmund Freuds*, Kap. 15.

80 Otto Rank, *Das Trauma der Geburt*, Frankfurt/M. 1994 [1924], S. 193ff.
81 Ebd., S. 41.
82 Ebd., S. 28.
83 James E. Lieberman, *Otto Rank. Leben und Werk*, 2. Aufl., Gießen 2014, Kap. 8 und 9, sowie James E. Lieberman/Robert Kramer (Hg.), *Sigmund Freud und Otto Rank. Ihre Beziehung im Spiegel des Briefwechsels 1906–1925*, Gießen 2014, S. 207ff.
84 Es ist in diesem Zusammenhang wesentlich, dass Freud (wie so oft) den literarischen Text Jensens für seine Zwecke zurichtet, um fiktive Personen als psychiatrische Fälle *avant la lettre* erscheinen zu lassen. Denn Jensen legt an keiner Stelle seiner Novelle nahe, der Protagonist Norbert Hanold sei ein Fetischist. Vgl. Andreas Mayer, »Gradiva's gait: tracing the figure of a walking woman«, in: *Critical Inquiry*, Jg. 38, Heft 3, 2012, S. 554–578.
85 Vgl. die Diskussion bei Paul-Laurent Assoun, *Le Fétichisme*, Paris 1994, S. 55–91, und bei Hartmut Böhme, *Fetischismus und Kultur. Eine andere Theorie der Moderne*, Reinbek bei Hamburg 2006, S. 396–411.
86 Vgl. dazu die Beiträge in Emily Apter/William Pietz (Hg.), *Fetishism as Cultural Discourse*, Ithaca/London 1993, und Liliane Weissberg (Hg.), *Weiblichkeit als Maskerade*, Frankfurt/M. 1994.
87 Karen Horney, »Zur Genese des weiblichen Kastrationskomplexes« (1923), in: dies., *Die Psychologie der Frau*, Frankfurt/M. 1984, S. 25.
88 Karen Horney, »Flucht aus der Weiblichkeit. Der Männlichkeitskomplex der Frau im Spiegel männlicher und weiblicher Betrachtung« (1926), ebd., S. 26–42, hier S. 29, 33.
89 Ebd., S. 41.
90 Ebd., S. 38.
91 Ernest Jones, »Die erste Entwicklung der weiblichen Sexualität«, in: *Internationale Zeitschrift für Psychoanalyse* Jg. 14, 1928, S. 11–25; Melanie Klein, »Frühstadien des Ödipuskonflikts« (1928), in: dies., *Frühe Schriften, 1928–1945*, Frankfurt/M. 1985.
92 Jones, »Die erste Entwicklung der weiblichen Sexualität«, S. 24.
93 Helene Deutsch, »Psychologie des Weibes in den Funktionen der Fortpflanzung«, in: *Internationale Zeitschrift für Psychoanalyse* Jg. 11, 1925, S. 40–53; dies., *Zur Psychoanalyse der weiblichen Sexualfunktionen*, Wien 1925.

94 Peter Gay, *Freud. Eine Biographie für unsere Zeit*, Frankfurt/M. [1987] 1989, S. 730.

95 Vgl. Ilse Grubrich-Simitis, *Freuds Moses-Studie als Tagtraum. Ein biographischer Essay*, Weinheim 1991.

96 Salo Wittmayer Baron, »Moses and Monotheism, by Sigmund Freud«, in: *American Journal of Sociology*, Jg. 45, 1939, S. 477.

97 Auf diese Thematik haben Michel de Certeau und Yosef Hayim Yerushalmi, in unterschiedlicher Weise, aufmerksam gemacht (Michel de Certeau, »La fiction de l'histoire. L'écriture de ›Moise et le monothéisme‹«, in: ders., *L'écriture de l'histoire*, Paris 1975, S. 312–358; Yosef Hayim Yerushalmi, *Freud's Moses. Judaism Terminable and Interminable*, New Haven/London 1991). Für die an Yerushalmis Buch anknüpfende Diskussion vgl. Jacques Derrida, *Dem Archiv verschrieben. Eine Freudsche Impression*, Berlin 1997 [1995], Jan Assmann, *Moses, der Ägypter. Entzifferung einer Gedächtnisspur*, München 1998, S. 211–242, und Richard Bernstein, *Freud and the Legacy of Moses*, Cambridge 1998.

98 Vgl. Ginzburg, »Clues: Roots of an Evidential Paradigm«.

99 Zuerst wohl von seinem späteren Biographen Ernest Jones. Vgl. ders., *Freud*, Bd. 3, S. 363 ff., sowie in der Folge von Yerushalmi, *Freud's Moses*, S. 30 ff., und Assmann, *Moses, der Ägypter*, S. 231 ff. Für eine differenzierte Diskussion vgl. Bernstein, *Freud and the Legacy of Moses*, S. 58 ff.

100 Vgl. dazu den Briefwechsel zwischen Freud und seinem Übersetzer Yehuda Dvir-Dwosis sowie insgesamt die kontroverse Rezeption des Buches. Eran Rolnik, *Freud auf Hebräisch. Geschichte der Psychoanalyse im jüdischen Palästina*, Göttingen 2013, S. 202 ff., und John Forrester, »›I could have worshiped the abased and mutilated remnant of the Temple‹: A Masked Jew in Rome«, in: Andreas Mayer (Hg.), *Freud's Roman Complex. Psychoanalytic Voyages to Antiquity* (i.V.).

101 In einem berüchtigten Aufsatz von 1934 hatte Jung an bekannte antisemitische Klischees und den Stil der NS-Propaganda angeknüpft, etwa wenn er die Juden als ein zur Ausbildung einer eigenständigen Kultur unfähiges Nomadenvolk bezeichnete, das immer ein »zivilisiertes Wirtsvolk« zu seiner Entfaltung benötige, oder wenn er dem »arischen Unbewußten« ein »höheres Potential« als dem »jüdischen« zusprach. C. G. Jung: »Zur gegenwärtigen Lage der Psychotherapie«, in: ders., *Gesammelte Werke*, Band 10, S. 190 f.

102 Vgl. Lydia Marinelli (Hg.), *Meine alten und ... dreckigen Götter. Aus Sigmund Freuds Sammlung*, Frankfurt/M. 1998, dies., *Tricks der Evidenz. Zur Geschichte psychoanalytischer Medien*, hg. Andreas Mayer, Berlin/ Wien 2009, Kap. 6 und 7.

Literaturverzeichnis

A. Sammelausgaben

GS — *Gesammelte Schriften,* 12 Bde., hg. von Anna Freud u.a., Wien 1924–1934.

GW — *Gesammelte Werke,* Bd. I–XVII, unter Mitwirkung von Marie Bonaparte hg. von A. Freud u.a., London 1940–1952 (seit 1960 Frankfurt/M.), Band XVIII, Frankfurt/M. 1968.

GWN — *Gesammelte Werke,* Nachtragsband, Frankfurt/M. 1987.

SA — *Studienausgabe,* 10 Bde., hg. von Alexander Mitscherlich u.a., Frankfurt/M. 1969–1975.

SAE — *Studienausgabe,* Ergänzungsband. Schriften zur Behandlungstechnik, hg. von Alexander Mitscherlich u.a., Frankfurt/M. 1975.

SE — *The Standard Edition of the Complete Psychological Works of Sigmund Freud,* 24 Bde., hg. von James Strachey u.a., London 1953–1974.

B. Ausgaben einzelner Werke

AA — *Zur Auffassung der Aphasien. Eine kritische Studie,* hg. von Paul Vogel, bearbeitet von Ingeborg Meyer-Palmedo, Frankfurt/M. 1992.

JL — *Jenseits des Lustprinzips.* Kritische Edition von Ulrike May und Michael Schröter (=*Luzifer-Amor. Zeitschrift zur Geschichte der Psychoanalyse*, Jg. 26, Heft 51, 2013)

IE — *Das Ich und das Es.* Entwurfsfassung von Juli/August 1922, hg. von Ulrike May und Michael Schröter (= *Luzifer-Amor. Zeitschrift zur Geschichte der Psychoanalyse*, Jg. 31, Heft 62, 2018, S. 8–37).

SH — *Studien über Hysterie* (gem. m. Josef Breuer), Frankfurt/M. 1991.

SK — *Schriften über Kokain,* hg. und eingel. von Albrecht Hirschmüller, Frankfurt/M. 1996.

TD — *Die Traumdeutung.* Leipzig und Wien [1899] 1900. Nachdruck der Erstausgabe, Frankfurt/M. 1999.

WT *Der Wahn und die Träume in W. Jensens ›Gradiva‹*. Mit der Erzählung von Wilhelm Jensen, hg. und eingel. von Bernd Urban, Frankfurt/M. 1995.

C. Briefeditionen

B *Briefe 1873–1939*, hg. von Ernst und Lucie Freud, Frankfurt/M. 1980.

WF *Briefe an Wilhelm Fließ 1887–1904.* Ungekürzte Ausgabe, hg. von J.M. Masson. Deutsche Fassung von Michael Schröter, Transkription Gerhard Fichtner, Frankfurt/M. 1985.

ES *Jugendbriefe an Eduard Silberstein*, hg. von Walter Boehlich, Frankfurt/M. 1989.

BB Sigmund Freud und Martha Bernays, *Brautbriefe 1882–1886.* Ungekürzte Ausgabe, 5 Bde., hg. von Albrecht Hirschmüller, Gerhard Fichtner und Ilse Grubrich-Simitis, Frankfurt/M. 2011–2019 (bisher vier Bände erschienen).

MB – und Minna Bernays, *Briefwechsel 1882–1939*, Tübingen 2005.

AB – und Karl Abraham, *Briefwechsel 1907–1925.* Vollständige Ausgabe, hg. von Ernst Falzeder und Ludger Hermanns, 2 Bde., Wien 2010.

LAS – und Lou Andreas-Salomé, *Briefwechsel*, hg. v. E. Pfeiffer, Frankfurt/M. 1980.

EB – und Eugen Bleuler, *»Ich bin zuversichtlich, wir erobern bald die Psychiatrie«. Briefwechsel 1904–1937*, hg. Michael Schröter, Bern 2012.

LB – und Ludwig Binswanger, *Briefwechsel 1908–1938*, hg. von Gerhard Fichtner, Frankfurt/M. 1992.

ME – und Max Eitingon, *Briefwechsel 1906–1939*, hg. von Michael Schröter, Tübingen 2004.

SF – und Sándor Ferenczi, *Briefwechsel*, hg. von Eva Brabant et al., Wien, Köln, Weimar 1993.

AF – und Anna Freud, *Briefwechsel*, hg. von Ingeborg Meyer-Palmedo, Frankfurt/M. 2006.

GG – und Georg Groddeck, *Briefwechsel 1917–1934*, Frankfurt/M. 2008.

EJ – und Ernest Jones, *Briefwechsel 1908–1939*, Frankfurt/M. 1993.

CGJ – und C. G. Jung, *Briefwechsel*, hg. von William McGuire und W. Sauerländer, Frankfurt/M. 1974.

OP – und Oskar Pfister, *Briefwechsel 1909–1939*, hg. v. Isabelle Noth, Zürich 2014.

EW – und Eduardo Weiss, *Briefe zur psychoanalytischen Praxis*, hg. v. M. Grotjahn, Frankfurt/M. 1973.

AZ – und Arnold Zweig, *Briefwechsel*, hg. v. Ernst L. Freud, Frankfurt/M. 1969.

D. Weiterführende Literatur

a) Bibliographische Hilfsmittel

Freud-Bibliographie mit Werkkonkordanz, bearbeitet von Ingeborg Meyer-Palmedo und Gerhard Fichtner, Frankfurt/M. 1999.

Konkordanz zu den Gesammelten Werken von Sigmund Freud, hg. v. Samuel A. Guttman u.a., 6 Bde., Waterloo 1995.

Freud's Library. A Comprehensive Catalogue, hg. v. Keith Davies und Gerhard Fichtner, London 2006.

b) Werkeinführungen, Überblicksdarstellungen, Nachschlagewerke

Lear, Jonathan, *Freud*, New York und London 2005.

Laplanche, Jean und J.-B. Pontalis, *Das Vokabular der Psychoanalyse*, Frankfurt/M. [1967] 1972 .

Lohmann, Hans-Martin/Joachim Pfeiffer (Hg.). *Freud Handbuch. Leben – Werk – Wirkung*, Stuttgart 2006.

Mannoni, Octave, *Sigmund Freud. In Selbstzeugnissen und Bilddokumenten*, Reinbek 1975.

Neu, Jerome (Hg.), *The Cambridge Companion to Freud*, Cambridge 1991.

Wollheim, Richard, *Freud*, 2. erw. Aufl., London [1971] 1991.

c) Biographische Literatur

Bernfeld, Siegfried/Suzanne Cassirer Bernfeld, *Bausteine der Freud-Biographik*, hg. von Ilse Grubrich-Simitis, Frankfurt/M. 1981.

Clark, Ronald W., *Sigmund Freud*, Frankfurt/M. [1979] 1981.

Gay, Peter, *Freud. Eine Biographie für unsere Zeit*, Frankfurt/M. [1987] 1989.

Jones, Ernest, *Das Leben und Werk von Sigmund Freud*, 3 Bde., Bern [1953–55] 1960.
Robert, Marthe, *Die Revolution der Psychoanalyse. Leben und Werk von Sigmund Freud*, Frankfurt/M. 1967.
Schur, Max, *Sigmund Freud. Leben und Sterben*, Frankfurt/M. 1973.
Wittels, Fritz, *Freud. Der Mann, die Lehre, die Schule*, Leipzig-Zürich 1924.

d) Studien zu Einzelaspekten

Alexander, Sally/Barbara Taylor (Hg.), *History and Psyche: Culture, Psychoanalysis, and the Past*, London 2012.
Alpert, Judith (Hg.), *Psychoanalysis and Women. Contemporary Reappraisals*, Hillsdale, NJ 1986.
Andersson, Ola, *Studies in the Prehistory of Psychoanalysis. The etiology of psychoneuroses and some related themes in Sigmund Freud's scientific writings and letters 1886–1896*, Norstedts 1962.
Anzieu, Didier, *L'auto-analyse de Freud et la découverte de la psychanalyse*, Paris 1959.
Ders., *Freuds Selbstanalyse und die Entdeckung der Psychoanalyse*, erw. u. veränderte Ausgabe, München/Wien 1990.
Appignanesi, Lisa/John Forrester, *Die Frauen Sigmund Freuds*, München/Leipzig 1994.
Assmann, Jan, *Moses, der Ägypter. Entzifferung einer Gedächtnisspur*, München 1998.
Bakan, David, *Sigmund Freud and the Jewish mystical tradition*, Princeton 1958.
Benveniste, Emile, »Bemerkungen zur Funktion der Sprache in der Freudschen Entdeckung« [1956], in: ders., *Probleme der allgemeinen Sprachwissenschaft*, Frankfurt/M. 1977, S. 90–105.
Bernheimer, Charles/Claire Kahane (Hg.), *In Dora's Case. Freud – Hysteria – Feminism*, 2. Aufl., New York/London 1990.
Bernstein, Richard, *Freud and the Legacy of Moses*, Cambridge 1998.
Burnham John C., *Psychoanalysis and American Medicine, 1894–1918: Medicine, Science, and Culture*, New York 1967.
Ders., »›The New Freud Studies‹. A Historiographical Shift«, in: *The Journal of the Historical Society*, Jg. 6, 2006, S. 213–233.

Certeau, Michel de, *Theoretische Fiktionen. Geschichte und Psychoanalyse*, 2. Aufl., Wien [1987] 2002.

Chasseguet-Smirgel, Janine (Hg.), *Psychoanalyse der weiblichen Sexualität*, Frankfurt/M. [1964] 1974.

Davidson, Arnold, »How to do the history of psychoanalysis: a reading of Freud's Three essays on the theory of sexuality«, in: ders., *The emergence of sexuality. Historical epistemology and the formation of concepts*, Cambridge/Mass. 2001, S. 66–92.

Derrida, Jacques, »Freud und der Schauplatz der Schrift«, in: ders., *Die Schrift und die Differenz*, Frankfurt/M. 1972, S. 302–350.

Ders., *Dem Archiv verschrieben. Eine Freudsche Impression*, Berlin [1995] 1997.

Ellenberger, Henry F., *Die Entdeckung des Unbewußten. Geschichte und Entwicklung der dynamischen Psychiatrie von den Anfängen bis zu Janet, Freud, Adler und Jung*, Zürich [1970] 1996.

Ders., *Beyond the Unconscious: Essays in the History of Psychiatry*, hg. von Mark S. Micale, Princeton 1993.

Federn, Ernst/Gerhard Wittenberger (Hg.), *Aus dem Kreis um Sigmund Freud. Zu den Protokollen der Wiener Psychoanalytischen Vereinigung*, Frankfurt/M. 1992.

Fichtner, Gerhard, »Freuds Briefe als historische Quelle«, in: *Psyche*, Jg. 43, 1989, S. 803–829.

Fischer-Homberger, Esther, *Die traumatische Neurose*, Bern u.a. 1975.

Forrester, John, *Language and the Origins of Psychoanalysis*, London 1980.

Ders., *Dispatches from the Freud Wars. Psychoanalysis and Its Passions*, Cambridge, Mass./London 1997.

Ders., *Truth Games. Lies, Money, and Psychoanalysis*, Cambridge, Mass./London 1997.

Ders., *Thinking in Cases*, London 2017.

Gardiner, Muriel (Hg.), *Der Wolfsmann vom Wolfsmann. Sigmund Freuds berühmtester Fall*, Frankfurt/M. 1972.

Gay, Peter, *›Ein gottloser Jude‹. Sigmund Freuds Atheismus und die Entwicklung der Psychoanalyse*, Frankfurt/M. [1987] 1999.

Gelfand, Toby, »›Mon cher Docteur Freud‹: Charcot's unpublished correspondance to Freud, 1888–1893«, in: *Bulletin of the History of Medicine*, Jg. 62, 1988, S. 563–588.

Gellner, Ernest, *The Psychoanalytic Movement, or the Cunning of Unreason*, London 1985.

Ginzburg, Carlo, »Clues: Roots of an Evidential Paradigm«, in: ders., *Clues, Myths, and the Historical Method*, Baltimore 1989, S. 87–113.

Ders., »Freud, the Wolf-Man, and the Werewolfes«, in: ders., *Clues, Myths, and the Historical Method*, Baltimore 1989, S. 132–140.

Grubrich-Simitis, Ilse, *Zurück zu Freuds Texten. Stumme Dokumente sprechen machen*, Frankfurt/M. 1993.

Gödde, Günter, »Freuds philosophische Diskussionskreise in der Studentenzeit«, in: *Jahrbuch der Psychoanalyse*, Bd. 27, 1991, S. 73–113.

Ders., *Traditionslinien des »Unbewußten«. Schopenhauer, Nietzsche, Freud*, Tübingen 1999.

Grosskurth, Phyllis, *The Secret Ring. Freud's Inner Circle and the Politics of Psychoanalysis*, London 1991.

Handlbauer, Bernhard, *Die Adler-Freud-Kontroverse*, Frankfurt/M. 1990.

Harmat, Paul, *Freud, Ferenczi und die ungarische Psychoanalyse*, Tübingen 1988.

Hirschmüller, Albrecht, *Physiologie und Psychoanalyse in Leben und Werk Josef Breuers*, Bern 1978.

Ders., *Freuds Begegnung mit der Psychiatrie. Von der Hirnmythologie zur Neurosenlehre*, Tübingen 1991.

Hopkins, James/Richard Wollheim (Hg.), *Philosophical Essays on Freud*, Cambridge 1984.

Lieberman, E. James/Robert Kramer (Hg.), *Sigmund Freud und Otto Rank. Ihre Beziehung im Spiegel des Briefwechsels 1906–1925*, Gießen 2014.

Kofman, Sarah, *Die Kindheit der Kunst. Eine Interpretation der Freudschen Ästhetik*, München [1970] 1993.

Dies., *Quatre romans analytiques*, Paris 1974.

Dies., *L'énigme de la femme. La femme dans les textes de Freud*, Paris 1980.

Marinelli, Lydia, *Tricks der Evidenz. Zur Geschichte psychoanalytischer Medien*, hg. von Andreas Mayer, Berlin/Wien 2009.

Dies., *Psyches Kanon. Zur Publikationsgeschichte rund um den Internationalen Psychoanalytischen Verlag*, Berlin/Wien 2009.

Dies. (Hg.), *Meine alten und ... dreckigen Götter. Aus Sigmund Freuds Sammlung*, Frankfurt/M. 1998.

Dies. (Hg.), *Psychoanalytisches Wissen*. Sonderheft *Österreichische Zeitschrift für Geschichtswissenschaften*, Jg. 14, Heft 2, 2003.

Marinelli, Lydia/Andreas Mayer, *Träume nach Freud. Freuds ›Traumdeutung‹ und die Geschichte der psychoanalytischen Bewegung*, 3. Aufl., Berlin/Wien [2002] 2011.

Dies., »The Receding Animal: Theorizing Anxiety and Attachment in Psychoanalysis from Freud to Imre Hermann«, in: *Science in Context* 2016, Jg. 29, Heft 1, S. 55–76.

Dies. (Hg.), *Die Lesbarkeit der Träume. Zur Geschichte von Freuds ›Traumdeutung‹*. Frankfurt/M. 2000.

Dies. (Hg.), *Forgetting Freud? For a New Historiography of Psychoanalysis*. Sonderheft von *Science in Context*, Jg. 19, 2006.

May, Ulrike, *Freuds frühe klinische Theorie (1894–1896). Wiederentdeckung und Rekonstruktion*, Tübingen 1996.

Dies., »Der dritte Schritt in der Trieblehre. Zur Entstehungsgeschichte von Jenseits des Lustprinzips«, in: *Luzifer-Amor. Zeitschrift zur Geschichte der Psychoanalyse*, Jg. 26, Heft 51, 2013, S. 92–169.

Dies., *Freud bei der Arbeit. Zur Entstehungsgeschichte der psychoanalytischen Theorie und Praxis*, Gießen 2015.

Mayer, Andreas, »Objektwelten des Unbewußten. Fakten und Fetische in Charcots Museum und Freuds Behandlungspraxis«, in: Anke te Heesen/Emma Spary (Hg.), *Wissen als Sammeln. Das Sammeln und seine wissenschaftsgeschichtliche Bedeutung*, Wallstein 2001, S. 169–198.

Ders., *Mikroskopie der Psyche. Die Anfänge der Psychoanalyse im Hypnose-Labor*, Göttingen 2002.

Ders., »Gradiva's gait: tracing the figure of a walking woman«, in: *Critical Inquiry*, Jg. 38, Heft 3, 2012, S. 554–578.

Ders., »Écrire l'histoire de la psychanalyse: le problème du contexte«, in: *Revue d'Histoire des Sciences Humaines*, Heft 30, 2017, S. 71–91.

Ders., »John Forresters Axiom. Zur Rolle der Psychoanalyse in der Philosophie und Geschichte der Wissenschaften«, in: *Luzifer-Amor. Zeitschrift zur Geschichte der Psychoanalyse*, Jg. 31, Heft 62, 2018, S. 170–188.

Ders., »Conflicting Interpretations of Artemidorus's Oneirocritica: Freud, Theodor Gomperz, F.S. Krauss and the Symbolic Language of Dreams«, in: *Psychoanalysis and History*, Jg. 20, Heft 1, 2018, S. 89–112.

Ders., »Freud übersetzen. Historische und theoretische Reflexionen zu einem frühen Übersetzungsmodell in der Psychoanalyse«, in: *Geschichte der Philologien*, Heft 57/58, 2020, S. 84–100.

Ders., »Wie schreibt man keine Freud-Biographie?«, in: *Zeitschrift für Ideengeschichte*, Jg. 14, Heft 4, 2020, S. 68–84.

Malcolm, Janet, *Vater, lieber Vater ... Aus dem Sigmund-Freud-Archiv*, Frankfurt/M./Berlin 1986.

Dies., *In the Freud Archives. With a New Afterword*, New York 1997.

McGrath, William, *Freud's Discovery of Psychoanalysis. The Politics of Hysteria*, Ithaca/New York 1986.

Meltzer, Françoise, »The Uncanny Rendered Canny: Freud's Blind Spot in Reading Hoffmann's ›Sandman‹«, in: *Introducing Psychoanalytic Theory*, hg. v. Sander Gilman, New York 1982, S. 218–239.

Dies. (Hg.), *The Trial(s) of Psychoanalysis*, Chicago und London 1988.

Métraux, Alexandre, »Metamorphosen der Hirnwissenschaft. Warum Sigmund Freuds ›Entwurf einer Psychologie‹ aufgegeben wurde«, in: Michael Hagner (Hg.), *Ecce Cortex. Beiträge zur Geschichte des modernen Gehirns*, Göttingen 1999, S. 75–109.

Molnar, Michael (Hg.), *Freud Tagebuch 1929–1939. Kürzeste Chronik*, Basel/Frankfurt/M. 1996.

Mühlleitner, Elke/ Johannes Reichmayr, »Die Freudianer in Wien. Die Psychologische Mittwoch-Gesellschaft und die Wiener Psychoanalytische Vereinigung 1902–1938«, in: *Psyche*, Jg. 51, Heft 11, 1997, S. 1051–1103.

Nitzksche, Bernd (Hg.), *Freud und die akademische Psychologie. Beiträge zu einer historischen Kontroverse*, München 1989.

Nunberg, Hermann/Ernst Federn (Hg.), *Protokolle der Wiener Psychoanalytischen Vereinigung*, 4 Bde., Frankfurt/M. 1976–1980.

Ornston, Darius Gray (Hg.), *Translating Freud*, New Haven und London 1992.

Quindeau, Ilka/Volkmar Sigusch (Hg.), *Freud und das Sexuelle: Neue psychoanalytische und sexualwissenschaftliche Perspektiven*, Frankfurt/M./New York 2005.

Rieff, Philip, *Freud. The Mind of the Moralist*, 3. Aufl., Chicago und London [1959] 1979.

Ders., *The Triumph of the Therapeutic: Uses of Faith After Freud*, Chicago und London [1966] 1987.

Ritvo, Lucille B., *Darwin's Influence on Freud. A Tale of Two Sciences*, New Haven and London 1990.

Rolnik, Eran, *Freud auf Hebräisch. Geschichte der Psychoanalyse im jüdischen Palästina*, Göttingen 2013.

Schorske, Carl, »Politik und Vatermord in Freuds ›Traumdeutung‹«, in: ders., *Wien. Geist und Gesellschaft im Fin de Siècle*, Frankfurt/M. 1982, S. 169–194.

Schröter, Michael, »Freud und Fließ im wissenschaftlichen Gespräch. Das Neurasthenieprojekt von 1893«, in: *Jahrbuch der Psychoanalyse*, Jg. 22, 1988, S. 141–183.

Ders., »Fließ vs. Weininger, Swoboda und Freud: der Plagiatsstreit von 1906 im Licht der Dokumente«, in: *Psyche*, Jg. 56, 2002, S. 338–369.

Starobinski, Jean, *Psychoanalyse und Literatur*, Frankfurt/M. 1973.

Ders., »Acheronta Movebo«, in: Meltzer, Françoise (Hg.), S. 273–286.

Sulloway, Frank, *Freud. Biologist of the Mind*, London 1979.

Timpanaro, Sebastiano, *Il lapsus freudiano. Psicanalisi e critica testuale*, Torino [1974] 2002.

Wittenberger, Gerhard, *Das ›Geheime Komitee‹ Sigmund Freuds. Institutionalisierungsprozesse in der Psychoanalytischen Bewegung zwischen 1912 und 1927*, Tübingen 1995.

Wittenberger, Gerhard/Christfried Tögel (Hg.), *Die Rundbriefe des »Geheimen Komitees«*, 4 Bde., Tübingen 1999–2003.

Yerushalmi, Yosef Hayim, *Freud's Moses. Judaism Terminable and Interminable*, New Haven und London 1991.

Zeittafel

1856 Am 6. Mai wird Sigismund Schlomo Freud als ältester Sohn des Wollhändlers Jakob Freud und dessen dritter Frau Amalie Nathanson in Freiberg/Mähren (heute Pribor) geboren.

1860 Übersiedlung der Familie Freud nach Wien aus wirtschaftlichen Gründen

1865 Eintritt ins Gymnasium

1873 Abitur. Aufnahme des Medizinstudiums an der Universität Wien

1875 Reise nach England, in Manchester bei seinem Halbbruder Philipp und seiner Nichte Pauline

1876 An der Zoologischen Station in Triest betreibt Freud Studien über männliche Flußaale. Eintritt ins Physiologische Institut des Physiologen Ernst Wilhelm von Brücke

1877 Erste wissenschaftliche Publikation

1878 Beginn der Freundschaft mit Josef Breuer

1879 Teilnahme an den psychiatrischen Vorlesungen von Theodor Meynert

1880 Militärdienst. Breuer übernimmt die Behandlung von Bertha Pappenheim (Anna O.). Freud übersetzt für die von Theodor Gomperz besorgte Gesamtausgabe der Werke John Stuart Mills vier Essays.

1881 Promotion

1882 Austritt aus Brückes Institut. Bekanntschaft und Verlobung mit Martha Bernays. Um finanziell unabhängig zu sein, tritt Freud eine Arztstelle im Wiener Allgemeinen Krankenhaus an (bis 1886). Nebenher wissenschaftliche Forschung

1884 Beginn der Kokainexperimente

1885 Arbeit in Heinrich Obersteiners Privatheilanstalt für Nerven, Gemüts- und Geisteskranke in Oberdöbling. Im April zerstört Freud erstmals alle Korrespondenzen und Papiere mit Ausnahme der Brautbriefe. Ernennung zum Privatdozenten an der Universität Wien. Im Oktober geht Freud mit einem Reisestipendium nach Paris und arbeitet bis Februar 1886 an der Abteilung des Neuropathologen Jean-Martin Charcot an der Salpêtrière.

1886 Im März in Berlin bei Adolf Baginsky. Vorstand für die Abteilung für Neurologie am Ersten Öffentlichen Kinder-Krankeninstitut von Max Kassowitz im 1. Wiener Gemeindebezirk (bis 1896). Freuds Vortrag »Über männliche Hysterie«, in dem er über Charcots Lehren berichtet, wird in der »Gesellschaft der Ärzte« schlecht aufgenommen. Eröffnung einer Privatpraxis. Im September Heirat mit Martha Bernays

1887 Beginn der langjährigen Korrespondenz mit dem Berliner Hals-Nasen-Ohren-Spezialisten Wilhelm Fließ. Geburt der Tochter Mathilde

1888 Freud übersetzt Hippolyte Bernheims Buch *De la suggestion et de ses applications thérapeutiques.* Anwendung der Hypnose im therapeutischen Verfahren

1889 Reise nach Nancy zu Auguste Ambroise Liébeault und Hippolyte Bernheim. Geburt des Sohnes Jean-Martin

1891 *Zur Auffassung der Aphasien.* Im September zieht Freud mit seiner Familie in das Haus Berggasse 19 im IX. Wiener Bezirk, in dem er bis zu seiner Emigration im Juni 1938 leben und praktizieren sollte. Geburt des Sohnes Oliver

1892 Erste Publikation über einen Fall hypnotischer Behandlung in der *Zeitschrift für Hypnotismus*, als deren Mitherausgeber Freud fungiert. Geburt des Sohnes Ernst

1893 Tod Charcots. Publikation der »Vorläufigen Mitteilung« mit Breuer. Geburt der Tochter Sophie

1895 Zusammen mit Breuer Veröffentlichung der Studien über Hysterie. Freud schreibt eine »Psychologie für den Neurologen«, die erst posthum unter dem Titel *Entwurf einer Psychologie* (1950) publiziert wird. Geburt der Tochter Anna

1896 Vortrag über die sexuelle Ätiologie der Hysterie. Formulierung der Theorie der traumatischen Verführung (Verführungstheorie). Im Oktober Tod des Vaters

1897 *Die infantile Cerebrallähmung* erscheint in H. Nothnagels Reihe *Specielle Pathologie und Therapie.* Reise nach Italien

1899 *Die Traumdeutung* (auf das Jahr 1900 vordatiert)

1900 Ida Bauer, als »Bruchstück einer Hysterie-Analyse« (»Fall Dora«) fünf Jahre später publiziert

1901 *Zur Psychopathologie des Alltagslebens* (Zeitschriftenaufsätze). Erste Romreise. Abkühlung der Beziehung zu Fließ

1902 Ernennung zum Titularprofessor an der Universität Wien. Erste Schüler. Beginn der Psychologischen Mittwoch-Abende in Freuds Wohnung. Reise nach Neapel

1904 Beginn der Kontaktaufnahme zur Zürcher Klinik Burghölzli und dessen Direktor Eugen Bleuler. Reise nach Athen

1905 *Drei Abhandlungen zur Sexualtheorie*; *Der Witz und seine Beziehung zum Unbewußten*

1907 Beginn der Beziehung zu C. G. Jung und Karl Abraham. *Der Wahn und die Träume in W. Jensens ›Gradiva‹*

1908 Bekanntschaft mit Sándor Ferenczi und Ernest Jones. Gründung der Wiener Psychoanalytischen Vereinigung. Psychoanalytischer Kongreß in Salzburg. Zweite Englandreise

1909 *Analyse der Phobie eines fünfjährigen Knaben* (»der kleine Hans«). Mit Jung und Ferenczi Reise nach Amerika, Vorlesungen an der Clark University in Worcester, Mass. (*Über Psychoanalyse*). Gründung des *Jahrbuchs für psychoanalytische und psychopathologische Forschungen* (mit Bleuler als Mitherausgeber und Jung als Redakteur), der ersten psychoanalytischen Zeitschrift (1914 eingestellt)

1910 *Eine Kindheitserinnerung des Leonardo da Vinci*. Psychoanalytischer Kongreß in Nürnberg. Gründung der Internationalen Psychoanalytischen Vereinigung (IPV). Freud beginnt seine Schriften über Technik zu publizieren.

1911 Gründung des *Zentralblatts für Psychoanalyse* (1914 eingestellt). Austritt von Alfred Adler aus der Wiener Psychoanalytischen Vereinigung. Beginn der Freundschaft mit Lou Andreas-Salomé. *Psychoanalytische Bemerkungen zu einem autobiographisch beschriebenen Fall von Paranoia* (Fall Schreber)

1912 Gründung der Zeitschrift *Imago. Zeitschrift für Anwendung der Psychoanalyse auf die Geisteswissenschaften* (bis 1937). Angesichts der wachsenden Konflikte innerhalb der psychoanalytischen Bewegung gründet Freud das »Geheime Komitee«, in dem seine engsten Schüler vertreten sind (zunächst Ferenczi, Rank, Sachs, Abraham und Jones).

1913 Bruch mit Jung. Münchner Kongreß. *Totem und Tabu*. Gründung der *Internationalen Zeitschrift für Psychoanalyse*

1914 Freud veröffentlicht im letzten Band des Jahrbuchs die Polemik *Zur Geschichte der psychoanalytischen Bewegung*. Austritt von C.G. Jung aus der IPV

1915 Veröffentlichung einer Reihe von metapsychologischen Abhandlungen

1917 *Vorlesungen zur Einführung in die Psychoanalyse*

1918 Psychoanalytischer Kongreß in Budapest

1919 Gründung des Internationalen Psychoanalytischen Verlags (IPV). *Zur Psychoanalyse der Kriegsneurosen.* Max Eitingon, der mit Abraham die erste psychoanalytische Poliklinik gründet, wird in das »Geheime Komitee« aufgenommen.

1920 *Jenseits des Lustprinzips.* Tod der Tochter Sophie

1921 *Massenpsychologie und Ich-Analyse*

1922 Psychoanalytischer Kongreß in Berlin, der letzte an dem Freud teilnimmt

1923 Krebsdiagnose, erste Operation. *Das Ich und das Es*

1924 Kontroverse über Otto Ranks Theorie des Geburtstraumas, die im Zerwürfnis mit diesem endet. Anna Freud übernimmt dessen Funktion im »Geheimen Komitee«.

1925 Beginn der Behandlung von Marie Bonaparte, Prinzessin von Griechenland und Dänemark. Die erste Gesamtausgabe Freuds erscheint im IPV (*Gesammelte Schriften*, 12 Bände). Tod Karl Abrahams

1926 *Die Frage der Laienanalyse*; *Hemmung, Symptom und Angst*

1927 *Die Zukunft einer Illusion.* Auflösung des »Geheimen Komitees«

1929 Beginn der bis zum Tod geführten »kürzesten Chronik«

1930 Freud erhält den Goethepreis der Stadt Frankfurt, den seine Tochter Anna für ihn entgegennimmt. *Das Unbehagen in der Kultur.* Tod der Mutter

1931 »Über die weibliche Sexualität«

1932 Briefwechsel mit Albert Einstein über die Frage der Verhütung zukünftiger Kriege (*Warum Krieg?*). *Neue Folge der Vorlesungen zur Einführung in die Psychoanalyse*

1933 Am 10. Mai verbrennen die Nationalsozialisten Freuds Bücher. Tod Ferenczis

1935 Die Deutsche Psychoanalytische Gesellschaft wird »arisiert«, ihre jüdischen Mitglieder müssen die Vereinigung verlassen.

1938 Im März »Anschluß« Österreichs ans Deutsche Reich. Freuds Wohnung wird von der SA durchsucht, Anna Freud von der Gestapo verhaftet. Nach Interventionen Roosevelts und Mussolinis kann Freud im Juni mit seiner Familie über Paris nach London emigrieren.

1939 *Der Mann Moses und die monotheistische Religion.* Am 23. September, kurz nach Ausbruch des Zweiten Weltkriegs, stirbt Freud in seinem Haus, 20, Maresfield Gardens.

1940 *Abriß der Psychoanalyse.* Beginn des Erscheinens der *Gesammelten Werke* bei Imago Publishing, London

Sach- und Personenregister

Andreas Mayer ist Senior Researcher am Centre national de la recherche scientifique (CNRS) und lehrt an der École des Hautes Études en Sciences Sociales (EHESS) in Paris. Zahlreiche Buch- und Zeitschriftenpublikationen zur Geschichte der Humanwissenschaften, zum Verhältnis von Wissenschaft und Kunst sowie zur Geschichte der Psychoanalyse, die in mehrere Sprachen übersetzt sind, u.a. *Wissenschaft vom Gehen. Die Erforschung der Bewegung im 19. Jahrhundert* (Frankfurt am Main 2013), *Mikroskopie der Psyche: Die Anfänge der Psychoanalyse im Hypnose-Labor* (Göttingen 2002), *Träume nach Freud. Die »Traumdeutung« und die Geschichte der psychoanalytischen Bewegung* (mit Lydia Marinelli, Wien/Berlin 2002, 3. Aufl. 2011).